e-BUSINESS SYSTEM

e-비즈니스 시스템

권오병

도서출판 청람

■ 머리말 ■

21세기 초반 인터넷과 웹, 닷컴 비즈니스가 전면 부각되면서 경제학자들은 과연 인터넷 기반의 디지털 경제가 트렌드가 될 것인지 아니면 스쳐 지나가는 하나의 유행이 될 것인지에 대해 의견이 분분하였다. 그러나 이제는 학자들뿐 아니라 기업인들도 인터넷 기반의 비즈니스, 즉 e-비즈니스가 대세일 뿐 아니라 기업경쟁력을 결정짓는 주된 요인이 되었음을 부정하지 않는다.

하지만 기업들은 아직도 신규 정보기술을 적극적으로 탐색·수용하고 그것으로부터 경쟁력 및 수익성을 개선하는 데 익숙하지 않은 것 같다. 그 첫 출발점은 경영자들의 신규 정보기술에 대한 이해의 부족에서부터 시작되는 것으로 보인다. 그러므로 정보기술에 대한, 그리고 그것을 활용한 e-비즈니스에 대한 학습은 미래의 경영자를 훈련시키는 단계에서부터 절실히 필요하다. 그럼에도 불구하고 우리가 접하는 정보의 대부분은 너무 난해하거나 모호하여 각 정보기술에 대해 구체적으로 쉽게 이해하는데 별로 도움이 되지 않는 경향이 있다.

따라서 본서는 오늘날 경영자들이 e-비즈니스를 수행함에 있어서 필요한 핵심 정보기술에 대해서 기초부터 차근차근 이해할 수 있도록 꾸며 보았다. 우선 e-비즈니스의 출발점으로 볼 수 있는 경영정보시스템(MIS)에 대한 개념 정립부터 시작하여 기초적인 이해를 다졌다. 그리고 e-비즈니스의 성공요인에 대한 이론적 근거와 실무적 근거를 모두 제시하여 균형 잡힌 성공전략을 구축하도록 도왔다.

또한 e-비즈니스가 결국 정확한 의사결정에서 나옴을 고려할 때 기업체에서 널리 사용하고 있는 스프레드시트만으로 분석, 예측, 최적화 등이 가능함을 보이고, 본서에서 소개한 내용만으로도 어느 정도 스프레드시트 기반의 의사결정을 할 수 있도록 많은 분량을 할애하여 상세하게 소개하였다. 그리고 마지막에는 웹 2.0과 유비쿼터스 컴퓨팅관련 기술에 대한 소개 및 e-비즈니스에서의 응용방법 및 사례에 대해서 소개하였다.

본서에 기술된 내용을 충실히 익히는 것만으로도 e-비즈니스의 성공적 수행에 대한 기본 실력을 갖출 수 있도록 고려하여 집필하였다. 그리고 앞으로도 계속해서 쏟아져 나오는 새로운 정보기술을 눈여겨보고 이것을 자신의 비즈니스에 적용하는 기본적인 방법에 대해서도 이해를 할 수 있으리라 기대한다.

끝으로 자료수집과 편집에 도움을 준 감한솔, 박다솔, 서한솔 조교에게 고마움의 마음을 전한다.

2015년 2월

고황산을 바라보며

권오병

■ 차 례 ■

제4장 스프레드시트 활용 의사결정

제 5 장 정보시스템관리

제6장 웹 서버 구축하기

제7장 스마트 컴퓨팅과 e-비즈니스

e-business system

1 Chapter

경영정보시스템

1. 경영정보시스템의 개념
2. 경영정보시스템의 발달사
3. 정보시스템의 전략적 활용

e-비즈니스시스템은 경영정보시스템의 일종이다. 따라서 e-비즈니스시스템을 이해하기 위해서는 먼저 경영정보시스템의 개념과 의미에 대해서 살펴보는 것이 좋다.

1 경영정보시스템의 개념

경영정보시스템(Management Information System, MIS)이란 무엇인가? 일반인들은 경영정보시스템이라면 전산화된 사무실이나 경영정보 제공업체, 기업에서 사용하는 각종 소프트웨어 또는 전산화로 인해 만들어질 종이 없는 사무실(paperless office) 등을 연상하게 된다. 하지만 이것은 경영정보시스템의 어느 피상적 단면일 뿐 정확하고 충분한 설명은 아니다.

그림 1-1 전산화된 사무실

사실 경영정보시스템에 대한 바른 이해는 경영정보시스템에 담겨 있는 세 단어에서 시작한다. 경영정보시스템이라는 명칭은 경영(management), 정보(information) 그리고 시스템(system)으로 이루어져 있다. 그렇다면 무엇부터 이해를 하는 것이 좋을까? 즉, 무엇이 경영정보시스템의 가장 기본적인 개념 혹은 본질일까.

예를 하나 들어 보자. 다음 그림을 보면 오리너구리가 있다. 사실 오리너구리는 너구리과에 속한 동물이다. 그러나 오리너구리라는 명칭이 붙은 것은 발 모양이나 주둥이 등의 모습이 오리를 많이 닮아 있기 때문이다. 즉 오리같이 생긴 너구리가 오리너구리다. 이렇듯 우리는 어느 대상에 대해 작명할 때 보통 본질은 뒤에, 특징 또는

그림 1-2 너구리, 오리 그리고 오리너구리

외형적 모양을 앞에 붙이는 경향이 있다. 경영정보시스템이라는 명칭도 마찬가지로 본질은 시스템이며, 경영정보는 시스템의 외형적 모양이다. 따라서 시스템으로서의 경영정보시스템을 이해하기 위해서는 먼저 시스템의 개념부터 알아볼 일이다.

(1) 경영정보시스템은 시스템이다

어떤 대상이 시스템이라고 불리기 위해서는 세 가지 조건이 필요하다. 먼저, 그것은 어떤 특정 목적을 가지고 있으며 그 목적을 달성하려고 해야 한다. 둘째로, 목적 달성을 위해 여러 개의 구성요소들이 존재한다. 셋째로, 그 구성요소들은 유기적으로 상호작용을 하면서 목적을 이루어 나간다.

예를 들어 자연상태의 한 세포를 생각해보자. 세포는 먼저 생육하고 성장하려는 생장(生長)의 목적을 가진다. 이 목적을 기술적으로 표현하자면 핵 분열을 통해 자신과 같은 세포의 수를 늘려 나가는 것이다. 그리고 생장을 위해 세포 안에는 핵, 골지체, 미토콘드리아, 리보솜, 세포막 등 여러 구성요소가 있다. 또한 이 구성요소들은 가만히 있지 않고 서로에게 무엇인가를 주고받으며, 시간이 지나면 핵은 둘로 나뉘어진다. 그리고 생장하려는 본래의 목적을 달성한다. 따라서 세포는 완벽한 하나의 시스템이다.

강의도 마찬가지로 시스템이다. 강의는 특정 주제에 대한 지식이나 능력을 학생들로 하여금 충분히 획득하게 하려는 목적을 가지고 있으며, 이를 위해 학생뿐 아니라 강사, 교재, 기자재, 강의실 등 여러 구성요소들이 존재하며, 학생과 강사는 서로 질문하고 반응하며, 학생이 학습하는 행위에 대해 기자재는 원하는 결과를 얻도록 해주

그림 1-3 하나의 시스템인 세포

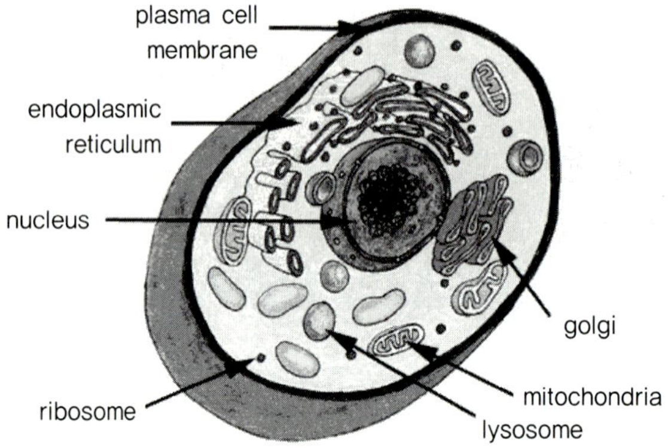

는 등의 상호작용을 한다. 따라서 강의도 시스템의 일종이 된다. 이렇듯 우주와 자연, 사회에는 그것이 자연적이든 인위적이든 수많은 시스템이 존재하고 작동한다.

(2) 경영정보시스템은 정보를 제공하는 시스템이다

다음으로 정보에 대해 생각해보자. 정보는 단순히 가공된 데이터를 의미하는 것 이상이다. 어떤 데이터가 정보로 인정받기 위해서는 그 데이터에 가치가 부여되어야 한다. 즉, 정보는 데이터와 가치의 함수이다. 다만 더 많은 가치를 인정받기 위해 더욱 정교한 데이터 가공이 필요할 수는 있다. 그러나 가공 여부는 데이터를 정보로 만들어주는 충분조건은 될 수 없고, 이미 형성된 정보의 가치를 더욱 높여주는 기능을 하는 것이다.

그러면 정보의 개념을 더 잘 이해하기 위해서 정보와 유사하게 사용은 되나 정보와 다른 개념들을 살펴보자. [그림 1-4]에서 보면 가장 낮은 단계에 사실(fact)이 있다. 사실은 온 우주 삼라만상에 '참(truth)'으로서 존재하는 모든 것들이다. 그런데 '참'이라는 것은 인간의 인식 영역 밖에 존재할 수도 있다. 적외선이나 자외선 등 사람의 눈에 보이지 않는 광선이나 초음파와 같이 들리지 않는 주파수대의 소리들, 먼 천체에서 미세하게 벌어지는 일들은 인간의 인식 밖의 사실들이다. 이것을 우리가 인식하지 못한다고 해서 사실이 아니라고 하는 것은 어리석은 일이다.

그림 1-4 | 정보의 체계

지혜(Wisdom)
경험 누적, 직관적 추론, 가치판단적 지식
지식(Knowledge)
행동을 유발하게 하는 정보
정보(Information)
사용자에게 가치가 부여된 자료
자료(Data)
사람이 인식 가능, 표현 가능한 사실
사실(Fact)
세상에 존재하는 모든 진실

데이터는 사실들 중에서 인간이 인식 가능하고 여러 심볼로 표현 가능한 사실들을 지칭한다. 데이터는 아날로그 형식과 디지털 형식이 있다. 컴퓨터는 자연의 아날로그 데이터를 입력장치로 받아들인 후 디지털로 변환하여 저장 · 처리하고 또한 출력장치를 통해 아날로그화하여 전송한다.

정보가 사용자에 의해 가치가 부여된 데이터임은 앞서 말한 바와 같다. 정보는 사람에게 앎을 제공한다. 그리고 그 앎을 토대로 의사결정을 하고 행동에 옮기는 것은 사람의 몫이다. 데이터가 가치 있는 정보가 되기 위해서는 가공될 필요가 있을지도 모른다. 단순한 숫자의 나열보다는 표가, 표보다는 잘 요약된 그래프가 의사결정자로 하여금 현상을 빠르고 정확하게 이해하고, 따라서 의사결정에 소요되는 노력을 줄이며 정확도를 제고한다면, 더 가치가 있을지 모르기 때문이다. 하지만 데이터의 가공 행위 자체로 데이터가 정보가 되는 것은 아니다.

그러면 정보의 가치는 어떻게 결정될까. 간단한 예를 들어 보기로 하자. 어떤 주머니에 빨간 공 다섯 개와 흰색 공 두 개가 들어갔으며, 색깔을 알 수 없는 공도 하나가 들어갔다고 가정하자. 그리고 진행자가 주머니에서 한 공을 꺼낸다. 이때 공의 색깔을 알아맞히면 100원을 벌고 틀리면 200원을 잃는다고 하자. 그러면 아무런 정보 없이 공 하나를 뽑았을 때 당신은 아마도 확률적으로 빨간색이라고 이야기할 것이다. 그러면 기댓값은 $5/8 * 100 - 3/8 * 200 = -12.5$원이 된다.

그런데 어떤 사람이 자신에게 수수료를 주면 어떤 색깔은 아닌지 알려주겠다고 하자. 이 사람이 알려주려는 정보의 가치는 얼마인가? 그것은 그 정보를 택함으로 말미암아 얻게 되는 기댓값이 A라고 할 때 A−(−12.5)원만큼의 가치가 있을 것이다. "빨간색 공은 아니다"라고 하는 정보는 흰색 공이라고 답변하게 함으로써 2/3 * 100 − 1/3 * 200 = 0원이 될 것이며, 만약 그렇다면 정보 수수료를 최대 12.5원까지 받아도 이를 시도할 것이다. 그렇다면 "빨간색 공은 아니다"라는 정보의 가치는 12.5원이다. 만약 "흰색 공은 아니다"라는 정보를 제공받는다면 빨간색 공이라고 답변하면서 기댓값은 5/6 * 100 − 1/6 * 200 = 50원이 될 것이므로 이 정보의 가치는 50−(−12.5)로 62.5원이 된다. 그리고 만약 "녹색 공이다"라는 정보를 제공받는다면 색을 알 수 없었던 그 공의 색이 녹색이라는 것을 알게 되면서 기댓값은 1 * 100 − 0 * 200 = 100원이 된다. 결국 "녹색 공이다" > "흰색 공은 아니다" > "빨간색 공은 아니다"의 순서로 정보의 가치가 정해진다.

그런데 어떤 사람이 "공이다"라는 정보를 제공하려고 한다면 이것은 최초의 기댓값에서 아무런 변화가 없을 것이므로 이 정보의 가치는 0이다. 결국 이렇게 가치가 없는 것은 정보라 불리지 않고 그저 "공이다"라는 데이터로 남을 뿐이다.

한편, 어떤 사람이 흰색 공을 보았으면서도 "흰색 공이 아니다"라는 정보를 제공하려고 한다. 그러면 그 사람이 한 이야기를 믿고 문제를 푸는 사람은 "빨간색 공이다"라고 답변하게 될 것이며 결국 0 * 100 − 1 * 200 = −200을 얻게 된다. 이것은 차라리 그러한 이야기를 듣지 않고 −12.5원을 기대하는 것보다 −187.5원이나 손해를 보는 것이다. 이와 같이 기본 기댓값보다 더 낮은 이익을 얻게 되면 그것을 오정보(malinformation)라고 한다.

요약하면 어떤 데이터는 그 가치의 양에 따라 +이면 정보, 0이면 단순한 데이터, 그리고 −이면 오정보가 된다. 그리고 +인 경우 그 값의 크기만큼이 그 정보의 가치가 된다.

단순히 앎만 제공하는 정보에 비해 지식은 사람에게 어떠한 양식의 행동을 할 수 있도록 지원하거나 이를 발생시킨다. 즉, 정보는 의사결정을 정확하게 하는 데 유익하나 의사결정 행위 자체는 100% 인간의 몫이다. 이에 비해 지식은 의사결정 행위의 일부 혹은 전부를 자동화하기 때문에 더 가치가 있는 것이다. 이때 지식은 논리

(logic)나 규칙(rule), 틀(frame) 또는 이들의 복합형(hybrid)의 형태로 표현되곤 한다.

마지막으로 최상위에는 지혜가 있다. 지혜는 사전적으로 "사물의 도리나 선악을 분별하는 마음의 작용"[1]이라고 정의된다. 좀 더 기술적으로 보자면 지혜는 오랜 경험의 산물로써 그 획득 방식이나 과정이 지식과는 다르다. 또한 지식은 문제해결능력에 치중하므로 그 지식이 옳거나 그르게 활용되는 측면에 대해서는 무관심한 가치중립적 측면이 있는 반면, 지혜는 옳고 그름을 판단하는 가치판단력 또는 가치지향성이 있다. 그리고 지식을 활용한 추론은 단계적(step-by-step)으로 이루어지는 데 비해 지혜는 주로 직관(intuition)이라는 추론 과정을 활용하므로 중간 단계가 생략된 채, 문제와 그 해결 결과만 보이는 경우가 많다. 한편 Tobin(1996)은 "자료에 관련성과 목적을 추가하면 정보가 되고 정보를 응용하면 지식이 되며, 지식에 직감과 경험이 부가되면 지혜가 된다"라고 언급한 바 있다.

이상과 같이 사실, 자료, 정보, 지식 그리고 지혜의 계층을 요약한 것이 앞의 [그림 1-4]이다.

정보의 체계를 볼 때 전산 기반의 정보시스템은 디지털 데이터 전체와 그로 인해 가치가 부여되는 일부의 정보, 더 일부의 지식을 처리할 수 있는 능력을 가진 시스템이라 볼 수 있다. 하지만 향후 인공지능기법 등 기술이 더 발달되면 정보시스템이 관장하는 영역은 더 넓어지리라 생각된다.

예를 들어 최근 로봇의 사회성 또는 윤리성에 대한 활발한 논의가 전문가 그룹 사이에서 일어나고 있다. 윤리성이라면 모사적이나마 로봇에게 지혜가 저장되고 활용될 수 있음을 암시한다. 즉, 로봇은 지혜롭지 않지만 지혜로운 사람을 흉내냄으로써 사용자 입장에서는 마치 로봇이 어떤 한 사람의 지혜자로 인식하게 할 수 있다. 로봇이 역동적이고 다양한 입출력 장치로 표현된 정보시스템이라고 보았을 때 경영정보시스템도 지혜를 갖출 수 있을 것이다.

(3) 정보시스템의 정의

결국 시스템적 접근방식의 관점에서 볼 때, 전산 기반의 정보시스템(Computer

1 두산백과사전.

Based Information System, CBIS)이란 정보사용자에게(그의 의사결정에) 가치가 있는 정보를 제공하기 위하여 하드웨어, 소프트웨어, 데이터, 인간(personnel), 업무처리절차(procedure), 네트워크(communications) 등이 유기적으로 상호작용하는 것이라고 정의할 수 있다. 여기서 인간은 정보사용자 외에도 정보시스템 개발자, 정보시스템 운영자, 관리자 등이 포함되며, 업무처리절차란 매뉴얼이나 규정, 결재라인 등 소프트웨어에 내재된 로직 또는 정보시스템 운영관리에 대한 지침 등을 의미한다.

그렇다면 전통적인, 즉 비전산 기반의 전통적 정보시스템(Conventional IS)과 전산 기반의 정보시스템(CBIS)에는 어떠한 차이점이 있을까? 사실 전통적 정보시스템은 인류가 사는 모든 곳, 모든 시간에 존재해 왔다고 할 수 있다. 인간의 역사는 의사결정의 역사라고 봐도 과언이 아니다. 그리고 의사결정은 불확실한 미래에 대한 것이며, 불확실하다는 것은 관련 정보가 완벽하지 않다는 것을 의미한다. 인간은 미래를 정확히 알 수 없기 때문에 종종 부정확한 의사결정을 하여 소망하는 결과를 취하지 못하기도 한다. 따라서 의사결정을 잘하기 위해서는 반드시 양질의 정보가 필요하다. 정보가 있어야 문제를 인식하고 대안을 나열하고 최적 대안을 선정할 수 있기 때문이다.

그리고 앞서 살펴본 바와 같이 정보는(반드시 가공된 형태는 아니하고 하더라도) 데이터로부터 만들어진다. 다만 전통적 시스템에서는 이러한 정보의 원천이 되는 데이터가 아날로그 형태이며 이를 표현하고 저장 · 관리하는 것이 컴퓨터가 아닐 뿐이다. [그림 1-5]에서 보는 바와 같이 과거에 데이터는 모두 아날로그 유형으로 동굴이나 고분의 벽화, 파피루스나 석판, 사무실 캐비닛 내 정리된 파일 등의 형태로 존재했다. 그리고 이러한 데이터를 기반으로 크고 작은 여러 의사결정을 수행해왔다. 즉, 이들은 모두 정보였다. 그리고 정보를 저장하고, 전송하는 행위를 해왔다.

따라서 인류가 존재하면서부터 세상에는 언제나 정보시스템이 있었다고 말할 수 있다. 그러나 전산 기반의 정보시스템의 경우 데이터를 저장하고 공유하고 전송하는 것이 전통적인 정보시스템보다 훨씬 효율적 · 효과적이 되었다. 이러한 효용 때문에 기업들을 포함한 최근의 웬만한 조직, 기관에서는 전산 기반의 정보시스템을 사용한다.

하지만 전산 기반의 정보시스템의 일반적인 우위에도 불구하고 전산화가 무조건 좋다고는 할 수 없다.

그림 1-5 전통적 정보시스템의 예

첫째로, 어떤 조직에는 정보사용자가 극히 소수이며, 서로 공유할 정보도 거의 없고, 정보의 공유로 얻게 되는 혜택보다 자칫 정보 노출로 인해 생기게 되는 폐해가 더욱 큰 경우도 있을 것이다. 이렇게 정보의 공유성, 재사용성, 보안 및 안전성에 대한 요구가 현저히 적은 조직이 있다면 비록 그것이 대기업이라고 할지라도 전산화의 필요성은 적어진다.

둘째로, 전산화를 적용할 대상 업무 프로세스나 규칙 등이 선진화되어 있지 않다면 전산화해 보아도 여전히 업무가 개선되지 않는다. 이것을 '씻지 않은 얼굴에 화장하는 격'이라고 한다. 전산화의 효과를 극대화하기 위해서는 먼저 전산화의 대상이 되는 업무를 개선해야 한다.

셋째로, 전산화 후에라도 정보 생산의 원료 격이 되는 데이터를 적시적이고 정확하며 완전하게 입력하지 않으면 아무리 정교한 정보시스템을 구축하였더라도 그 결과는 부정확하며, 따라서 정보로서의 가치는 현저히 떨어질 것이고 심지어 거짓정보가 될 우려도 있다. 이를 "쓰레기가 들어오면 쓰레기가 나갈 뿐(Garbage In Garbage Out)"이라고 한다.

(4) 경영과 경영정보시스템

마지막으로 경영(management)에 대해 알아보자. 경영은 "주어진 기업자원을 활용하여 기업의 사명을 성취하고 가치를 창출하기 위해 수행하는 전략적이고 전사(全社)적인 의사결정 및 제반 활동"이라고 정의할 수 있다. 기업의 미션은 이윤극대화뿐 아니라 매출증대, 기술선도, 일자리 창출, 사회적 책임 달성 등 다양하고 복합적이다. 이러한 사명 중 가장 공통적인 것은 역시 가치 창출일 것이다. 특히 창출할 가치는 기업이 보유하고 있는 자원이 가지는 내재적 가치보다는 더욱 커야 할 것이므로, 이것을 부가가치(value added)라고 할 것이다.

부가가치는 다양한 효용으로 달성되는데 자연의 것으로부터 획득하여 얻어지는 기초효용(농업, 임업, 축산업, 수산업, 광업 등)과 재화의 소유권을 대신 이전시켜 줌으로써 발생하는 소유효용(상업 등), 장소를 옮겨줌으로써 발생하는 장소효용(물류운송업 등), 시간을 옮겨줌으로써 발생하는 시간효용(창고보관업 등), 지식의 상태를 더욱 높은 수준으로 올려줌으로써 발생하는 지식정보효용(교육산업, 컨설팅업 등), 그리고 인간의 심리상태를 개선시켜 주는 심리효용(엔터테인먼트, 미디어산업 등) 등 다양하다. 더구나 이러한 효용들을 복합하기도 하고 여기에 열거하지 않은 새로운 효용을 창출하여 더 고부가가치 획득이 가능한 기업활동을 하기도 한다.

기업자원을 활용하여 다양한 효용을 발생시킴으로써 부가가치를 창출함에 있어 기업은 다양한 활동을 하게 된다. 이 활동은 기업의 계층적 측면(전략경영층, 중간관리층, 현장관리층 등)과 기능적 측면(인사, 재무, 생산, 마케팅, 정보관리 등), 그리고 과정적 측면(계획, 실행, 통제 등)에 따라 다 다르다. 하지만 그 본질을 보면 의사결정이나 회의, 갈등 해소를 위한 조정 등 다소 적은 종류로 구분할 수 있을 것이어서, 이를 의사결정 및 제반 활동이라 부른다.

결국 경영을 '주어진 기업자원을 활용하여 기업의 사명을 성취하고 가치를 창출하기 위해 수행하는 전략적이고 전사(全社)적인 의사결정 및 제반 활동'이라고 정의할 수 있다.

한편, 관리(administration)는 경영(management)과 다르다. 이 둘을 비교했을 때 크게 드러나는 차이점을 [표 1-1]로 정리할 수 있다.

| 그림 1-6 | 경영의 특징

기업의 본질: 1. 사명(이익극대화, 판매, 기술, 고용증대, 사회적 책임, 청지기 사명(stewardship) 등)
2. 변환으로서의 일

투입(input)
- 인적(human)자원
- 물적(material)자원
- 재무(financial)자원
- 정보(information)자원
- 관계(relationship)자원
- 문화(culture)자원 등

→ **변환(t)** →

산출(output)
- 가치(value)
- 존중(Esteem)
- 판매(sales)
- 이익(profit) 등

부가가치 → O(산출) − I(투입) = 기본(basic), 소유권(ownership), 장소(place), 시간(time), 정신적 효용(psychological) 등

변환(t) 활동:
의사결정
회의
협상 등

변환(t)의 4차원

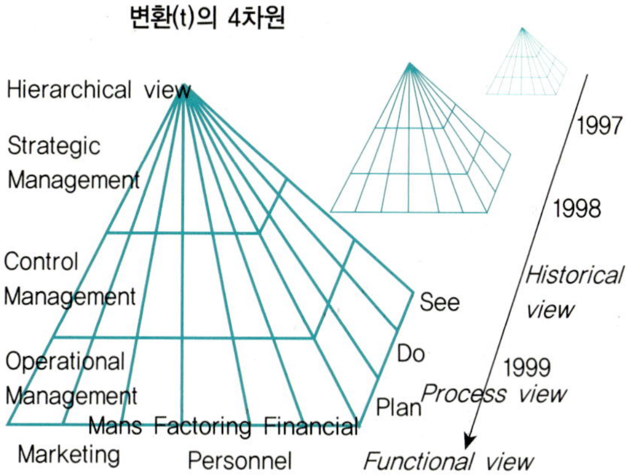

경영이란
기업의 사명을 달성하고 회사의 가치를 창출하기 위해 기업 자원을 활용하는 것에 대한 전사적 의사결정 및 기타 제반 활동
(Corporate, strategic) decision making and all sorts of activities which aim to accomplish corporate mission and create corporate value by making use of corporate resources

표 1-1 | 경영과 관리의 차이점

	경영	관리
시각	장기적 시각(한 회기년도 이상)	단기적 시각
범위	전사적	부서적
다루는 문제	예상이 어려운 문제(ad hoc)[2]	반복 발생하여 예측 가능한 문제(predictable)[3]
발생 빈도	가끔 발생(occasional)	비교적 정기적(routine)
해결 방법 수준	전략	전술

2 한 예가 미국의 금융위기가 자신의 기업에 미치는 영향으로 전략을 수정하는 것임.
3 급여액 결정이나 은행에서 대출을 위해 고객의 신용등급을 결정하는 것은 예측 가능한 문제임.

이상을 정리해 볼 때, 경영정보시스템은 "기업의 사명 성취를 위해 부가가치를 창출하려는 목적을 가지는 경영자들에게 그들의 의사결정 수행에 유용한 정보를 제공하기 위하여 하드웨어, 소프트웨어, 데이터, 인간(personnel), 업무처리절차(procedure), 통신과 네트워크(communications) 등이 유기적으로 상호작용하는 인간-기계시스템"으로 정의할 수 있다. 이 외에도 유사한 정의가 존재할 수 있는데 대표적으로 Davis와 Olson(1985)은 "경영정보시스템은 조직의 운영, 관리, 분석, 의사결정 등의 기능을 지원하기 위한 정보를 제공하는 통합된 사용자-기계시스템이다. 이 시스템은 컴퓨터 하드웨어와 소프트웨어, 수작업 절차, 분석, 계획, 통제 및 의사결정을 위한 모델, 데이터베이스 등을 활용한다"라고도 언급한 바 있다.

한편, 시스템 관점에서 볼 때 경영정보시스템은 다음 [그림 1-7]과 같은 위치에 있다. 즉, 시스템의 수많은 종류들 중에 정보시스템이 있고, 정보시스템의 다양한 종류들 가운데 특히 영리를 추구하는 사기업의 정보시스템인 경영정보시스템이 존재하는 것이다.

그림 1-7 경영정보시스템의 위치

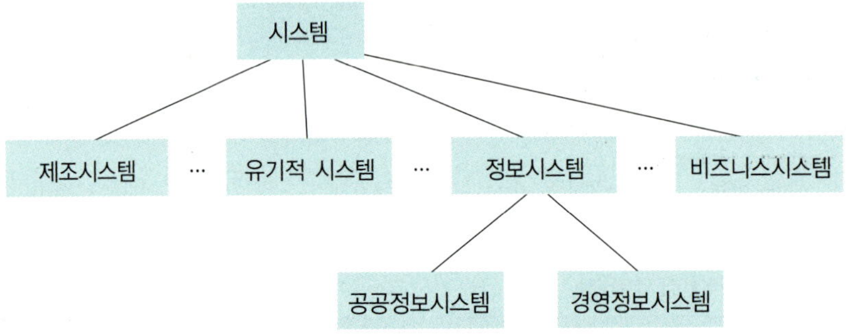

연습문제

1. 경영정보시스템에 대한 정의를 내려보시오.
2. 경영정보시스템은 반드시 컴퓨터를 필요로 하는가?
3. 정보시스템은 지혜를 저장하고 관리할 수 있는가? 당신의 생각을 정리하시오.
4. 주식투자 관련 컨설팅을 받으면 어느 정도의 수수료를 제공하겠는가? 수수료 계산 기준을 제시해 보시오.
5. 경영정보시스템과 관리정보시스템의 차이점을 나열해 보시오.

2 경영정보시스템의 발달사

앞에서도 언급한 바와 같이 정보시스템은 사실 인류의 출현부터 존재했다. 그러나 컴퓨터 기반의 경영정보시스템(CBIS)의 태동은 1948년 최초의 근대적 컴퓨터인 에니악(ENIAC)이 출현한 이후로 1950년대 소개된 EDPS(Electronic Data Processing System)를 기업에서 적용한 것부터로 본다. 발전과정 및 역사를 보자면 다음과 같이 나타낼 수 있다.

우선 EDPS는 데이터를 디지털화한 후에 이를 창출(create), 검색(retrieve), 갱신(update) 및 삭제(delete)하는 이른바 CRUD 작업을 수행하는 시스템이다. 그런데 데이터의 CRUD는 기업관리 현장에 매우 유용하게 적용될 수 있다. 예를 들어 발주나 수주, 입고나 출고, 판매와 구매 등 기업과 기업, 또는 기업과 소비자 사이의 거래에서 발생되는 데이터를 더욱 효율적으로 관리하고 더욱 효과적으로 활용하기 위해 EDPS가 적격이었던 것이다. 그래서 기업의 거래에 EDPS를 적용한 것이 바로 거래처리시스템(Transaction Processing System, TPS)이다. 이후 기업의 정보시스템은 현장 경영층을 중심으로 업무 효율화에 기여를 하게 된다.

1960년대 말부터 1970년대에는 전산시스템을 기업의 중간관리층의 업무와 의사결정을 지원하는 일에도 활용하게 된다. 중간관리자들의 주요 임무는 자신의 부서의 자원들을 활용하여 기업의 전체 사명에 부합하는 부서 목표를 달성하도록 통제하는 일을 한다. 통제를 위해서는 목표치와 실적치가 있어야 하는데 실적치 중 상당 부분은 기존 정보시스템에 저장되어 있었고, 이것이 중간관리자들의 의사결정에 도움이 되도록 정보를 가공하거나 신규 자료를 추가 획득할 필요가 있었다. 이러한 관점에서 전산화된 정보시스템이 협의의 경영정보시스템이다. 여기서 협의라고 칭한 것은 오늘날의 경영정보시스템은 기업 전체적인 범위를 포괄하고 있는 데 비해 당시의 경영정보시스템의 관심은 중간관리층 위주였기 때문이다. 그러나 당시에 호칭은 경영정보시스템을 사용하였으므로 협의의 경영정보시스템이라 부르는 것이 적절하다.

1980년대에 접어들자 정보시스템의 지능화, 고도화에 대한 관심이 시스템 개발자들 위주로 나타나기 시작했다. 그래서 인공지능이나 지식시스템 등이 등장하게 되었으며 한국에서는 주가예측이나 법률, 금융 지원 등 특수 목적의 전문가시스템이 등장하기도 했다. 또한 주먹구구식의 정보시스템 개발에서 벗어나 나름대로 체계적인 개발방법론 등을 고민하기 시작했다. 동시에 1980년대는 현업부서의 사용자들의 전산 관련 지식의 증가로 인해 스스로 자신이 원하는 정보를 창출하는 소위 최종사용자컴퓨팅(end user computing)이 등장하기 시작했고, 개발자들도 더 이상 개발자 위주의 경영정보시스템 개발을 고집하기 어려워졌으며, 신규 기능, 기존 시스템의 유지보수나 품질 증진 등 수요층의 요구 폭증으로 인해 소프트웨어 개발의 생산성을 올리기 위한 소프트웨어공학에 대한 니즈도 활발해졌다.

한편 1980년대에는 최고경영자 등 중역들을 위한 정보시스템이 등장하기도 했다. 이 중 중역정보시스템은 중역들은 기업 내·외부 환경정보를 모두 필요로 하며, 요약적인 정보를 아주 쉽고 빠르게 얻을 수 있는 사용자-컴퓨터 인터페이스를 선호한다는 요구사항에 맞게 개발되었다. 또한 의사결정지원시스템(Decision Support System, DSS)도 의사결정자들에게 앎을 제공하는 단순한 정보 제공 외에 분석, 최적화, 예측, 시뮬레이션 기능 등 의사결정 행동 자체를 지원하는 모형과 지식을 제공하면서 경영자들의 의사결정 생산성을 높이는 데 기여하기 위해 개발되었다.

그러나 아직 각 계층, 기능별 정보시스템들이 전사적으로 통합되지 않았기 때문에 기업 정보의 활용을 극대화할 수 없었다. 이에 대응하기 위해 컴퓨터통합생산시스템(Computer Integrated Manufacturing, CIM) 등 자료 기반의 기업 통합 솔루션이 소개되다가 1990년대에 독일의 SAP에 의해 전사적 자원관리(Enterprise Resource Planning, ERP)라는 정보시스템이 등장하면서 기업정보시스템의 통합이 실현된다. 또한 1990년도에는 인터넷과 웹의 기업 활용이 가능해지면서 웹 기반의 정보시스템이 소개되기 시작한다. 특히 한국에서는 1990년대 말 전자결재 기술이 상용화되고 기술적으로, 법적으로 웹상에서 전자거래가 가능해짐에 따라 소위 말하는 '닷컴시대'를 열게 된다. 그러나 이후로 적은 비용으로도 창업이 가능하다고 하는 잘못된 인식을 심어 주어 과도한 창업을 일으켰고, 검증되지 않는 수많은 기업들이 탈락하는 등 닷컴버블 현상 속에서 21세기를 맞게 된다.

하지만 살아남은 기업들은 독특한 비즈니스모델을 만들어 내고, 각자의 업무 영역 속에서 과점을 형성하여 지금은 국내 혹은 세계 굴지의 초대형 기업이 되기에 이른다. 한편 2000년대에는 모바일 기술의 보편화로 말미암아 각종 모바일형 정보시스템이 등장하게 된다.

이제 2010년대는 스마트폰의 활용으로 모바일 기반 정보시스템이 꽃을 피우게 되고, 웹 서비스나 서비스지향 아키텍처(Service Oriented Architecture, SOA) 및 ASP (Application Service Provider) 등을 거쳐 클라우드 컴퓨팅 기반의 기업정보시스템 개발 및 수익모델이 개발되기에 이른다. 그리고 구글, 아마존, 애플 등 빅데이터를 보유한 기업이 스스로 빅데이터를 시각화하고 분석·요약하여 새로운 시장을 창출하는데 기여하는 빅데이터 분석(Big Data Analytics)이 다양한 성공사례를 양산하면서 새로운 경영정보시스템의 엔진 역할을 맡아가는 중이다.

표 1-2 | **경영정보시스템의 발달 역사**

시간	핵심개념(key word)	경영정보시스템(MIS)의 주류 경향
1960's	디지털화(digitized)	전자자료처리시스템(MIS), 도요타생산시스템(TPS)
1970's	관리(managerial)	제한적 의미의 경영정보시스템(narrow MIS)
1980's	전략(strategic)	포괄적 의미의 경영정보시스템(broader MIS)
1990's	통합(integration)	전사적 자원관리(ERP), 전사적 업무통합(EAI), 비즈니스 과정관리(BPM)
2000's	어디에서나(anywhere)	이동통신(Mobile), 웹(World Wide Web)
2010's	지능(intelligence)	스마트(Smart), 클라우드(Cloud), 빅데이터(Big Data)

연습문제

1. 인류 최초의 정보시스템은 무엇일까?
2. 거래처리시스템의 기본적인 네 가지 기능은 무엇인가?
3. 협의의 경영정보시스템과 광의의 경영정보시스템의 공통점과 차이점을 제시해 보시오.
4. 모바일 기반, 웹 기반, 스마트 기반, 클라우드 기반, 빅데이터 기반 경영정보시스템은 전통적인 경영정보시스템에 비해 어떠한 차별성이 있을까?
5. 경영정보시스템은 기업의 중간관리자에게 기회인가 위협인가? 당신의 생각을 주장해 보시오.

3 정보시스템의 전략적 활용

경영정보시스템은 대체로 경영의사결정자들의 의사결정의 질을 향상시켜 줌으로써 간접적으로 기업의 이익 증가에 기여한다는 것이 보편적인 견해이다. 그러나 기업의 정보시스템은 보다 적극적으로 기업의 이익증대, 즉 비용감축과 매출증대에 직접적으로 기여하기도 한다. 이를 정보시스템의 전략적 활용이라고 한다.

기업정보시스템의 전략적 활용은 정보시스템 투자를 통해 비용을 감축하는 C-C 링크(from Cost to Cost)와, 신시장 개척이나 기존 시장에서의 시장점유율을 높임으로 매출을 증대하는 C-R링크(from Cost to Revenue)의 두 가지 종류가 있다.

C-C링크의 전형적인 사례로는 Wal-Mart의 연속공급시스템(Continuous Replenishment Program, CRP)을 들 수 있다. 이는 제품의 생산과 유통과정을 하나의 통합망으로 관리하는 경영전략시스템이다. 세계에서 CRP를 맨 처음 도입한 월마트의 샘 월튼 회장은 1998년 P&G와의 회의에서 "P&G가 월마트에 납품하고 있다는 생각은 버려라. P&G가 월마트의 일선점포를 모두 운영한다는 시각에서 가장 효율적인 물류 프로세스를 찾아라"라고 말했다.

CRP는 이렇듯 상품 발주를 매장을 갖고 있는 유통업체가 아니라 물건을 만드는 제조업체가 관리한다는 획기적인 발상에서 출발한다. 즉, 판매 및 재고데이터를 공유함으로써 소비자 수요 예측과 주문관리를 고도화함으로써 제조업체는 합리적인 생산계획을 수립할 수 있고, 유통업체는 각종 프로모션을 수행할 때 원활하게 제품을 조달받을 수 있다. 결국 **월마트는 연속공급시스템을 이용하여 소매점과 공급자를 직접 연결함으로써 공급자도 월마트의 매출과 재고정보에 접속 가능하게 하며, 이를 통해 재고비용의 감소를 가져왔다. 즉, 정보기술을 이용해서 동일 품질 상품, 서비스를 보다 저가로 공급할 수 있었다.**

다음은 C-R링크 측면의 정보시스템의 전략적 활용의 일반적인 전개과정을 나타내고 있다. 먼저 기존의 서비스가 IT 기반의 서비스로 변경된다. 예를 들어 미국 아메리카항공이 가지고 있던 오프라인 기반의 항공예약 및 발권시스템을 인터넷을 통해 할 수 있게 한 온라인 예약시스템 서비스로 변경되는 것이다. 다음으로 IT 기반의 서비스는 다른 경쟁자의 고객들 중 일부에게 호기심과 관심을 불러일으켜서 소위 얼리 어답터(early adopters)로 등장하게 한다. 이것은 일시적이나마 시장점유율 증가 효과를 가져오게 된다. 이때 늘어난 점유율만큼 더 많은 공급자도 참여하게 된다. 다음 단계로는 늘어난 고객들의 항공 예약정보를 필요로 하는 타 업종의 기업들이 정보를 공유받으려고 한다. 항공예약시스템의 예에서는 호텔이나 렌털 서비스 업계 등이다. 이들이 유상으로 참여하고 제공하는 추가 서비스는 온라인 예약시스템에 같이 보이게 된다.

이로써 고객들은 기존의 오프라인 예약시스템보다 더욱 풍부한 서비스를 제공받는 차별성을 느끼게 된다. 이러한 차별화는 기존의 고객 및 얼리 어답터 외에도 나머지 고객들을 유치하는 데 기여하게 되며 결국 시장점유율은 더욱 증가하는 효과를 가져온다. 사실 이 차별화는 이 업체의 원래의 서비스가 제공한 것이 아니라 정보화가 가져온 부분이다. 결론적으로 온라인 예약시스템이라는 신규 IT 기반 서비스는 시장점유율을 확대하는 데 전략적으로 활용된 것이다.

그림 1-8 정보시스템의 전략적 활용 과정

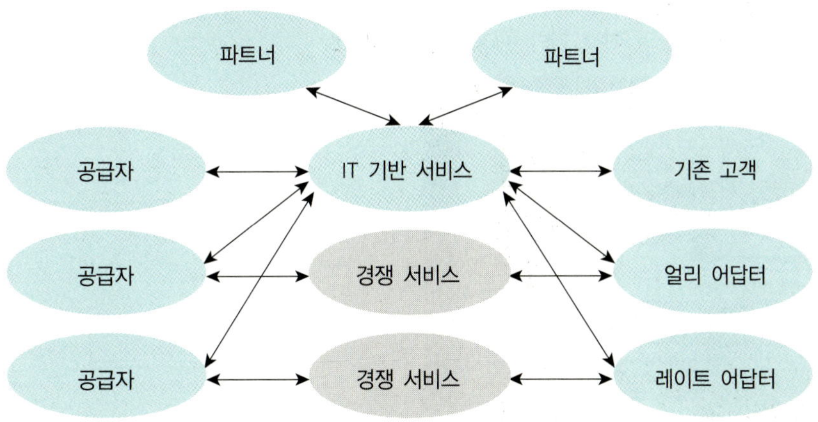

정보기술 또는 정보시스템이 직접적으로 기업의 시장점유율을 증가시키기 위한 핵심은 과연 정보기술이나 정보시스템이 **경쟁적 이익(competitive advantage)을 직접적으로 가져다줄 수 있느냐일 것이다.** 경쟁적 이익을 증가시키기 위한 전략에는 앞에서 제시한 월마트의 연속공급시스템 사례와 같은 저가전략(becoming low-cost producer) 외에, 제품차별화전략(product differentiation), 고객-공급자 연결전략(developing tight links to customers and suppliers), 시장차별화전략, 곧 틈새전략(focused differentiation) 등이 있다.

먼저, 제품차별화전략은 정보를 이용하여 새로운 제품을 만들거나 서비스를 차별화하는 것을 의미하며, 대표적으로 시티은행의 ATM을 들 수 있다. 우리가 주변에서 흔히 볼 수 있고, 사용하는 ATM 서비스를 처음 시행했던 은행이 바로 시티은행이다. 시티은행의 월터 리스터 회장은 1975년 1억 달러의 엄청난 돈을 들이며 뉴욕시 400여 개 전 지점에 ATM기의 설치를 결정한다. 당시는 엄청난 결정이었지만 3년 후 뉴욕에 30센티미터가 넘는 폭설이 내리면서 그 진가가 발휘된다. ATM기의 사용이 급증하고 시티은행의 예금액은 2배로 늘어난 것이다. 리스턴은 "어디에서나 돈을 찾을 수 있다. 생각해보면 정말 멋진 일이었다"고 회고했다.[4]

시티은행 이외에도 델컴퓨터의 Assemble-to-order-manufacturing 서비스나 Lands'End 의류회사에서 신체사이즈를 입력 및 분석하여 다양화하는 서비스 등의 예가 있다.

그림 1-9 정보시스템으로 서비스 차별화를 이룬 City Bank의 ATM 기반 온라인 뱅킹 서비스

4 강현직 · 강혁(2009), 동물과 광대가 없는 서커스, 가산출판사.

다음으로, 고객과 공급자의 연계성을 강화하는 전략이 있다. 대표적으로 백스터(Baxter)의 무재고관리시스템을 들 수 있다.

그림 1-10 백스터의 무재고관리시스템

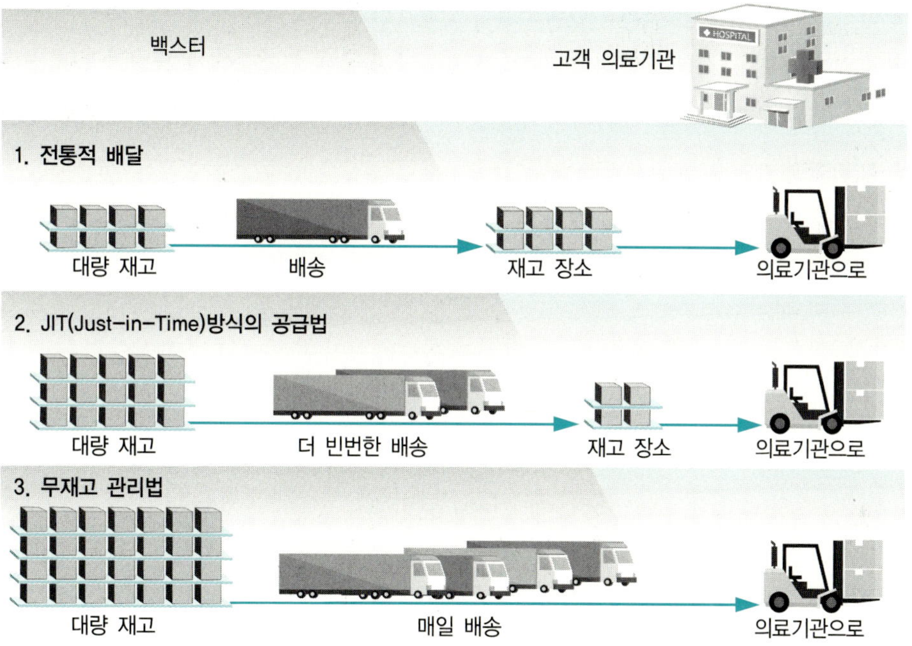

> "백스터에서는 병원들과 전자적으로 연계되어 병원들이 통신 네트워크를 통해 주문할 수 있게 했으며, 병원이 통신 네트워크로 주문한 과정을 데이터베이스로 수록하여 병원의 수요와 재고 상태를 파악함으로써 병원의 재고관리까지 대신해주어 최대의 의료비품 회사로 성장하게 되었다. 또한 백스터는 '밸류링크(Valuelink)'라는 소프트웨어를 개발하여 단순히 병원에 물건을 전달하는 것이 아니라 병원이 원하는 시간과 장소에 배달할 수 있게 하였다."[5]

결국 본 전략은 정보를 이용하여 고객과 공급자와의 유대감을 강화하는 것을 의미한다. 즉, 공급자와 판매자의 정보를 공유하거나 소비자 맞춤 서비스를 제공하는 것이다. 관계가 끈끈해질수록 교체비용(switching cost), 즉 거래상대를 바꾸는 데 들어

5 이순철(1997), 신경영기법, 매일경제신문사.

가는 전환비용이 커지기 때문에 고객충성도가 상승한다.

마지막으로 틈새전략이다. 이는 정보를 이용하여 틈새시장을 공략하는 것을 의미한다. 소비자의 구매패턴, 거래형태, 구매량 등 정보 Pool을 분석하여 보다 작은 목표시장을 발견하고 경쟁사보다 빨리 선발자로 진입하는 것이다. 대표적으로 힐튼호텔의 ONQ시스템을 들 수 있다. ONQ시스템은 힐튼 DB상의 고객의 프로파일 기록에 맞춰서 고객에 대한 가치를 평가하고 가장 이익을 많이 주는 고객군에게 특별한 서비스를 제공하거나, 고객의 선호와 과거의 경험을 찾아내 고객별 맞춤 서비스를 제공하는 것을 의미한다.

이와 같은 4가지 전략을 통해 알 수 있듯이, 정보기술 혹은 정보시스템은 의사결정의 질뿐만이 아니라 직접적으로 매출을 올려주기도 한다는 것을 알 수 있다.

연습문제

1. 정보시스템을 전략적으로 활용한다는 것은 어떤 뜻일까?
2. 이 교재에서 제시한 것 외의 C-R, C-C 사례를 하나씩 제시해 보시오.
3. 정보기술을 활용하여 제품 또는 서비스를 차별화한 사례를 소개해 보시오.
4. 틈새전략에서 빅데이터, 데이터마이닝 기술은 어떤 기여를 할까?
5. 정보기술 혹은 정보시스템을 통해서 시장점유율을 확대해 나가는 과정을 SABRE의 사례로 설명해 보시오.

e-business system

2
Chapter

e-비즈니스시스템의 개념

1 e-비즈니스란 무엇인가

e-비즈니스라는 용어는 많이 사용되지만 e-비즈니스(e-business)와 전자상거래(e-commerce)의 개념을 혼동하기 쉽다. 먼저 e-비즈니스에 대한 개념을 명확히 알 필요가 있다.

e-비즈니스는 "The digital enabling of transactions and processes within a firm, involving information systems under the control of the firm"으로 정의되는데 여기서 중요한 것은 ① 디지털로 수행하며, ② 기업 내이거나 기업 간 또는 기업과 고객과의 업무를 포괄한다는 것이다. 반면, 전자상거래는 "The use of the internet and the web to transact commercial business between and among organizations and individuals"를 의미한다.

다시 말하면, 전자상거래의 경우 인터넷을 포함한 컴퓨터 네트워크를 이용해서 제품 · 서비스 · 정보 등을 구매 · 판매 · 전송 · 교환하는 것을 의미한다면 e-비즈니스의 경우에는 단지 상품과 서비스의 구매 · 판매뿐만 아니라 고객 서비스의 제공, 비즈니스 파트너와의 협업, 조직 내에서의 전자적인 거래처리 수행까지 포함한다.

| 그림 2-1 | e-비즈니스와 전자상거래

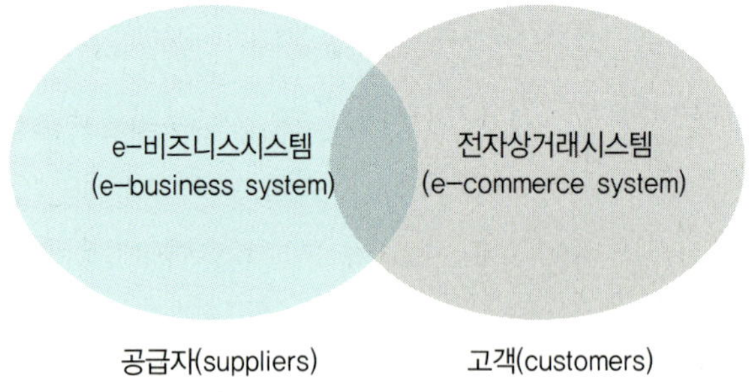

그렇다면 e-비즈니스가 적용된 사례를 알아보자. 대표적으로 언급되는 사례는 SABRE이다.

사례 | 세이버의 전산예매시스템

세이버(Semi-Automated Business Research Environment, SABRE)의 전산예매시스템은 지난 1959년 아메리카 항공(America Airline)의 내부 데이터베이스로 처음 시작됐다. 세이버는 몇 번의 기술적인 발전을 거쳐 지금은 가장 성공적인 상업용 정보시스템으로 자리잡았다.

전 세계 여행객 3명 중 1명이 SABRE시스템을 이용해 여행계획을 짜고 있다. 세이버그룹의 전자상거래 전략은 여행사, 항공사, 기업체, 개인고객의 4개의 고객 그룹을 철저히 공략하는 것이다. 웹 예약시스템으로 북미, 유럽, 호주, 남미, 중남미 지역의 여행사가 고객에게 여행 일정 및 예매 서비스를 하도록 하고 있다. 항공사를 대상으로는 주로 예약시스템이 갖추어져 있는 항공사의 웹 사이트를 관리·운영하는 서비스를 제공한다.

SABRE BTS(Business Travel Solutions)는 기업의 출장 일정 및 항공권 예매를 지원하는 시스템으로 현재 약 30개 기업들이 이 풀 서비스를 이용하고 있다. 1970년대 중반부터 외부용도로 사용되기 시작한 세이버는 여행사들에게 사설 네트워크를 통해 중앙 저장소에 있는 비행정보를 제공했다. 그 결과 세이버는 항공뿐 아니라 다른 여행 분야에까지 미래 전산예매시스템의 성공적인 모델을 제시했다. 세이버는 컴퓨서브(CompuServe) 같은 온라인 서비스의 출현으로 자신의 영역을 확장시켜 나갔다.

지난 1986년 컴퓨서브의 온라인 여행사로서 이지세이버(EasySABRE)가 소개됐고 이로 인해 컴퓨서브 회원은 다른 여행사를 중간 매체로 사용할 필요가 없어졌다. 거기다가 세이버는 준공공 네트워크로서의 역할도 계속했다. 1996년 SABRE그룹은 웹으로까지 접속방법을 확장했다. 이러한 사업 전환의 첫 번째는 명령어 기반 이지세이버를 웹으로 이동시킨 것이었다.

세이버는 이어 모든 시스템의 기능을 보다 편리한 그래픽 인터페이스로 제공하는 웹 사이트인 트래블로시티(Travelocity.com)로 확장되었다. 트래블로시티는 **미국의 거대 항공사인 아메리칸 에어라인이 대주주로 있는 세이버(SABRE)에서 운영하는 사이트이고 SABRE사는 항공권, 호텔, 렌터카 등의 여행예약 전문 컴퓨터시스템인 CRS(Computer Reserved System) 업체**로서, 고객에게 7백 개가 넘는 항공사의 비행정보를 제공하며 고객은 그중 4백 개에 대해 예약할 수 있다.

또한 이 사이트에서는 마지막 할인과 통합 요금을 게시하고 요금이 변하면 즉시 e메일로 업데이트된 정보를 보내주는 e메일 요금 추적시스템을 제공한다. 어디서나 접속할 수 있는 웹의 유용성과 표준화된 클라이언트 소프트웨어의 중요성도 강조한다. 지금은 네트워크를 최종 사용자에게까지 확장하는 것이 어느 때보다 용이해졌다. 단지 웹 브라우저와 인터넷 접속만 있으면 서비스에 접속할 수 있기 때문에 이제 더 이상 세이버가 하드웨어나 네트워크 기능을 지원할 필요는 없다.

자료: 한국경제, "[e-비즈니스 지상강좌] 창공 가로지르는 에어 네트워크 '성공사례'," 2000. 7. 17.

Travelocity.com은 미국의 거대 항공사인 아메리칸 에어라인이 대주주로 있는 세이버(SABRE)에서 운영하는 사이트로서, SABRE사는 항공권, 호텔, 렌터카 등의 여행예약 전문 컴퓨터시스템인 CRS(컴퓨터예약시스템의 약자) 업체이며, 이 사이트는 이러한 배경을 바탕으로 강력한 전자상거래시스템을 구축했다.

그림 2-2 SABRE시스템 초기화면

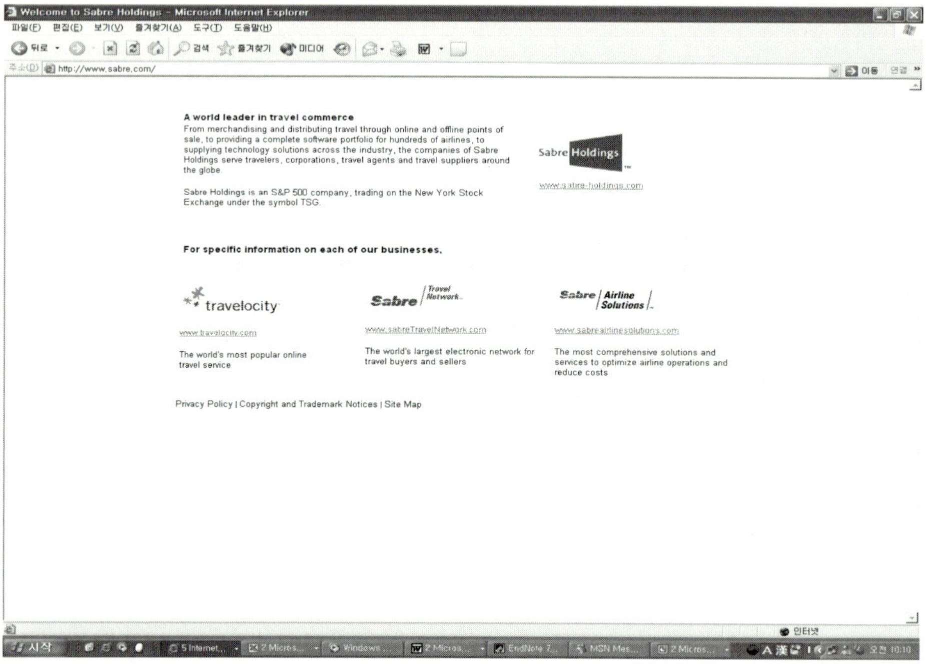

e-비즈니스는 기존 비즈니스에 비해 어떤 장점이 있을까? 우선 e-비즈니스는 효율성과 효과성 측면에서 장점이 있다. 경제학적으로 하면 거래이론(transaction theory)에서의 탐색비용과, 대리인이론(agency theory)에서의 대리인비용을 낮춰 준다는 두 가지 면에서 효율성을 가진다고 볼 수 있다.

먼저 거래이론에 의하면 인터넷과 웹을 통하여 기업은 소비자를, 소비자는 기업을 탐색하는 데 소요되는 시간과 노력을 줄일 수 있다. 심지어 고객은 가격을 비교하거나 제품 활용 경험에 대한 전문가 또는 동료들의 평을 어렵지 않게 접할 수도 있다.

대리인비용 측면에서 보면 제조회사로부터 소비자까지의 중간 단계를 줄여 줌으로써 매매에 소요되는 비용을 줄일 뿐더러 컴퓨터 서버와 네트워크 시설, 가상공간만 필요하기에 고정비용도 줄여 준다. 더불어 재고관리를 용이하게 함으로써 재고비용도 줄여 준다. 결국 e-비즈니스는 경제적 효율성을 가져다주기 때문에 전통적인 비즈니스시스템에 비해 우월하다고 볼 수 있다.

또한 e-비즈니스는 다음의 네 가지 측면에서 기존 비즈니스에 비해 효과성을 가질 수 있는데, 편리성(convenience), 접근성(accessibility), 연결성(connectivity), 기민성(agility)이 바로 그것이다. 편리성은 제품의 비교를 보다 쉽게 해준다는 것을 의미하며, 접근성은 장소에 제약을 받지 않고 원격에서 접속이 가능하다는 점, 연결성은 웹서버를 언제 어디서나 운영 또는 활용 가능하다는 점, 그리고 기민성은 정보의 획득과 분석에 소요되는 시간이나 노력을 줄여 주는 것을 의미한다.

연습문제

1. e-비즈니스와 전자상거래는 어떤 개념의 차이가 있을까?
2. e-비즈니스의 유용성을 경제학이론을 통하여 설명해 보시오.
3. 인터넷 기술을 활용하면 왜 기업의 매출이 더 늘어날 수 있을까? 당신의 생각을 정리해 보시오.

2 e-비즈니스모델

e-비즈니스모델의 유형에는 어떤 것들이 있을까?

먼저 거래의 주체로 본 e-비즈니스모델의 종류를 살펴보면, 기본적으로는 기업 간 상거래인 'B2B(Business to Business)', 소비자를 직접 상대하는 'B2C(Business to Consumer)', 그리고 인터넷을 통한 전자상거래의 활성화로 가시화된 소비자 간의 상거래인 'C2C(Consumer to Consumer)'로 분류할 수 있을 것이다. 그 밖에 'B2G(Business to Government)'처럼 기업이 정부를 상대로 거래하는 경우와 'M2M(Market to Market)'으로 불리는 장터와 장터를 연결시켜 주는 유통경로가 있다.

하지만 궁극적으로는 B2B, B2C, C2C가 기본 유통채널 분류라고 할 수 있다. 물론 기본 유통채널이 B2B라 해도 개인 소비자의 거래(B2C)를 함께하는 경우도 있을 수 있다. 그 외에 에이전트 기술과 사물인터넷 기술(Internet of Things, IoT)의 발달로 사람과 기계, 기계와 기계 사이의 거래가 가능해졌다. 이를 각각 M2C, M2M모형이라고 한다.

| 그림 2-3 | e-비즈니스모델

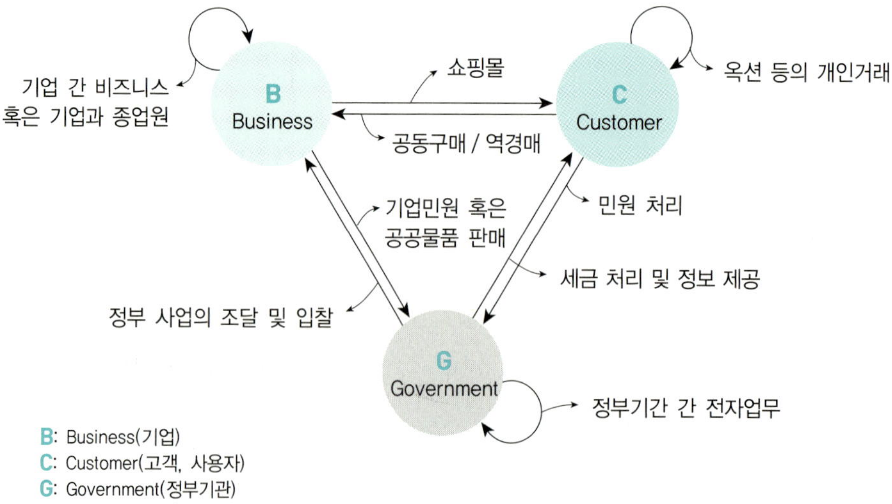

자료: http://blog.naver.com/runturtle?Redirect=Log&logNo=120206008508

다음은 이와 관련된 뉴스 기사이다.

사례 | e-마켓플레이스의 다양화

e-마켓플레이스가 진화하고 있다. 초기에 많이 등장했던 **기업과 소비자 간(B2C), 기업 간(B2B) 전자상거래시장에 이어 기업 간 및 기업과 소비자가 모두 참여하는 B2B2C, 기업과 소비자가 정부와 거래하는 시장이 형성되는 등 e-비즈니스가 다양화 양상을 보이고 있다.**

e-비즈니스 가운데 가장 먼저 선보인 것은 B2C. 제조업체들이 인터넷을 이용, 자사 물품을 일반 소비자를 대상으로 판매하는 것이다. 중간 유통 단계가 사라져 제품 가격이 싼 것이 특징이다. B2C 사이트는 2천 개가 넘는 것으로 추산되고 있다.

B2B는 기업들의 부품, 원자재 구매가 이뤄진다. 이는 대기업을 중심으로 활발하게 구축되고 있다. 제일제당의 드림익스체인지를 비롯, 에이프로시스템, 코리안소스, 파텍21, 인더스트레이더, 아이오션, 제타소프트, 인포맵코리아 등이 독자적인 e-마켓플레이스 구축에 나섰다. SK상사는 아이스틸아시아닷컴 등과 공동으로 철강분야 e-마켓플레이스 구축을 추진키로 한 것을 비롯, 섬유, 철강, 건설, 화학, 의약 등 산업별 e-마켓플레이스 구축이 잇따라 추진되고 있다.

B2B와 B2C가 결합된 형태인 B2B2C도 최근 잇따라 선보이고 있다. 이것은 여러 중소기업의 생산품을 한 물류업체에서 인터넷으로 대행해 팔아주면서 이에 따른 수수료를 받는 모델. 국내 중소기업의 상품을 인터넷 쇼핑 마트를 통해 통합 브랜드로 수출하기도 한다. 실크로드21이 대표적이며 프로라인, ECT21 등이 최근 B2B2C 솔루션을 개발했다.

소비자 간 전자상거래(C2C)는 개인 간 경매로 옥션, 와와컴, 셀피아 등에서 서비스 중이다. 이 부문은 갈수록 경쟁이 치열해지고 있다.

정부도 전자상거래에 나서면서 B2G(기업 대 정부 간 전자상거래)가 등장했다. 최근 영국정부는 민간기업과 제휴, 전자행정 서비스체제를 구축하기로 했다. 이 부문이 앞으로 인터넷 사업의 최대 시장이 될 것으로 기대되고 있다.

C2G(소비자 대 정부 간 전자상거래)는 세금이나 각종 부가세 등을 인터넷으로 처리하는 것으로 현재 서울시 등이 이용하고 있다. **G2C(정부와 소비자 간 전자상거래)는 정부에서 물품을 소비자에게 조달하는 경우를 말한다.**

'B2C2B2G'란 신조어도 등장했다. e-비즈니스 컨설팅 업체 이에듀넷닷컴의 신철 연구원은 "앞으로는 이러한 산업별 마켓플레이스들이 서로 연결돼 M2M(시장 간 전자상거래)으로 재편될 것"이라며 "지식정보화가 빠른 속도로 진행되고 있는 상황에서 이제 국내서도 기업 간, 업종 간 인프라 표준화 작업이 체계적으로 이루어져야 한다"고 말했다.

[용어설명]

- **e-마켓플레이스:** 인터넷 공간에서 공급자와 수요자, 제조업체, 물류업체 등을 하나로 연결해 주는 허브 포털을 말한다. 공급업체, 물류·유통업체, 고객사 등이 모두 연결돼 있어 서로 개별적으로 거래할 필요 없이 이곳에서 구매와 판매 등 다양한 경제활동이 이루어진다.

• B는 기업(Business), C는 고객(Customer), G는 정부(Government), M은 시장(Market)을 의미하며, 2는 'to'의 의미로 발음이 같은 'two'를 숫자로 표기한 것이다.

자료: 한국경제, "'e-마켓플레이스' 다양화 … 기업/고객/정부 참여," 2000. 6. 19.

앞에 언급되어 있는 B2B, B2C, C2C 이외에도 G2C(예: 전자 신문고, 가상공무원), G2G(예: 전자정부 간 협조/거래), B2E(예: 통신기술을 활용하여 기업 내 구성원 사이의 정보 송수신, 협업), G2B(예: 공공조달업무), M2M(① 일반쇼핑업무, ② 무역분야에서 활용), O2C, Virtual C2C(실질적으로는 B2C에 가까움) 등이 있다.

연습문제

1. M2M의 예를 사물인터넷과 관련하여 제시해 보시오.
2. 경매사이트는 B2C일까 C2C일까?
3. 기업체 내에서 B2E의 사례를 찾아 설명해 보시오.

3

Chapter

e-비즈니스의 성공요인

1. 이론적 성공요인
2. 실무적 주요 성공요인
3. 전자상거래 웹 사이트 평가와 성공요인

조직성과는 많은 요인들에 의해 영향을 받기 때문에 정보시스템의 도입과 조직성과의 상관관계를 정확히 밝혀내기는 어렵지만 이는 매우 중요한 과제이다. 문제해결의 복잡성에도 불구하고 정보시스템의 효과 측정과 관련된 많은 연구결과들이 지속적으로 발표되고 있는데, 이 중 가장 대표적인 연구로 DeLone과 McLean의 정보시스템 성공모형이 있으며 그 외에도 정보시스템의 발전과 함께 그것을 수용하기 위해 여러 가지 이론들이 개발되어 왔다. 이번 단원에서는 e-비즈니스의 성공요인을 파악할 수 있는 다양한 이론들을 소개하고자 한다.

1 이론적 성공요인

(1) DeLone과 McLean의 정보시스템 성공모형

1992년도에 DeLone과 McLean이 제시한 IS 성공모형에서는 이전까지 제시된 문헌을 바탕으로 정보시스템의 성과 측정요소를 6가지 독립변수(정보의 질, 시스템의 질, 사용도, 사용자 만족도, 개인성과, 조직성과)로 설명하고 있어 연구자들에 의해 많이

그림 3-1 DeLone과 McLean(1992)의 정보시스템(IS) 성공모형

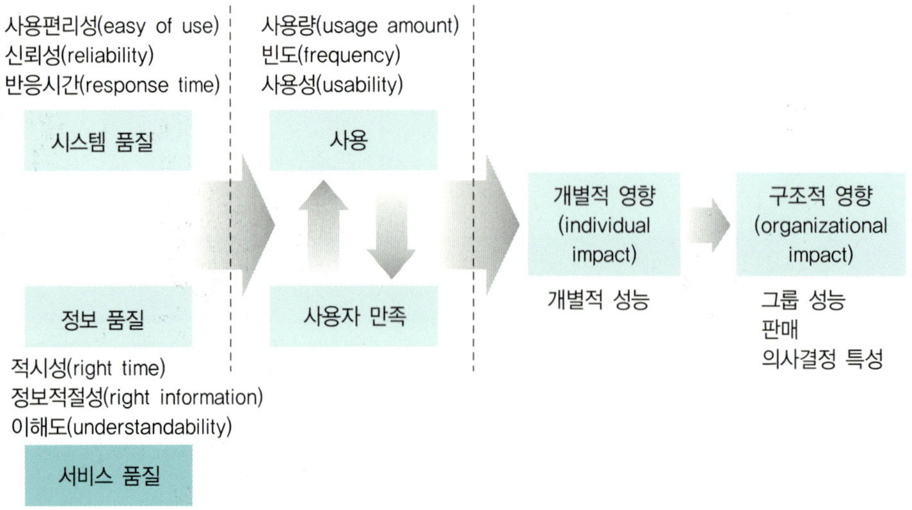

인용되고 있다. 카플란(Kaplan)과 노튼(Norton)에 의해 1992년에 소개된 BSC모형은 제조업과 서비스업, 비영리조직 및 정부기관에 의해 현재 가장 광범위하게 사용되는 실용적 성과 측정방법 중의 하나이다.[1]

정보시스템 성공모형의 여섯 가지 차원은 ① 시스템 품질(system quality), ② 정보 품질(information quality), ③ 정보시스템 사용(use), ④ 사용자 만족(user satisfaction), ⑤ 개인 차원 파급효과(individual impact), ⑥ 조직 차원 파급효과(organizational impact)이다. DeLone과 McLean은 시스템 품질과 정보 품질이 사용자의 만족에 영향을 주고 사용자 만족은 다시 실제 사용과 서로 영향을 주고받으면서 개인 차원 파급효과(개인 성과)의 직접적인 전제조건이 되고, 개인 차원 파급효과는 궁극적으로 조직 차원 파급효과(기업이익 등)에 영향을 미친다는 것을 의미한다.

그림 3-2 DeLone과 McLean의 변형된 정보시스템 성공모형(2008)

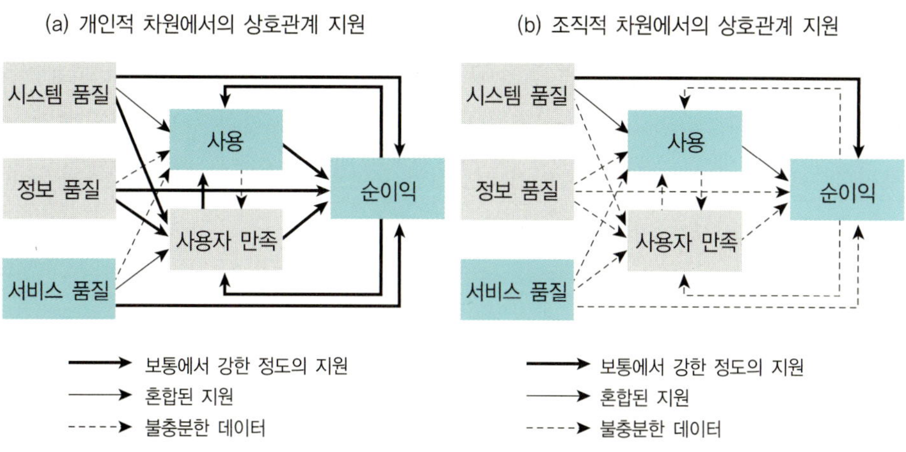

정보시스템 성공모형 발표 후 IS의 효과에 대한 학문적인 질문들이 많이 증가하여 왔고, 당시 급속히 성장하는 e-비즈니스환경에 맞추어 DeLone과 McLean의 정보시스템 성공모형을 수정하고 그 효용성을 평가하고자 하였다.

1992년에 발표된 최초 모형과 비교하여 볼 때, 수정된 정보시스템 성공모형의 특징은 첫째는 서비스 품질(service quality) 변수가 추가되었다. 사용자 중심의 컴퓨터환

1 홍순구, "중소제조업체의 ERP 도입효과 측정방법," 경영과 컴퓨터, 2004년 2월호.

경의 등장으로 IS조직의 역할이 정보 제공자(information provider)와 서비스 제공자(service provider)의 상호적 역할이 요구된다. 하지만 기존 연구가 정보시스템에 대한 효과성 측정에서 제품 관점에 초점이 맞추어져 있어 서비스로서의 정보시스템 효과성의 측정이 필요하다는 주장을 수용해 서비스 품질 변수를 추가한 것이다.

둘째는 순이익(net benefits)이다. 정보시스템의 파급효과의 범위가 넓어짐에 따라 과업조직에 미치는 영향, 조직 간 또는 산업 수준의 영향, 고객 차원의 영향, 그리고 사회적 파급효과(societal impacts)와 같은 추가적인 척도를 포함시키자는 제안이 나왔다. 따라서 이러한 모든 '파급효과(impact)' 척도들을 하나의 척도인 순이익에 포함시켜 기존의 개인 수준의 파급효과(individual impacts), 조직 수준의 파급효과(organizational impacts)를 대체하였다.

마지막으로는 시스템 사용(use)이라는 것이 가지는 다차원적 측면으로 인한 혼란을 피하기 위해 행위요소인 시스템 사용을 태도 차원인 사용의도(intentional to use)와 구분하였고, 과정적 측면의 관점에서 볼 때 시스템 사용은 반드시 사용자의 만족(user satisfaction)을 선행한다는 점을 고려해 Use(Behavior) → User satisfaction → Intention to use(Attitude) 관계를 제시하였다. 시스템 사용과 사용자 만족의 결과로써 어떠한 순이익이 일어날 것이며 긍정적인 순이익은 시스템 사용과 사용자 만족에 대한 영향을 수반한다는 것을 제시하였다.[2]

(2) 계획된 행동이론

계획된 행동이론(Theory of Planned Behavior, TPB)은 개인의 실제 행위(behavior)는 행위 의도(behavior intention)에 의해 발생된다고 주장한다. 이 이론에 의하면 행위 의지는 행위에 대한 개인의 태도(attitude), 행위에 대한 성과를 둘러싸고 있는 주관적 규범(subjective norm), 행위가 쉽게 수행될 수 있는지에 대한 개인의 인식으로 구성된다고 한다.

행위에 대한 태도는 행위를 수행하는 것에 대한 개인의 긍정적인 또는 부정적인 느

2 http://noton.kr/614, Peter, S., DeLone, W. H., & McLean, E. R.(2008), "Measuring information system success: models, dimensions, measures, and interrelationships," *European Journal of Information Systems* 17(3), 236-263.

낌으로 정의된다. 행위에 대한 태도는 행위로부터 발생한 결과에 대한 개인의 믿음과, 이러한 결과가 바람직한 것인지에 대한 평가를 통해 결정된다. 일반적으로 전체적인 태도는 모든 예측되는 결과에 대해서 개인에게 있어 바람직한 결과가 얼마인지에 대한 평가의 합으로 측정되기도 한다.

주관적 규범은 개인이 행위를 수행해야만 한다고 생각하는 무언가가 다른 사람들에게 중요한 것인지에 대한 개인의 인식이다. 어떤 주어진 대상에 대한 평가는 개인이 대상의 요청에 응낙해야만 한다는 동기(motivation)에 의해 가중된다. 결국 전체적인 주관적 규범은 모든 관련된 대상에 대한 개인의 동기 인식이 얼마인지에 대한 평가의 합으로 표현될 수 있다.

행위 통제(behavioral control)는 행위 수행의 어려움에 대한 개인의 인식으로 정의될 수 있다. 계획된 행위이론은 통제를 중요하게 요구되는 노력, 자원 등을 쉽게 수행할 수 있는, 행위로부터의 연속체로서, 사람들의 행위의 위에 놓여 있는 것으로 본다. 비록 Ajzen은 모델 내에서 행위와 행위 통제 간의 연계(link)가 인지된 행위 통제보다는 행위와 실제 행위 통제 간에 발생해야 한다고 제안하였지만, 실제적인 통제 측정의 어려움으로 인해 인지된 통제를 대리 개념(proxy)으로서 사용하고 있다.[3]

그림 3-3 계획된 행동이론

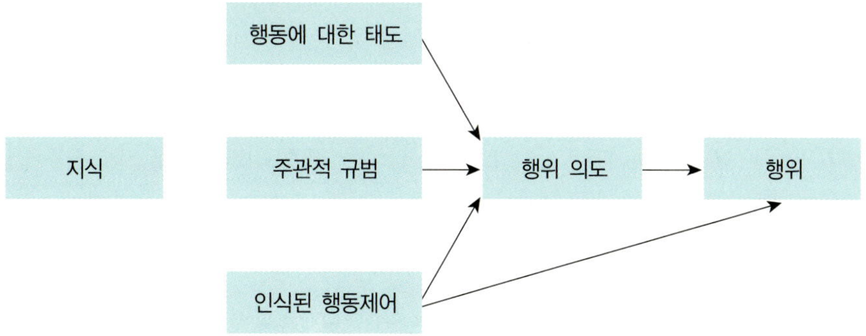

3 http://blog.naver.com/jinwon_hong?Redirect=Log&logNo=140054912363, Eagly, A. H., & Chaiken, S. (1993), *The psychology of attitudes*, Fort Worth: Harcourt Brace Jovanovich College Publishers.

(3) 기술수용모델과 합리적 행위이론

기술수용모델(Technology Acceptance Model, TAM)은 본래 Ajzen과 Fishbein에 의해 제안된 합리적 행위이론(Theory of Reasoned Action, TRA)으로부터 차용된 이론이다(Davis, 1986). TRA는 행위적 의도를 예측하기 위해 개발되었다. 이 이론은 자발적 행동은 그 사람의 행위의도(behavior intention)에서 나오며, 그 의도는 다시 그 자발적 행위를 하는 것에 대한 개인의 태도와 그 행위를 하는 것에 대한 규범적 영향의 결과로 형성된다고 주장한다. 즉, 자발적 행위의 중요한 결정변수인 행위의도의 크기는 다음과 같은 식에 의하여 결정된다고 본다.

$$행위의도 = w_1 태도 + w_2 주관적\ 규범$$

여기서 w_1, w_2는 가중치를 뜻한다.

기술수용모델은 수용자의 수용행동을 설명하기 위한 모델로 Davis(1986)가 정보기술과 관련된 MIS 관련 분야에서 처음으로 소개하여 많은 후속연구들이 진행되어 오고 있다. Davis(1986, 1989)의 기술수용모델은 사회심리학 분야의 합리적 행동이론을 근거로 하여 신념-태도-행위 간의 인과관계를 정보기술 수용과정에 적용한 수용모델이다.

즉, 기술수용모델은 수용자가 정보기술을 수용할 때 영향을 미치는 요인을 설명하는데 있어서, 수용자 개인의 신념이 태도에 영향을 미치고, 태도는 행위의도에 영향을 미치고, 행위의도는 실제 행위에 영향을 미친다고 가정을 하고 있다. 이때 기술수용과정에서 중요한 신념으로 '인지된 유용성'과 '인지된 용이성'을 도입하여 수용과정을 설명하고자 하였다. Davis(1989)는 인지된 유용성과 용이성을 자기효능감이론(self-efficiency theory), 혁신확산이론(diffusion of innovation theory)을 바탕으로 도출하여 수용모델로 제시하였다.[4]

4 http://prworld.blog.me/20160288820, 유재현 · 박철(2010), 기술수용모델연구에 대한 종합적 고찰(*Entrue Journal of information action Technology*), Vol.9, 31-34 재인용

그림 3-4 TAM과 TRA의 비교

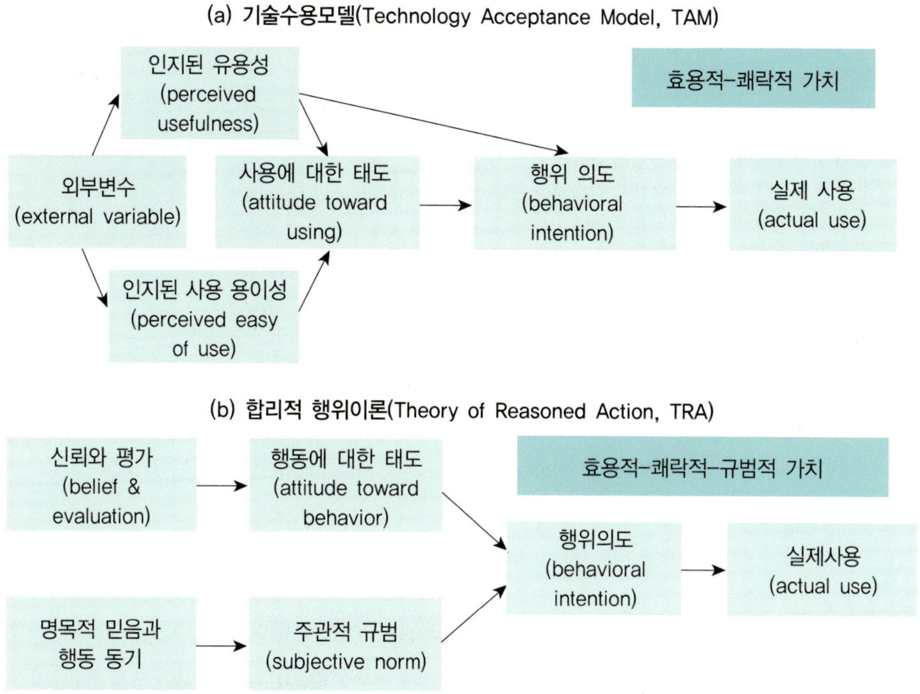

앞에 나온 이론들을 정리하면, TRA는 개인이 행동을 결정할 때 자신의 행동이 어떤 결과를 가져올 것인지를 합리적으로 판단한 후에 결정하는 것을 의미한다. TAM은 TRA를 정보시스템이론 영역에 맞게 적용한 이론이다. TAM은 사용자의 시스템 사용 의도가 실제 시스템 사용을 결정하며, 사용자의 의도는 시스템 사용에 관한 사용자 태도의 영향을 받아 결정된다고 본다.

(4) 기술수용 및 사용에 대한 통합이론

더 나아가 TAM을 기반으로 통합된 관점의 기술수용이론을 개발한 것이 기술수용 및 사용에 대한 통합이론(Unified Theory of Acceptance and Use of Technology, UTAUT)이다. UTAUT는 다양한 기술의 수용 및 행동이론(TRA, TPB, TAM 등)을 참조해 변수들을 개발했다.

그림 3-5 UTAUT 연구모형

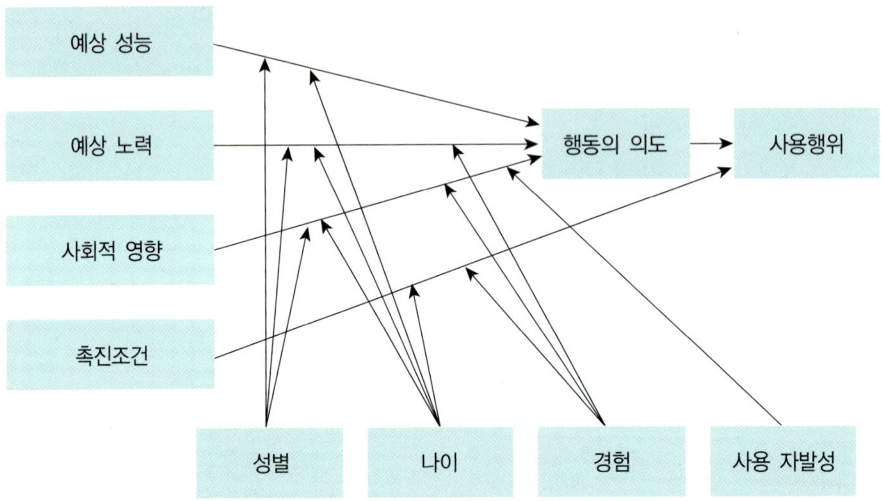

자료: Venkatesh et al(2003).

앞에서 언급되었던 TAM과 비교했을 때, UTAUT모형은 더욱 설득력을 가진다는 것이 여러 연구자들에 의해 주장되었는바 TAM과 UTAUT의 비교를 통해 공통점과 차이점을 알아보자.

먼저 공통점으로는, 첫째로 종속변수(행위의도, 실제 행위)가 같다. 둘째로 TAM에서 독립변수 중 '내가 성과를 내는 데 도움이 되는가'를 의미하는 인지된 유용성(perceived usefulness)과 유사한 의미의 변수인 성과기대(performance expectancy)가 UTAUT에 존재한다. 셋째로 TAM에서 독립변수 중 인지된 사용 용이성(perceived ease of use)과 유사한 의미의 변수인 노력기대(effort expectancy)가 UTAUT에 존재한다.

반면 차이점의 경우, 첫째로 TAM의 독립변수 중 볼 수 없었던 사회적 영향(social influence)과 촉진조건(facilitating conditions)이 추가되었다. 둘째로 TAM에서는 외재변수로 보았던 성별, 연령, 경험, 사용에 대한 자발성(voluntariness of use) 등이 UTAUT에서는 조절변수(통제변수)로 등장한다.

이후의 변형적 또는 확장적 연구에서도 UTAUT모형은 ① 정보에 대한 만족도(information satisfaction), 시스템 사용 만족도(System satisfaction) 등의 독립변수가 추가되었고, ② 문화적 요인이 조절(통제)변수로 추가되었으며, ③ 기존의 정보시스템 성공모형에서 등장하던 변수들도 추가되었다.

(5) 가치구조이론

가치구조이론(theory of value structure)은 Schwartz에 의하여 처음으로 주창되었다. 이 이론에 따르면 사람의 가치에는 효용가치(utility value), 쾌락적 가치(hedonic value), 규범적 가치(normative value) 그리고 행복추구 가치(eudemonic value)라는 네 가지 가치가 존재한다.

첫째, 효용가치는 "나에게 도움이 되는가, 안 되는가"를 따지는 유용성 또는 경제성을 의미한다. 따라서 인지적 가치(cognitive value)라고도 한다. 둘째, 쾌락적 가치는 즐거움, 기쁨 등을 중시하는 것이며 감성적 가치(affective value)라고도 한다. 셋째, 규범적 가치는 법이나 제도, 사회적 규범이나 주변의 평가를 중시하는 것을 의미한다. 그러므로 규범적 가치에는 강제적 규범과 도덕적 규범이 있다. 넷째, 행복추구 가치는 자아실현을 이루었다고 느끼는, 즉 스스로에 대한 최고의 만족을 추구하는 것을 중시하는 가치이다. 행복추구 가치는 외부적으로 표출되는 것이 일견 규범적 가치와

그림 3-6 가치구조 모형

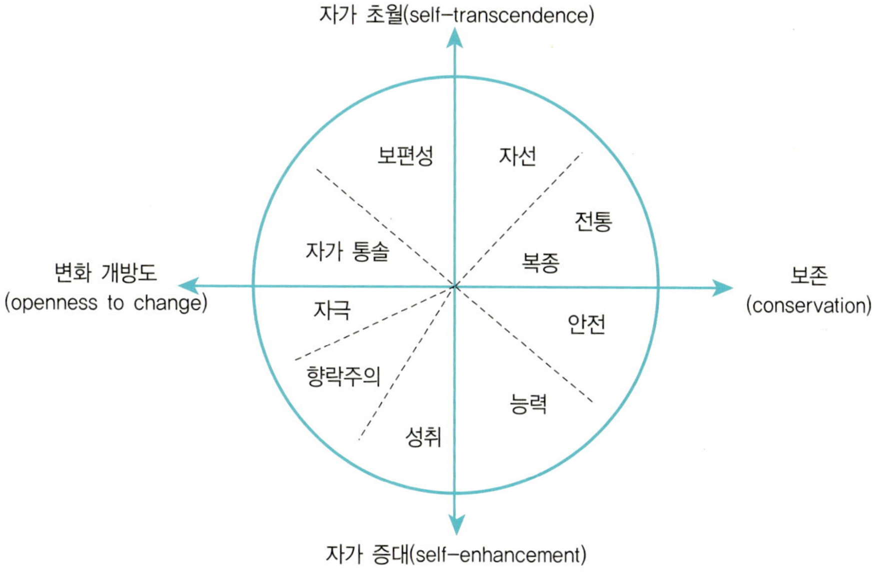

유사할 수 있지만 행복추구 가치는 그 판단의 중심이 자신에게 있다는 점에서 다른 사람이나 공동체와의 바람직한 관계를 위해 행동하는 것보다 더 주도적이다.

예를 들어 카카오톡과 스카이프 사용을 비교한다고 가정해보자. 누군가 "카카오톡이 스카이프보다 친구를 더 많이 사귈 수 있고 편리하다"라고 말한다면 그것은 효용 가치에 해당한다. 반면 "카카오톡이 스카이프보다 더 재미있다"라고 말한다면 그것은 쾌락적 가치에 해당할 것이다.

(6) 기타 이론

이 밖에도 프라이버시 계산모형(privacy calculus model), 플로우 모형(flow model), 매체풍부성 모형(media richness model) 등 다양한 이론들이 존재한다. 프라이버시 계산모형의 경우 "사람들은 자신의 정보를 공개함으로써 자신이 얻을 수 있는 것이 무엇일지 머릿속으로 계산한다"는 것을 의미한다. 즉, 사생활 정보를 노출함으로 얻어지는 이익이 침해에 의한 손실보다 클 경우 SNS 또는 소셜 미디어를 사용하고, 반대일 경우 사용하지 않는다고 할 수 있다.

| 그림 3-7 | 프라이버시 계산모형

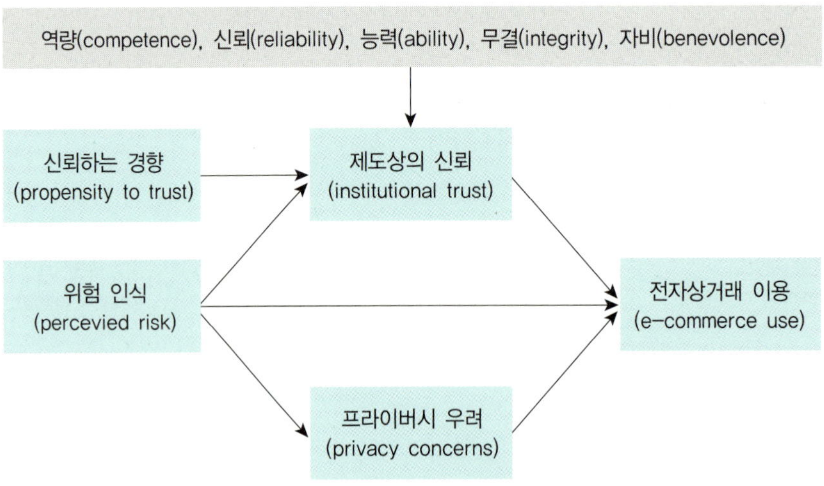

자료: Tamara Dinev, Massimo Bellotto, Paul Hart, Vincenzo Russo, Ilaria Serra, & Christian Colautti, *Privacy calculus model in e-commerce: a study of Italy and the United States.*

플로우 모형의 경우 내재적 흥미, 호기심, 몰입, 제어감 등이 구성요소라 할 수 있는데, 자신이 경험하고 있는 것에서 즐거움과 행복을 느끼고 있는 상태 혹은 현재의 경험이 최적의 경험(optional experience)임을 느끼며 몰입하는 상태를 의미한다.

마지막으로 매체풍부성 모형의 경우, 풍부한 정보를 제시하고 만족하는 것을 의미한다. 매체풍부성은 가장 낮은 수준인 텍스트로부터 시작해서 이미지, 동영상 등이 더욱 높은 수준이며 가장 최상위 수준의 매체풍부성은 면대면(face to face) 대화인 경우이다. 따라서 e-비즈니스시스템 분야에 적용한다면 정보의 질을 높이거나 고객 집중을 위해서 매체풍부성(media richness)을 높여야 한다는 주장이 가능하다.

그림 3-8 매체풍부성

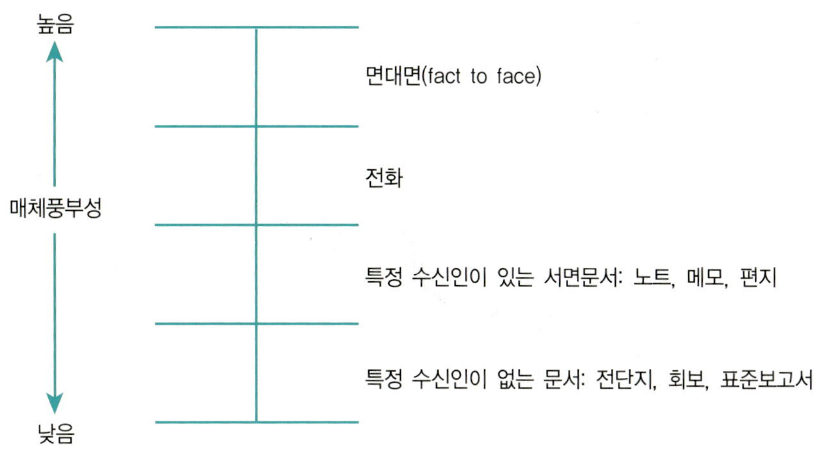

자료: Daft, Lengel, & Trevino(1987), *Hierarchy of media richness source.*

연습문제

1. 정보시스템 성공모형에서 인지적 요인 외에 감성적 요인(즐거움, 친밀감, 몰입 등)은 고려할 필요가 없을까? 감성적 요인이 필요하다면 구체적으로 어떤 요인이 어떻게 기여할까?
2. UTAUT에서 독립변수나 조절변수로서 더 추가할 변인은 없을지 제안해 보시오.
3. 기업조직에서 본인의 의사와 상관없이 반드시 사용해야 하는 정보시스템과 사용자가 얼마든지 선택이 가능한 정보시스템 사이에서의 채택 의도에 영향을 미치는 요인은 어떻게 다를까?
4. 매체풍부성을 극대화한 e-비즈니스 사이트는 어떤 모습이어야 할까?
5. 웹 사이트에서 개인화 기능은 필수적으로 사용자의 프로파일(연령, 성별, 현재 주소 등)을 요구하게 된다. 그리고 이것을 사용하려면 프라이버시 침해의 우려가 발생한다. 사용자들의 프라이버시 침해 우려를 불식시키면서 사용자 정보를 활용하려면 사용자에게 어떤 조치를 해야 할까?

2 실무적 주요 성공요인

e-비즈니스의 CSF(Critical Success Factors)를 살펴보면 다음과 같은 아홉 가지가 존재한다.

① 비즈니스 품목과 수익모형은 서로 논리적 일관성이 있어야 한다.

② 산토끼를 관리하라 - 그들은 고정비용임.

③ 선도자가 되어라.

④ 프라이버시를 보호할 것인가.

⑤ 사람들은 다른 사람이 흥미로워 하는 것에 관심을 가진다.

⑥ 딥웹이 되지 마라.

⑦ 전자상거래의 한계점을 극복하라.

⑧ 당신의 비즈니스 품목에 합당한 전략을 구축하라.

⑨ 고객으로부터 신뢰를 획득하라.

이제 각 요인들에 대해 자세히 알아보도록 하자.

(1) 비즈니스 품목과 수익모형은 서로 논리적 일관성이 있어야 한다

어떤 웹 사이트의 주제와 콘텐츠는 수익모형과 논리적으로 일관성을 유지해야 한다. 구체적으로 예를 들어 알아보도록 하자.

한 예로 '쌩쓰맘(www.thanksmom.co.kr)'은 육아에 관심 있는 여성들이 주로 찾는 사이트이다. 이때 '쌩쓰맘'의 경우 비즈니스 아이템은 소비자들의 욕구, 수익모형은 매출을 의미한다. 즉, 임신·출산·육아 관련 전문 몰 '쌩스맘'은 육아용품 관련 틈새시장을 노린 케이스다. 젊은 주부를 위한 쇼핑몰을 표방하며 전화 통화만으로는 안심할 수 없다고 느끼는 고객을 위해 영상 콜센터를 운영하기도 하였고 특히 임산부를 위한 특허상품을 구비하고 '사랑방 코너'와 '정보 나눔터' 등 주부들 간의 커뮤니티 방을 만들어 필요한 정보를 교환, 소비자 중심의 선택쇼핑을 유도하였다.[5] '쌩쓰맘'의

5 http://blog.naver.com/sitekim77?Redirect=Log&logNo=100169889444

성공요인은 사이트 내 콘텐츠에서 자연스럽게 육아용품을 판매하게 되었다는 점이다. 즉, 소비자들의 니즈를 충족시키기 위해 애썼고, 이것이 소비에 대한 거부감을 줄인 것이라고 볼 수 있다.

둘째로 페이스북은 2004년 2월 4일 당시 19살이었던 하버드대학교 학생 마크 주커버그(Mark Zuckerberg)가 학교 기숙사에서 사이트를 개설하며 창업된 것이다. 처음에는 하버드 학생들만 이용하는 제한된 사이트였지만, 2월 말 무렵 하버드 재학생 절반 이상이 가입하였고, 3월에는 스탠포드 · 컬럼비아 · 예일대학교 학생들도 이용할 수 있게 되었으며, 개설 두 달 만인 4월에는 MIT · 보스톤 · 노스이스턴대학교와 모든 아이비리그까지 확장되었다. 2005년 9월 2일 고등학교 학생들도 가입할 수 있게 되었고, 2005년 말에 이르러 미국, 캐나다, 영국 등 7개국의 2,000개 이상의 대학교와 2만 5,000개 이상의 고등학교에 네트워크가 형성되었다. 2006년 9월 11일 마침내 전자우편 주소를 가진 13세 이상의 모든 이들에게 개방되었다. 2008년 말부터 세계 최대의 SNS 사이트였던 MySpace를 따돌리고 SNS 분야 선두주자로 나섰고, 2009년 9월 가입자 수 3억 명을 돌파하였다.[6]

그런데 비즈니스 품목은 관계설정 및 의사소통이며, 수익모형은 광고, 게임인 것이 논리적으로 잘 연결되지 않는다. 물론 페이스북의 성공요인으로는 거대한 커뮤니티를 형성하게 해주었다는 점을 들 수 있고 페이스북이 분명 가장 성공한 SNS(Social Network Service) 중 하나라는 점에 이견은 없지만, 비즈니스 품목과 수익모형이 잘 어울려야 성공한다는 점에 비추어 볼 때, 페이스북은 더 큰 성공을 위해 이 부분이 해결되어야 할 것이다.

페이스북은 어떻게 수익을 낼까? 소셜 네트워크 서비스의 경우 아직은 **광고나 수수료** 정도가 아닐까 싶다. 사실 이 두 가지 모델이 페이스북의 수익모델이기도 하다. 페이스북 웹 페이지에 광고를 게재하고 **Zynga(미국의 소셜 네트워크 게임 개발업체)** 같은 벤더들을 페이스북 안에 내장하여 거기서 발생하는 수익 중 일부를 수수료로 청구하는 것으로 수익을 만들고 있다. 그러나 이러한 수익모델이 가능하기 위해서는 우선 소셜 네트워크 서비스의 플랫폼으로 충분히 기능해야 하며 참여하는 사용자들의 수나 관계가 의미 있는 수준을 넘어야 한다. 또한 서비스 초창기부터 수익에 힘쓰는 것

6 두산백과(http://terms.naver.com/entry.nhn?docId=1346257&cid=40942&categoryId=32854)

이 알려지면 사람들이 오히려 그 소셜 네트워크 서비스를 더 멀리할 수도 있는 위험이 존재한다.

| 그림 3-9 | 페이스북의 주요 수입원 중 하나인 소셜 게임

소셜 네트워크 서비스의 수익구조가 약한 이유는 팔기 위한 상품이 존재하지 않기 때문이다. 소셜 네트워크 서비스는 상품 대신 말 그대로 고객에게 제공하는 서비스를 통해 가치가 창출된다. 하지만 이 서비스의 이용 자체는 무료이다 보니 수익을 만들어 낼 방법을 따로 고민해야 하는 상황이 된 것이다.

그래서 웹에서는 광고라는 수익모델이 항상 최우선순위로 올라오게 된다. 상품과 서비스는 없지만 사람들이 무료 서비스를 이용하다 보면 항상 사람들이 주시하는 공간이 생기고 이는 곧 팔 수 있는 자리가 생기는 것이기 때문이다. 이러한 수익모델은 미디어의 그것과 유사해서 웹은 일찍이 미디어로 분류되었고 소셜 네트워크 서비스도 소셜 미디어로 통용되었던 것이다. 하지만 소셜 네트워크 서비스 중에서도 B2C가 가능한 부분은 존재한다. 직접 상품을 판매하는 소셜 커머스와 아이템을 상품화해서 판매하는 소셜 게임이 그것이다.[7]

성공 여부를 판단하는 3가지 요소로는 ① 고객 참여(customer engagement), ② 입소문(word of mouth), ③ 브랜드 인식(brand awareness) 등을 들 수 있다. 특히 팬 참여(fan engagement)를 위해서는 다음의 그림처럼 퀴즈와 행사를 하기도 한다.

7 http://novathin.kr/168

그림 3-10 페이스북에의 팬 참여 과정

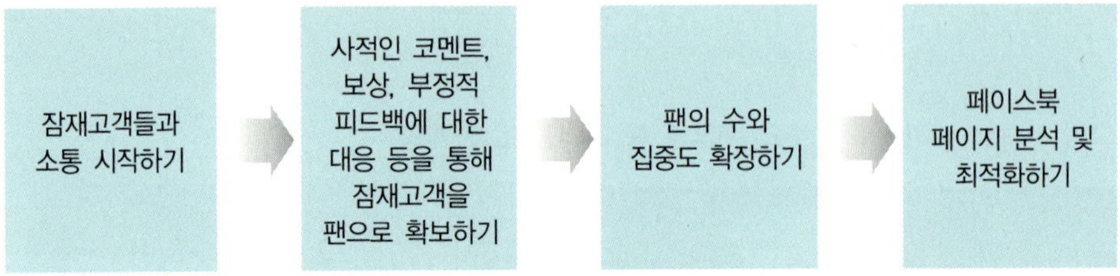

그림 3-11 페이스북 내의 팬 참여를 유도하는 부분

(2) 산토끼를 관리하라 – 그들은 고정비용임

산토끼라 함은 무엇을 의미하는 것일까? 산토끼란 특정 사이트에 자주 머무르지 않고 쉽게 다른 사이트로 이동해 가는 사람들을 의미한다. 반면, 집토끼의 경우에는 그 사이트를 자주 방문하고 오래 머무르는 사람들이라고 볼 수 있다. 그렇다면 상식적으로 사이트에 자주 머무르고 애정이 있는 집토끼에 더 집중을 해야 하는 것이 아닐까? 왜 산토끼에 주목을 해야 한다고 말하는 것일까?

[그림 3-12]를 보면, A와 B로 고객집단(두 집단의 관리비용은 같음)이 나눠져 있

다. A의 경우 회사에 순이익을 가져다주는 고객, 즉 집토끼에 해당한다. 반면 B의 경우 회사에 순이익을 가져다주지 않는 산토끼, 즉 덜 충성스러운 이동고객에 해당한다. 전통적인 입장에서는 고객관리에 소요되는 비용보다 가치가 적다. 그러나 이들이 없다면 네트워크 효과가 사라져 충성고객들도 이탈할 가능성이 있다. 그러므로 이들로부터 이익이 나지 않더라도 충성고객들을 위해 관리를 계속해야 하니 결국 비충성고객을 관리하는 비용은 고정비용이 드는 것으로 인식될 수 있다.

파레토법칙(20 대 80의 법칙)에 따르면 전체 고객의 20%를 차지하는 A가 전체 매출의 80%를 담당한다고 볼 수 있다. 하지만 e-비즈니스에서는 A와 같은 충성고객에만 집중할 것이 아니라 전체 고객의 80%를 차지하고 그저 고정비용으로밖에 인식되지 않는 B, 즉 비충성고객에게도 집중을 할 필요가 있다고 말한다. 고객관계관리(Customer Relationship Management, CRM) 관점에서 봤을 때는 이동고객도 고객관리를 할 필요가 있고 그저 고정비용이 아닌 고객을 유지하는 운영비용이라고 인식할 필요가 있다.

더 나아가 웹 2.0 환경하에서는 그 고정비용을 혁신적으로 줄일 수 있는 방법(예: 사이트 내 공동 커뮤니티)들이 존재하기에 B에 해당하는 덜 충성스러운 이동고객을 관리하고 유지하는 것은 매우 중요하다고 볼 수 있다. 웹 2.0에 대해서는 뒤에서 더 자세히 다루도록 하겠다.

그림 3-12 롱테일과 고객관리 차별화

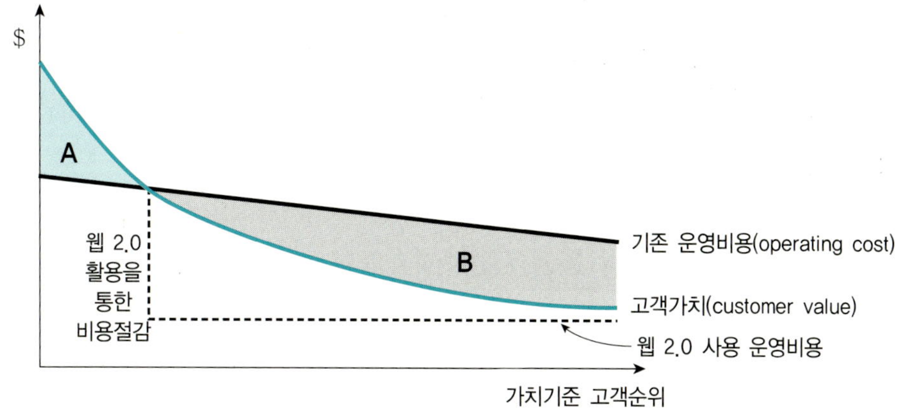

(3) 선도자가 되어라

특정 분야의 산업이나 시장에 남보다 먼저 진출하는 것은 시장 선점을 통해 브랜드 확보, 강력한 진입장벽을 형성할 수 있는 등 큰 이점을 가진다. e-비즈니스환경 속에서는 그 중요성이 더 커진다.

일반적으로 선도자(first mover)로서 성공하지만, 후발주자로서 성공한 사례도 있다. 특히 검색엔진시장을 보면, 후발주자가 세상을 뒤흔들 만한 혁신으로 시장을 재정의함으로써 기존 시장의 선발 진입자가 몰락하거나 시장 전체의 파이가 더 커지는 경우가 존재한다.

예로써 구글이 등장하기 전 최초의 웹 검색엔진 서비스는 알리웹(ALIWEB)이었고, 상업적 성공을 거둔 첫 번째는 라이코스였다. 곧이어 수많은 검색엔진들이 경쟁을 벌이다가 사람들이 원하는 웹 사이트를 찾는 가장 대중적인 도구로 검색시장을 만든 선도자는 디렉토리 방식의 야후였다. 그러나 승승장구하던 야후도 수익모델의 한계에 부딪혀 키워드 검색방식을 받아들이고 포털로의 변신 등을 시도했지만 역부족이었다. 반면 뒤늦게 뛰어든 구글은 사용자 관점에서 페이지 링크 정보를 분석해 최적의 문서를 판단해 찾아주는 '페이지랭크(PageRank)' 방식으로 시장을 새롭게 정의했다. 이전보다 월등한 검색엔진으로 시장의 파이를 키우고 동시에 기존의 그래픽 기반 배너 광고에서 텍스트 기반 검색 광고로 시장을 재편하는 데 성공한 구글은 야후를 제치고 시장을 선도할 수 있었다.

웹 검색엔진이라는 미지의 시장을 처음 발견한 것은 알리웹이지만, 디렉토리 방식으로 대중시장화를 이끈 것은 야후라 할 수 있고, 혁신적 방식으로 재정의된 시장에서의 선도자는 구글로 볼 수 있다.[8] 한편 선도자였지만 실패한 싸이월드와 같은 사례도 있다.

1999년 9월 처음 서비스를 시작한 싸이월드는 클럽 서비스를 중심으로 시작되었으나 프리챌, 아이러브스쿨, 다음 등에 밀려 빛을 보지 못하고 어려움을 겪었다. 2000년에 클럽을 위시한 개인 PIMS, 공유형 게시판, 채팅, 폴(poll, 투표) 서비스 등 커뮤니티 포털 형식을 도입, 대대적으로 개편했으나 네티즌들의 반응은 그다지 크지 않았다.

8 http://www.kmobile.co.kr/k_mnews/news/news_view.asp?tableid=IT&idx=431396, LG경제연구원, First mover전략의 핵심은 역동성.

그림 3-13 알리웹: 가장 오래된 검색엔진(1993)

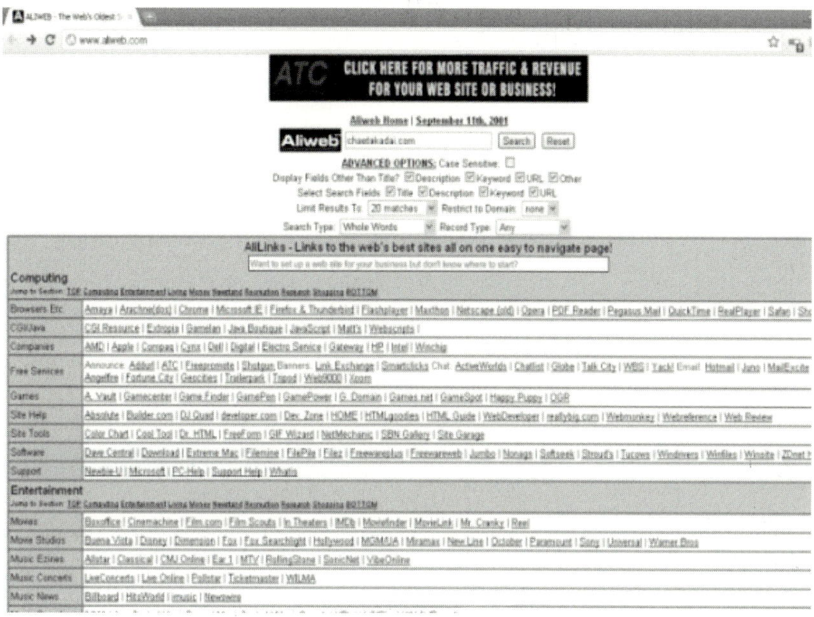

자료: http://blog.oddhead.com/category/yahoo

그림 3-14 야후 검색엔진

자료: http://chaetakadai.com/top-22-less-used-search-engines

한편 2001년 '미니홈피 프로젝트'를 통해서 기존의 클럽 중심 서비스에서 개인 홈페이지 서비스로 변화하면서 인기를 모으기 시작했다.[9] '일촌'이라는 독특한 인맥 네트워크 관리 개념을 통해 각자 '미니홈피'를 직접 관리하고 주위 사람들과 소통할 수 있다는 점 때문에 선풍적인 인기를 끌었다. 2005~2006년에는 사용자 숫자가 3,500만 명에 달하는 국내 최고의 SNS였다.

하지만 페이스북, 트위터와 같은 후발주자들의 등장, 기술적 혁신의 부재, 과도한 유료화 정책, 해외 진출시도의 실패 등 여러 가지 원인들로 인해 몰락하게 된다. 다음에 나타나 있는 기사는 싸이월드의 몰락에 관한 내용이다.

사례 | SK컴즈의 싸이월드 왜 가라앉았나

대기업 편입 이후 벤처문화 시들
환경 적응 못해 … 정부 규제도 한몫

한때 3,500만 명 가입자를 확보하며 '국민' 인맥구축서비스(SNS) 대접을 받은 싸이월드가 가라앉고 있다. 인기몰이의 원동력이었던 초기의 참신함과 추진력이 떨어지고 있는 게 가장 큰 이유다. 게다가 급속한 외부환경 변화에 대한 때늦은 대응도 한몫한다.

싸이월드는 지난 **1999년 이동형 현(現) 나우프로필 대표가 카이스트(KAIST) 동기들과 의기투합해 만든 서비스다. 태생이 벤처기업이다.** 이후 2003년에 지금의 SK커뮤니케이션즈(이하 SK컴즈) 품에 안기면서 안정적인 성장체제로 전환한다. 보통 싸이월드의 절정기를 피인수 이후인 2005~2006년으로 꼽는데 대기업에 인수돼 중흥기를 맞이한 케이스라 할 수 있다.

하지만 대기업에 편입되면서 벤처 특유의 문화도 사라졌다. SK컴즈 대표는 보통 SK그룹이나 SK텔레콤의 인사가 내려오는 게 관행으로 굳어져 조직문화도 다소 경직됐다. 유연하고 발랄해야 할 분위기가 딱딱하고 무거워진 것이다. SK컴즈를 이끄는 최고경영자(CEO)가 비(非)인터넷 전문가로 자주 채워진 것도 갈피를 못 잡게 한 요인이라 할 수 있다. 이로 인해 변화를 줘야 할 타이밍에 이렇다 할 뭔가를 내놓지 못했다는 평가를 받는다. 싸이월드 이용자들의 사용 패턴이 기존 데스크톱 PC환경에 굳어졌으나 이를 다른 식으로 바꿀 만한 획기적 서비스를 만들지 못했다는 것이다.

그동안 SK컴즈는 이용자 사용방식을 무리하게 바꾸기보다 별도의 새로운 서비스를 제공하는 것이 낫다고 판단한 것으로 알려졌다. 기존 싸이월드는 이용자들이 그동안 축적한 텍스트나 사진을 저장해 두는 일종의 '온라인 데이터 금고'로 놔두고 이와 별개의 후속 버전을 개발하려 했던 것이다. 이러한 계획은 결과적으로 좌절됐다.

9 http://ko.wikipedia.org/wiki/%EC%8B%B8%EC%9D%B4%EC%9B%94%EB%93%9C

외부환경의 급속한 변화도 가뜩이나 굼떠진 회사 움직임에 발목을 잡았다. 변하는 인터넷 환경에 발맞추지 못하다 주도권을 경쟁사에 넘겨 준 것이다. 지금의 정보기술(IT) 산업은 그야말로 격동기다. 인터넷 분야도 소통과 정보의 중심이 PC에서 모바일로 이동하면서 기존 강자들은 신흥 업체들의 강한 도전을 받고 있다.

페이스북이나 트위터도 싸이월드처럼 데스크톱 PC 시절부터 서비스를 했던 곳이다. 하지만 **변화에 대응하는 방식이 달랐다. 페이스북은 모바일 시대 경쟁력을 강화하기 위해 대규모 투자비를 쏟아 붓는 등 이 분야에 '올인'하고 있다.** 페이스북은 지난해 온라인 사진 공유 사이트 인스타그램을 무려 1조 원 이상을 들여 인수하기도 했다. 반면 **싸이월드를 운영하는 SK 컴즈는 최근 8분기 연속 적자 늪에 빠지면서 신성장 동력을 위한 투자는 꿈도 꾸지 못하고 있다. SK컴즈는 싸이월드 외에도 검색포털 네이트와 메신저 네이트온 등 다양한 서비스를 운영하고 있으나 어느 하나 제대로 밀어주지 못했다.**

대부분의 서비스를 10년 넘게 제공하고 있으나 정작 이용자 입맛에 맞는 것을 끊임없이 제공하지 못한 것이다. 회사 관계자에 따르면 "인터넷 패러다임이 바뀌면서 PC환경에 굳어진 싸이월드의 정체성을 바꾸는 게 쉽지 않았다"라며 "싸이월드의 부진은 서비스 시간이 너무 많이 흘러간 것이 가장 큰 요인"이라고 설명했다.

정부와 정치권의 과도한 인터넷 산업 규제도 싸이월드에 악영향을 끼쳤다. 관련 업계에선 지난 2009년에 시행한 '인터넷 실명제' 탓에 토종 업체만 피해를 봤다고 보고 있다. **국내 업체들은 실명제를 철저히 준수했으나 해외에 서버를 둔 구글이나 페이스북, 트위터 등은 규제에서 비껴 나갔다는 것이다. 규제 탓에 싸이월드 같은 토종 업체는 역차별을 당한 반면 페이스북과 트위터는 이득을 봤다는 것이다.** 실제로 KTH의 '푸딩 투'와 다음 '요즘', 네이버 '미투데이'가 제대로 해보지도 못하고 서비스를 접었고 싸이월드만이 근근이 명맥을 유지해 왔으나 이번에 분사 조치를 당하면서 국내 시장은 해외 기업에 안방을 내주게 됐다.

자료: BusinessWatch, 2013. 11. 29.
(http://www.bizwatch.co.kr/?smode=referer&uid=4189&datatype=)

특히 SK컴즈가 세계시장을 공략해 만든 서비스인 글로벌 싸이월드도 2011년 10월 공개 서비스를 시작했지만 2014년 2월 10일에 서비스를 종료하였다. 해외시장 공략을 목적으로 회원가입 시 실명을 인증하는 절차를 빼고 한국어, 영어, 스페인어, 독일어, 중국어, 일본어 등 다양한 언어를 지원했음에도 문을 닫게 되었다.

다음의 통계를 봐도 2008년 이후로 페이스북과 트위터, 미투데이 등의 후발주자들의 방문자 수는 지속적으로 늘어나고 있는 데 반해, 싸이월드 방문자 수는 줄어들고 있는 것을 알 수 있다.

| 그림 3-15 | 페이스북과 싸이월드 등의 방문자 수 추이

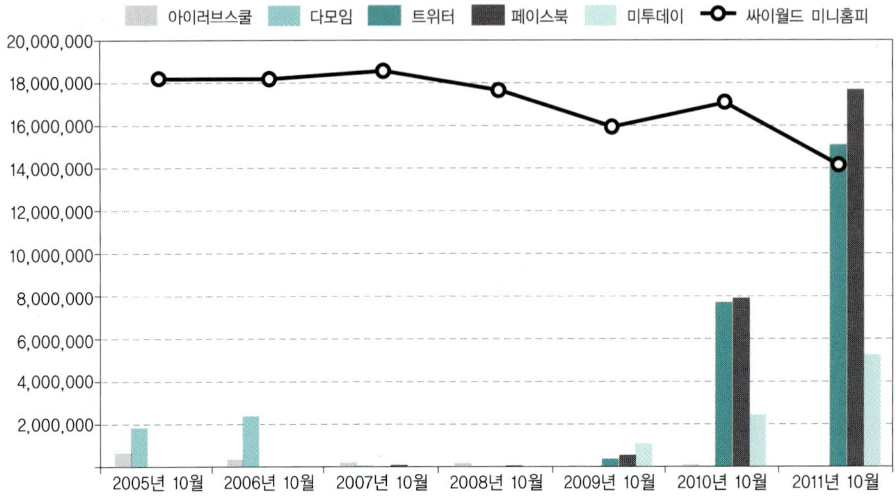

자료: http://www.hankyung.com/news/app/newsview.php?aid=201111294189t

(4) 프라이버시를 보호할 것인가

"요즘 사람들은 자신의 프라이버시가 당연히 보호받아야 한다고 생각하고, 이것에 대해 어떠한 의문도 제기하지 않는다. 하지만 프라이버시에 대한 개념이나 권리는 이제 겨우 100년이 조금 넘는 '짧은' 역사를 갖고 있다.

미국 보스턴에 살던 워렌 변호사는 소위 잘 나가는 변호사였다. 부인 또한 상원의원의 딸로서 이 부부는 사람들의 관심의 대상이었고, 부부의 사생활은 종종 지역의 황색언론에 보도가 되곤 했다. 워렌 부부는 언론의 사생활 침해에 불쾌감을 느꼈지만, 당시에는 별다른 도리가 없었다. 그러던 중 워렌 부부의 딸의 결혼 소식이 지역언론에 흥미 위주로 시시콜콜한 이야기까지 보도되자, 참다 못한 워렌은 사생활 침해를 법의 영역으로 끌어들이기로 결심한다.

워렌은 친구인 브랜다이스와 함께 사생활 보호를 위한 법 이론에 대해 연구하였고, '프라이버시권'이라는 개념을 만들게 된다. 1888년, 토마스 쿨리 판사가 민사상 손해배상에 관한 저서에서 최초로 제시한 '혼자 있을 권리(right to be let alone)'를 프라이버시권으로 구체화시킨 것이다. 1890년 워렌과 브랜다이스가 「하버드 로 리뷰(Harvard Law Review)」에서 주장한 '혼자 있을 권리'는 지금의 프라이버시권과 개인정보보호에 대한 이론적 토대가 되었다.

이처럼 프라이버시권의 출발은 언론 등 외부에 사적인 영역을 침범 당하지 않고 보호받을 수 있는 방어적인 성격의 권리였다. '프라이버시(privacy)'의 어원도 다른 사람의 눈을 피한다는 라틴어(privatue)에서 유래한다고 한다."[10]

그림 3-16 소셜 미디어의 사생활정책

자료: Brian Farrington, townhall.com

전통적인 기업들은 유저들의 사생활을 보호하려고 했다. 하지만 이제는 개인의 사생활 정보 또한 흥정의 대상이라고 볼 수 있다. 페이스북이 가장 대표적인 예라고 할 수 있다.

(5) 사람들은 다른 사람이 흥미로워 하는 것에 관심을 가진다

사람들은 다른 사람들이 관심 있어 하는 것에 관심을 가진다? 무슨 의미일까? 포털 사이트 중 하나인 네이버를 예로 들어 보자. 방송에서 어떤 점이 이슈가 되면 실시간으로 검색어 순위에 올라오는 경우를 본 적이 있을 것이다. 왜 그러한 검색어 순위가 존재하는 것일까? 만약 모든 사람들이 본인이 좋아하는 것에만 관심을 가지고 그 이외의 것들에 관심을 가지지 않는다면 그러한 검색어는 소용이 없을 것이다. 하지만 많은 사람들이 단지 호기심에 검색어를 보고 충동적으로 실시간 검색어를 클릭해 본다. 즉, 이제는 사람들이 자신이 관심 있는 것 이외에도 다른 사람들의 관심사나 시쳇

10 http://privacyblog.naver.com/80133467157

말로 입방아에 오르는 이슈에 대해서도 관심을 많이 갖기 때문에 그러한 것이 생겨났다고 볼 수 있다.

| 그림 3-17 | 신뢰의 원천

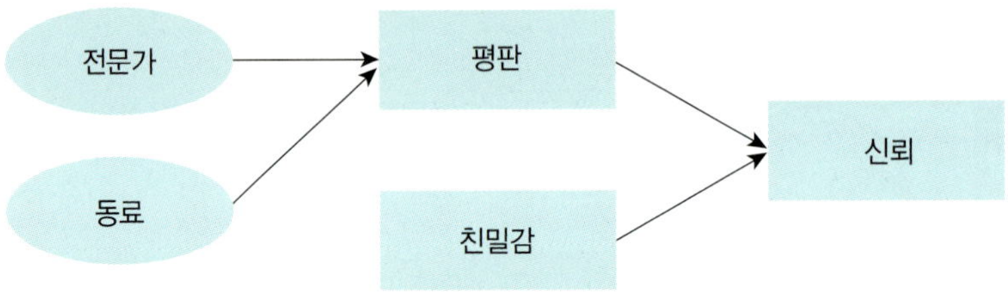

다음의 글은 e-비즈니스 생태계에서 소비자의 성향과 관련된 내용에서 일부 발췌한 부분이다.

> "디지털 미디어 시대에 범람하는 광고와 홍보의 홍수 속에서 사람들은 상품을 구매하기 위해 수많은 정보 속에서 어려운 의사결정을 해야 한다. 소비자들은 정보 수집 및 분석을 직접 하지 않고 구매과정에서 인지한 몇 가지 힌트에 의존, 최종 구매 결정을 하려는 경향을 나타낸다. 이렇게 몇 가지 힌트에 의존해 구매하려는 경향을 '휴리스틱(heuristic)에 의존한 구매'라고 한다. 구매 휴리스틱은 최근 급속도로 퍼져나가고 있는 소셜 네트워크의 발달로 더욱 두드러지게 됐다. 몇 가지 구매 휴리스틱을 살펴보자.
>
> - **구매 휴리스틱 ① 대중의 의견과 일치하려는 경향:** 고객들은 구매 의사결정의 불확실성에서 벗어나기 위해 다른 사람의 구매행위와 다수의 긍정적 평가에 영향받게 된다. 소셜 네트워크는 이에 대한 정보를 수집할 수 있는 손쉬운 채널이다.
> - **구매 휴리스틱 ② 전문가 · 지인을 따르려는 경향:** 고객들은 일반적으로 해당 상품에 전문성을 가지고 있을 만한 사람들의 의견에 큰 저항감 없이 따르려고 하는 경향을 갖는다. 이를 통해 쇼핑과 구매 의사결정의 판단을 위한 시간과 노력을 절약할 수 있을 것으로 생각한다.
> - **구매 휴리스틱 ③ 자원의 한정성을 중요성으로 이해하려는 경향:** 고객들은 시간 또는 수량의 한정으로 인해 기회가 제약돼 있는 상품에 대해 더 큰 가치를 느끼게 된다. 모바일 기기는 소셜 네트워크와 결합해 한정된 자원을 실시간으로 인식시키고, 이를 다른 사람에게 전파하는 데 훌륭한 도구로 활용된다.

- **구매 휴리스틱 ④ 맥락적 구매(contextual buying)에 기반한 쇼핑 경향:** 고객들은 특정 상품·서비스에 관심을 갖게 되는 해당 시간, 위치, 장소, 관심 등의 맥락에서 바로 정보욕구를 해결하고자 하는 니즈를 가진다. 다양한 맥락적 커뮤니케이션 기능을 제공하는 모바일 기기는 이런 상황에서 매우 유용하게 이용된다."[11]

다음에 나타나 있는 내용은 아마존에 관한 내용이다.

"페이스북이나 트위터에서 전공서적을 추천받기도 하지만 그 규모는 매우 제한적이다. SNS에서 좋은 책을 추천 받으려면 '입소문'이 당도하기를 기다려야 한다. 타임라인에 흘려버려지는 것들도 흔할 것이다.

이에 비하면 아마존은 데이터가 모여드는 바다와도 같다. 수많은 사람들이 구경하고 검색하고 리뷰하고 추천하고 구매를 한다. 이렇게 많은 사람들이 어지럽게 남긴 흔적들은 나에게 적합한 정보로 가공되고 걸러져서 연결된다. 물론 내 모든 사소한 활동들도 '연결'이 정교화되는 데에 한몫했을 것이다.

예스24에도 리뷰가 있지만 이것은 단순히 리뷰나 구매결정의 문제가 아니다. 사용자가 사회의 트렌드, 사람들의 취향에 이르기까지 뜻밖의 '정보탐색' 과정까지 경험하기 때문이다. 그러니 웬만해서는 사이트에서 책 한 권 보고 바로 벗어나기 어렵다. 내게 유용한 정보가 계속해서 연결되고 새로운 '이상한 나라의 앨리스의 토끼굴'에 빠지기를 반복한다. 수많은 종류의 사용자 행위가 혼합되고 가공되어 내가 놓인 상황에 따라 정보가 '끊김이 없이(seamless)' 제공되기 때문이다. 아마존의 서비스 모델은 다름 아닌 '연결' 모델이다."[12]

---

11 이정우 딜로이트컨설팅 이사, "[Let's Master Mobile Transformation] 영화 선택, 옷 구입 전에 트위터 확인 … 고객 스마트폰 잡아라," 한경 BizSchool, 2010. 10. 7(http://www.hankyung.com/news/app/newsview.php?aid=2010100482281).

12 http://organicmedialab.com/2013/07/05/why-amazon-is-social-media

그림 3-18 아마존 네트워크

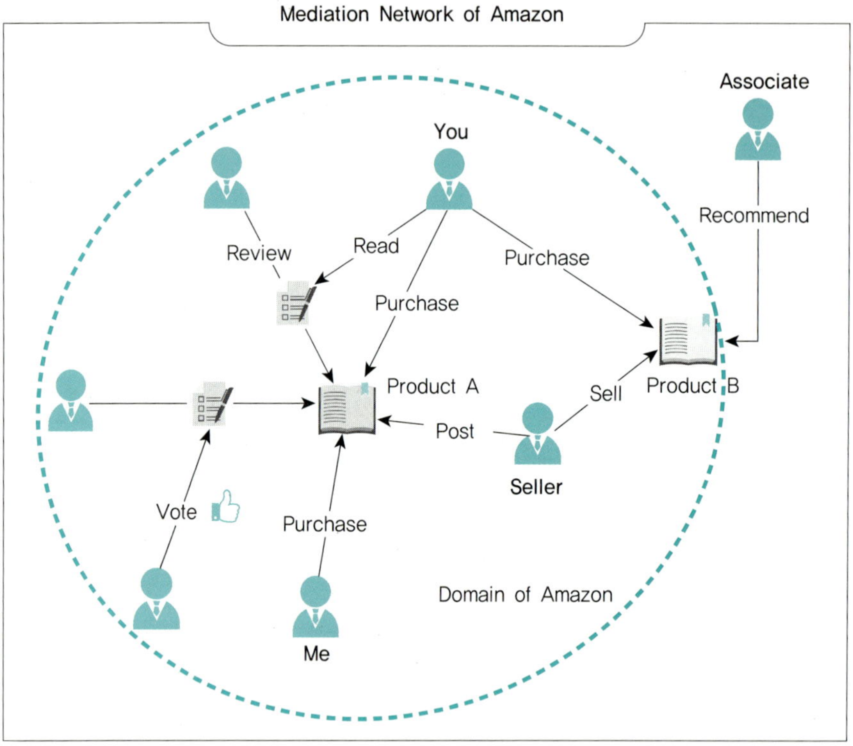

자료: Organic Media Lab(2013).

그림 3-19 타인평가 정보 기반 상거래

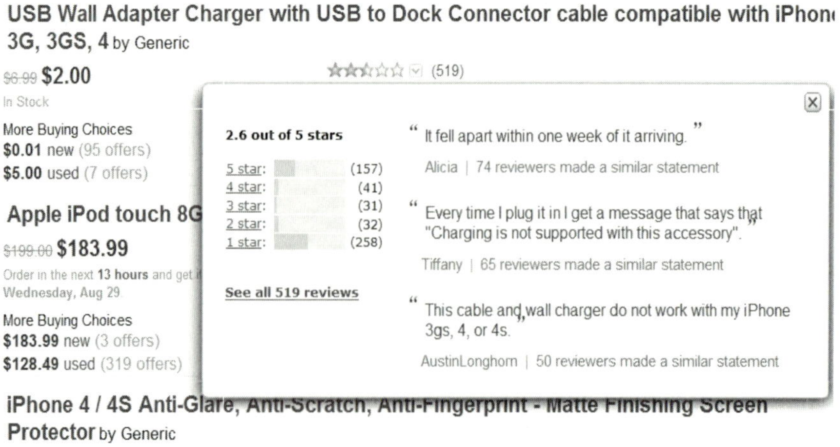

자료: www.amazon.com

(6) 딥웹이 되지 마라

'딥웹(deep web)'이란 무엇일까? 말 그대로 깊은 웹, 검색을 해도 나타나지 않는 웹을 의미한다. 다음에 있는 그림을 보자. 우리가 검색했을 때 나타나는 사이트들은 '표피적 웹(surface web)'이며 빙산의 일각이라 할 수 있다.

그림 3-20 Deep Web의 비중

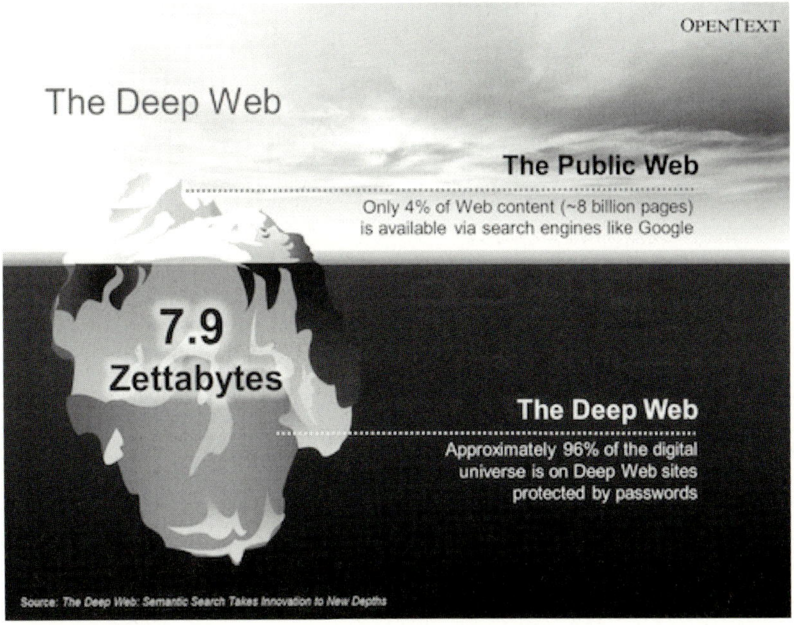

자료: OpenText

"첫 레벨은 일반 유저들이 날마다 드나드는 구글 등의 검색엔진으로 접근할 수 있는 웹이다. '표피적 웹(surface web)'으로도 부르는 이것은 광범위하고 전문적 행정체계를 갖춘 대도시에 비견된다. 표피적 웹에서는 문제가 될 만한 내용은 신고되고, 신원은 조사·공개되기도 한다. 유저는 방문하는 웹마다 흔적을 남기기 때문이다.

다음 레벨은 '딥웹(deep web)', 즉 비밀 인터넷 웹이다. 일반 검색엔진으로는 검색되지 않거나 유료 데이터뱅크에만 있는 모든 콘텐츠가 딥웹에 속한다. 딥웹에 속하는 토르 네트워크는 토르 브라우저를 통해서만 접근이 가능한 웹 사이트를 가리킨다. 토르 브라우저는 전 세계 어디서나 무료로 내려받을 수 있다(인터넷 검열이 엄격한 국가에서는 수신 전자우편에 자동 응답하는 소프트웨어 프로그램 '메일봇(Mailbot)'을 통해 토르 브라우저에 접근할 수 있다)."[13]

즉, e-비즈니스에서 성공하기 위해서는 딥웹이 아닌 중심 사이트(hub site)가 되거나 다른 사이트의 페이지에 노출을 시킴으로써 자신의 사이트가 잘 노출되고 잘 방문되도록 해야 한다.

(7) 전자상거래의 한계점을 극복하라

e-비즈니스의 실패를 가져오는 주된 실패요인들도 존재하며 주요 성공요인에 못지않게 중요하다. 이를 CFF(Critical Failure Factors)라고 하는데 다음과 같은 것들이 있다.

① 본사의 역량에 비해 무리하여 어려운 기술을 도입하려는 것(expensive technology)

② 인터넷이나 웹 사이트를 사용하는 데 있어 (일반인들에게는) 너무 복잡한 기술을 적용하려는 것(more sophisticated skill set to use internet or websites)

③ 온라인 사업이라고 해서 오프라인 시장과 전통적인 구매 경험을 무시하는 것(physical markets and traditional shopping experiences)

④ 지구적 불평등이 지속되는 것(persistent global inequality): 인터넷이 전 세계에 연결되지 않는 등 정보격차가 지속된다면 e-비즈니스 시장은 확대되기 어려울 것임

⑤ 포만효과(saturation and ceiling effects)

하나씩 살펴보면, 먼저 TV를 예로 들어 보자. 많은 가정에서 스마트TV를 구매하고 있다. 스마트TV란 TV에 인터넷 접속 기능을 결합, 각종 앱을 설치해 웹 서핑 및 VOD 시청, SNS, 게임 등의 다양한 기능을 활용할 수 있는 다기능TV다. 스마트TV는 자체적으로 인터넷 접속 기능 및 프로세서, 데이터 저장 공간 등을 기본으로 내장하고 있는 일체형 스마트TV 외에도 기존 TV에 별도의 셋톱박스(수신기)를 추가해 구현되는 분리형 스마트TV가 공존하고 있다.[14] 중요한 것은 일체형이든 분리형이든 일반 TV에

13 http://www.hani.co.kr/arti/economy/it/598392.html
14 http://navercast.naver.com/contents.nhn?rid=122&contents_id=7949

비해서 가격이 훨씬 비싸다는 점이다. 이러한 문제들을 해결하기 위해 나온 것이 IP(Internet Protocol)TV다.

IPTV는 인터넷으로 실시간 방송과 VOD를 볼 수 있는 서비스를 말한다. 쉽게 이야기하자면 TV에 인터넷 기능을 삽입한 것이라고 볼 수 있다. 이 때문에 고가의 스마트TV보다 더 저렴하고 지속적으로 이용이 가능하다는 장점을 지닌다.

그림 3-21 스마트TV

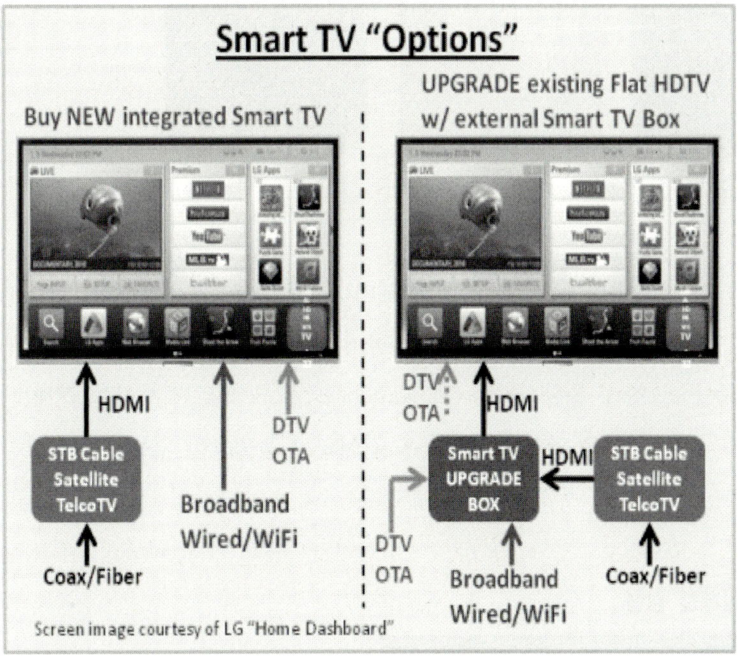

자료: http://usjvc.com/blog/?p=233

두 번째로 IPod을 예로 들어 보자. IPod은 애플에서 개발한 Mp3 플레이어로 많은 사람들의 사랑을 받은 이유 중의 하나는 간편한 터치 방식의 휠 인터페이스라고 할 수 있다. 기존의 제품들은 여러 버튼을 통해 볼륨을 높이거나 다음 곡을 재생시켜야 하는 번거로움이 있었지만 IPod은 휠 하나로 모든 것을 조작할 수 있는 편리함 때문에 많은 사람들로부터 인기를 얻을 수 있었다.

뿐만 아니라 휴대폰의 경우에도 요즘은 보편화되어 있는 Smartphone 기능이 훨씬 다양해지고 편리해진 것은 맞지만 늘어난 기능만큼 사용하는 방법도 복잡해진다면

그림 3-22 아이팟

자료: 위키피디아, http://www.holocube.eu

이 또한 불편함을 야기할 수밖에 없다. 특히 연세가 드신 분들에게는 아무리 편리하고 유용한 기능이 있을지라도 그 기능을 쓰는 방법을 알지 못한다면 무용지물일 뿐이다. 때문에 다양한 기능들을 한데 통합시키는 Convergence phone으로써 사랑을 받게 되었고, 반대로 자주 사용하고 꼭 필요한 기능만을 집어넣고 불필요한 기능들을 과감히 없앤 Divergence phone 또한 등장하였다.

그림 3-23 가상제품 경험

자료: 한국전자부품연구원(KETI)

세 번째로 온라인 쇼핑을 예로 들어 보자. 많은 사람들이 공간과 시간의 제약이 적은 온라인 쇼핑을 선호한다. 하지만 여전히 직접 매장을 방문해서 물건을 구입하는 것을 선호하는 경우도 존재한다. 물건을 직접 보지 않고서는 신뢰를 할 수 없는 경우가 있기 때문이다.

다음에 나타나 있는 기사는 이것을 해결하기 위한 기술과 관련된 내용이다. 따라서 온라인 쇼핑에서도 제품을 경험할 수 있는 방법을 제공해야 한다. 아니면 최소한 온라인 사이트에서 구매한 제품에 대한 개인의 경험이나 사용법 등을 사이트에서 서로 나눌 수 있게 한다.

사례 | 5G 홀로그래피

"삐삐삐…" 손바닥만 한 휴대폰에서 신호가 울리자 철수 씨는 손가락 두 개를 이용해 화면을 터치한다. 화면 속 아내는 재킷 하나를 들고 있다. 쇼핑을 나섰다가 철수 씨에게 어울리는 옷을 본 모양이다. 재질과 재킷 전체 모습을 보고 싶은 철수 씨는 화면 구석의 '홀로(hollo)' 버튼을 누른다. 순식간에 휴대폰 위로 입체 영상이 나타난다. 손가락을 돌리는 대로 영상이 돌아가고 제품에 만족한 철수 씨는 아내에게 경쾌하게 말한다. "괜찮네. 하나 부탁할게!"

2020년경 펼쳐질 홀로그래피 서비스 사례다. **홀로그래피가 롱텀에볼루션(LTE) 다음 이동통신으로 꼽히는 5세대(G) 통신의 핵심 플랫폼, 콘텐츠**로 떠오른다. 무선으로 기가급 데이터 전송이 가능한 **기가코리아** 프로젝트와 함께 360도 입체영상을 모바일에서 구현하는 홀로그래피 통신 연구개발(R&D)도 동시에 출발선에 섰다.

그리스어로 완전함을 뜻하는 '홀로스(holos)'와 그림을 의미하는 '그래마(grammar)'의 합성어인 홀로그래피는 360도 입체영상을 구현하는 기술을 일컫는다. 두 눈의 시차를 이용한 현재 3D 영상 기술보다 훨씬 현실감 높은 콘텐츠를 전달할 수 있다.

홀로그래피 기술은 이미 어느 정도 실현됐다. 하지만 엄청난 데이터량, 광학기술의 한계 등으로 아직 널리 쓰이지 못하는 실정이다. 공연 등에서 볼 수 있는 홀로그래피 영상은 고해상도 프로젝터를 이용해 대형 투명막에 영상을 투사하는 '플로팅 방식'으로 완전한 홀로그래피로 보기 어렵다.

전문가들은 2015년부터 유사 홀로그래피 서비스가 시작되고 2020년이 지나면 각종 모바일 기기에서 홀로그래피 서비스를 이용할 수 있는 시대가 올 것이라고 예측한다.

홀로그래피 5G '기가코리아' 프로젝트 핵심

360도 전환이 가능한 홀로그래피가 구현되려면 수백 개 레이저 포인트가 대용량 데이터를 한 공간에 쏴야 한다. 휴대폰 수준에서 이를 구현하기 위해서는 단말, 네트워크 등에서 종합적인 혁신 기술이 개발되어야 한다. 우리나라는 이를 위해 2020년을 목표로 추진되는 '기가코리아' 프로젝트에서 홀로그래피 기술을 개발한다.

'기가코리아' 프로젝트가 실현되면 집은 물론이고 외부에서도 3D안경 없이 입체영상을 감상할 수 있는 시대가 열린다. 위에서 예로 든 쇼핑은 물론이고 홀로그래피 **영상통화**도 가능해지는 것이다. 모바일 홀로그래피 단말을 포함해 모니터 등 개인용 고정 단말 기술은 물론이고 홀로그래피 서비스를 가능케 하는 콘텐츠, 네트워크 기술을 확보한다.

기가급 대용량 콘텐츠를 개발하고 이를 처리할 수 있는 네트워크, 미디어 플랫폼 기술도 개발할 계획이다. 초다시점 **홀로그램** 콘텐츠용 기가급 고속 정보처리 엔진 기술, 실감형 디스플레이 기술, 양방향 홀로그램 사용자 인터페이스(UI) 기술은 아직 세계적으로 걸음마 단계다. 얼마든지 선점이 가능한 시장이다.

때문에 **홀로그래피 서비스를 최종목표로 하는 과정에서 C(콘텐츠)-P(플랫폼)-N(네트워크)-D(디바이스) 등 종합적인 생태계**가 마련될 수 있다. 김흥남 ETRI 원장은 "기가코리아 프로젝트가 네트워크, 단말, 플랫폼, 콘텐츠 등 IT산업 전 영역에서 융합산업 동력을 창출하게 될 것"이라며 "생태계 전 영역에서 핵심 원천기술과 지식재산권 확보로 국민의 삶과 국가 브랜드 가치를 제고하겠다"고 강조했다.

실생활 접목과 차세대 기술개발 병행으로 접점 찾아야

홀로그래피 기술은 전시, 공연, 콘퍼런스, 엔터테인먼트(게임, 영화) 등 산업 전반에서 패러다임 변화를 불러올 것으로 관측된다.

미국, 일본, 유럽 등 선진국에서는 이미 홀로그래피에 대한 투자를 서두른다. 미국은 MIT, 코네티컷, 버지니아 공대 등에서 △ 5인치급 디스플레이 △ 광주사 기술 △ 데이터 처리방법을 확보했고 유럽도 연합(EU) 차원에서 △ 항공용 자동 물체인식장치 △ 자동 물체추적 장치 △ 공장 자동화용 형상인식장치에 적용 가능한 초고속 홀로그래픽 디지털 광상관기와 대용량 저장장치 개발에 돌입했다. 이웃나라 일본은 2000년대 후반부터 동경대를 중심으로 상호 인터랙션이 가능한 홀로그래피 통신기술 연구에 들어간 것으로 알려졌다.

전문가들은 우리나라도 실제 사용 가능한 홀로그래피 기술을 산업 전반에서 늘려가면서 차세대 기술과 접점을 찾아야 한다고 강조한다. 당장 모바일, 대용량 입체영상을 구현하기 어렵지만 홀로그래피 기술이 대형 공연·전시나 위조방지 태그에 쓰이는 현실을 충분히 활용해야 한다는 것이다. 홀로그래픽 프린터, 홀로그램 현미경, 홀로그램 계측기 등 응용 분야도 아직 무궁무진하다.

기가코리아 사업에 참여하는 한 관계자는 "기가코리아 사업은 홀로그램 등 미래 기초·원천 기술 확보와 맞닿아 있다"며 "미국, 유럽 등 기술 선진국에 종속되어 온 현실을 타파하고 차세대 스마트 실감 기기와 서비스 시장을 선점할 수 있는 기회로 활용해야 할 것"이라고 강조했다.

자료: 전자신문, "[이머징 이슈] 5G 홀로그래피," 2013. 8. 11.
(http://www.etnews.com/news/article.html?id=20130809022l)

네 번째로 지구적 불균형이 지속되는 것은 e-비즈니스 발전에 위협이 될 수 있다. 특히 아직도 인터넷 접속이 안 되는 지역이 많이 있다. 이를 위해 이리듐 프로젝트가 실시되고 있으며 구글의 경우 공적 목적 또는 사적 목적으로 전 세계에 무선 인터넷이 되도록 하는 거대한 계획을 실천에 옮기고 있다. 또한 ODA라는 공적 자금을 통해 지구적 불균형을 해소하기 위해 노력하고 있다. 즉, 인터넷을 접할 수 없는 환경 속에서 사는 사람들도 존재하기에 ODA를 활용하여 인터넷을 모두 설치함으로써 문제를 해결할 수 있다.

참고 **공적개발원조(Official Development Assistance, ODA)**

OECD 개발원조위원회는 공적개발원조의 개념을 중앙 및 지방정부를 포함한 공공기관이나 이를 집행하는 기관이 개도국 및 국제기구에 제공한 자금의 흐름(resource flows)을 의미하며, 각각 다음의 조건을 충족하여야 한다고 정의한다.

- 중앙정부와 지방정부를 포함한 공공부문 또는 그 실시기관에 의해 개발도상국, 국제기구 또는 개발NGO에 공여될 것
- 개발도상국의 경제개발 및 복지증진에 기여하는 것이 주목적일 것
- 차관일 경우, 양허성이 있는(concessional) 재원이어야 하며 증여율(grant element)이 25% 이상이어야 할 것
- 개발원조위원회 수원국 리스트에 속해 있는 국가 및 동 국가를 주요 수혜대상으로 하는 국제기구를 대상으로 할 것

자료: http://www.koica.go.kr

다섯 번째로 포만효과와 천장효과를 인식하지 못할 때 실패할 수 있다. 천장효과란 측정도구가 측정하려는 특성의 상위수준에 속한 사람들을 변별하지 못하는 현상이다. 천장효과는 도구 자체의 점수범위가 제한적일 경우에도 발생할 수 있고, 검사가 너무 쉬운 경우에도 발생한다. 측정의 상한선(천장)이 낮게 책정되어 있거나 검사가 너무 쉽다면 일정 수준 이상에 속한 사람들의 차이를 변별할 수 없을 것이다. 검사의 쉬움은 측정대상에 따라 상대적이다. 일반학생에게는 잘 적용되는 측정도구가 영재학생의 경우에는 천장효과를 야기할 수 있다.[15]

즉, 2000년대 초 이후로 2010년까지는 기술의 발전이 증가해 왔으나 2010년 이후로는 기술의 발전속도가 미미하기 때문에 기술혁신을 통해 경계(천장)를 허물고 더 나아가야 한다는 것을 의미한다.

15 한국교육평가학회(2004), 교육평가용어사전, 학지사.

그림 3-24 천장효과

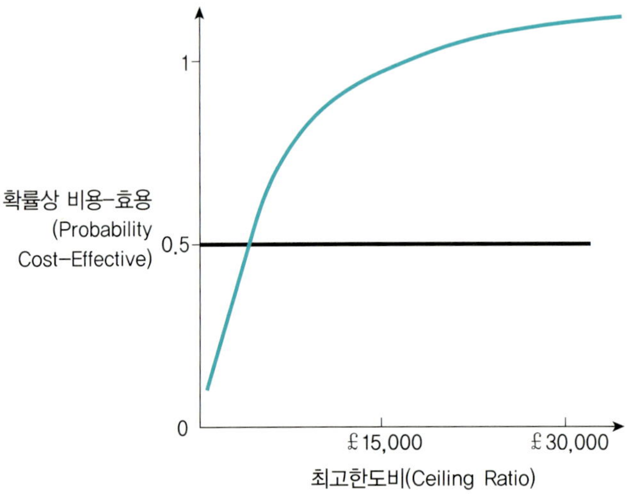

자료: http://www.healthknowledge.org.uk/public-health-textbook/medical-sociology-policy-economics/4d-health-economics/economic-appraisal

(8) 당신의 비즈니스 품목에 합당한 전략을 구축하라

전략을 구축하기 위하여 마케팅전략 기법을 활용할 수 있어야 한다. 그중 대표적인 것이 보스턴자문단법(Boston Consulting Group, BCG)이다. 이 방법의 핵심인 BCG Matrix는 1970년대 초반에 개발된 것으로 기업의 경영전략 수립에 있어 하나의 기본적인 분석도구로 활용되는 사업포트폴리오(business portfolio)분석 기법이다. 즉, 자금의 투입, 산출 측면에서 사업(전략사업단위)이 현재 처해 있는 상황을 파악하여 각 사업단위가 그 시장 내에서 차지하는 상황에 알맞게 처방을 내리기 위한 분석도구이다.[16]

[그림 3-25]에서 가로축은 상대적 시장점유율을 의미하며, 세로축은 시장성장률을 의미한다. 상대적 시장점유율의 중심점은 자신의 시장점유율을 경쟁상대의 시장점유율로 나눈 수치이다. 어떤 시장에서 자신의 사업의 시장점유율이 1위라면 분모에는 2위인 기업의 사업의 시장점유율을, 자신의 사업의 시장점유율이 2위 이하라면 분모

16 http://blog.naver.com/ssss511?Redirect=Log&logNo=140198776229

그림 3-25 BCG Matrix

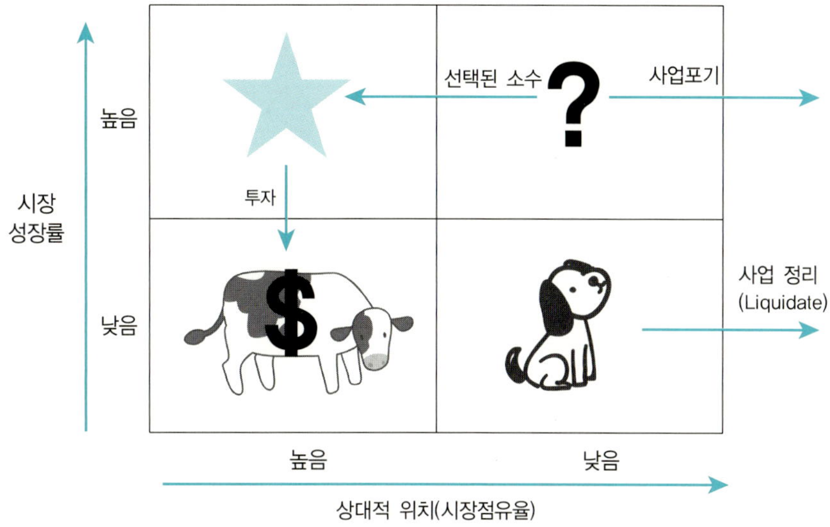

자료: http://gasggnarin.host.sk/244.html

에는 1위인 기업의 사업의 시장점유율을 사용한다. 그리고 상대적 시장점유율의 중심점은 1로 한다. 한편 시장성장률은 작년도 대비 시장규모가 얼마나 증감했는지를 비율로 나타낸 수치이다.

BCG Matrix는 성장사업(star), 수익주종사업(cash cow), 개발사업(question mark), 그리고 사양사업(dog)으로 구분된다.

개발사업의 경우, 시장성장률은 높지만 상품경쟁력은 낮은 것으로서 대부분의 신사업이 해당된다.

성장사업의 경우, 시장성장률도 높고, 점유율도 높지만 경쟁사들을 따돌려야 하기 때문에 순이익이 그렇게 많이 창출되지는 않는다.

수익주종사업의 경우는 점유율은 높지만 시장성장률이 낮다. 한편 기존의 투자에 의해 수익이 계속적으로 실현되고 있으므로 새로운 투자가 요구되지는 않는다. 더구나 새로운 기업들이 시장에 새로 참여하려는 유인도 적다. 따라서 적은 투입만으로도 많은 수익이 나므로 그동안의 투자를 회수할 수 있는 중요한 시기이다. 그러므로 수익주종사업에 놓여 있는 사업은 최대한 시간을 연장하여 수익을 달성할 필요가 있다.

하지만 이따금씩 새로운 기업이 새로운 비즈니스모델로 동일 시장에 뛰어들어 시장을 새로이 성장하게 할 가능성이 있다. 포만효과에 다다른 일반 휴대폰 시장에 스마트폰이 생겨서 다시 시장이 폭발적으로 증가하게 된 사례가 이와 같다. 따라서 수익주종사업의 단계라고 하더라도 새로운 기술과 혁신에 대한 가능성을 늘 염두에 두고 환경 센싱을 게을리해서는 안 된다.

한편, 사양사업의 경우 점유율과 성장률이 모두 낮은 사업이다. 이익이 별로 나지 않기 때문에 늦지 않는 시간에 사업의 정리 및 철수가 요구된다.

(9) 고객으로부터 신뢰를 획득하라

기업의 매출은 소비자로부터 전문가 혹은 또래들의 명성(reputation)과 친밀도(intimacy)를 통해 기업의 신뢰(trust)를 확보함으로써 증대될 수 있고, 형성된 좋은 신뢰도는 계속 유지(retention)하는 것이 중요하다. 주피터리서치의 연구에 의하면 미국의 2005년도 주요 커뮤니티의 신뢰도는 전문가 평가나 기업의 웹 사이트는 높게 나온 반면, 공공 포럼이나 광고는 낮게 나왔다.

그림 3-26 주요 커뮤니티의 신뢰도 평가

B - Trustworthy
C - Neutral
D - Not trustworthy

A	B	C	D
Professional review	43%	32%	9%
Company Web site	40%	36%	15%
Retailer message boards/reviews	30%	37%	16%
Public forum	20%	34%	21%
Advertisement	10%	40%	38%
Blog	8%	21%	31%

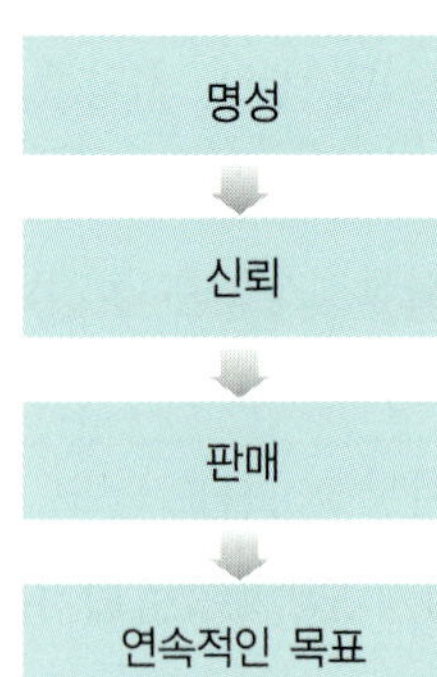

자료: Jupiter Research(2005).

연습문제

1. 가치가 적은 고객을 관리하는 마케팅방법을 제안해 보시오.

2. 당신의 회사가 제품 매출을 확대하기 위해 페이스북 페이지를 새로 만들었다고 하자. 많은 사람들로부터 당신의 생각을 전파하려면 어떤 방법을 사용하겠는가?

3. 싸이월드가 선도자 이익을 활용하지 못한 이유를 제시하라. 또한 후발주자로서 선도자와 경쟁할 수 있는 방법도 제안해 보시오.

4. e-비즈니스 주요 실패요인을 더 찾아 설명해 보시오.

5. 사기업이 정보격차를 줄이기 위해 전 세계가 무선 인터넷으로 연결되도록 투자하려고 한다. 공공기관이나 국가, 혹은 국가 연합이 아닌 사기업이 이 사업을 추진하는 것에 대해 당신은 어떻게 생각하는가?

3 전자상거래 웹 사이트 평가와 성공요인

여기에서는 전자상거래 웹 사이트의 평가를 사례를 가지고 연습해 보도록 하자. 여기서는 크게 의류 및 음식료품 부분만 평가대상으로 한다.

우선 기업의 웹 사이트를 광고와 판매의 위치에 따라 다음과 같이 총 3가지 형태로 구분한다.

- 유형 ①: 온라인 광고 & 오프라인 판매
- 유형 ②: 온라인 & 오프라인 모두 광고 및 판매
- 유형 ③: 온라인상에서만 광고, 판매

(1) 의류업체 사이트

첫 번째로 볼 회사는 신원(www.sw.co.kr)이다. 신원은 1973년 설립되었으며 내수부문에서는 여성복 브랜드 베스띠벨리, 씨, 비키와 남성복 브랜드 지이크, 지이크파렌하이트로 유명한 패션전문기업이다. 신원의 경우 앞에서 언급한 광고와 판매 유형에서 유형 ①(온라인 광고 & 오프라인 판매)에 해당한다. 즉, 온라인에서 광고를 , 오프라인에서 판매를 한다. 좀 더 구체적으로 분석을 하자면 다음과 같이 나타낼 수 있다.

그림 3-27 신원 사이트

이 사이트를 평가해 보자.

항목	평가
국제화	• 다국어 지원: 제한적이나마 국제화가 이루어지고 있음(영어, 한국어, 중국어) • 구매 및 배송: 해외 배송 및 판매가 이루어지지 않음
제품 정보의 질	제품에 대한 구체적인 설명은 부족한 편
매체풍부성	풍부한 편임(이미지, 비디오 포함)
취급하는 제품 특색	특이사항 없음
커뮤니티관리	커뮤니티(블로그, 페이스북 연동)가 존재하고 관리가 잘 이루어지고 있음

다음은 Lends'End(www.landsend.com)이다. 미국 온라인 의류 업체인 Lends'End는 기존에는 광고와 판매 유형이 유형 ③(온라인상에서만 광고, 판매)이었으나 유형 ②(온라인 & 오프라인 모두 판매)로 바꾼 경우다. 대부분의 쇼핑몰들이 오프라인에서 시작을 하고 온라인으로 사업을 확장한다는 점에 비추어 볼 때, Lends'End의 경우는 특이한 경우라고 할 수 있다. 마찬가지로 분석을 하자면 다음과 같이 나타낼 수 있다.

| 그림 3-28 | Lands'End 사이트 1

그림 3-29 Lands'End 사이트 2

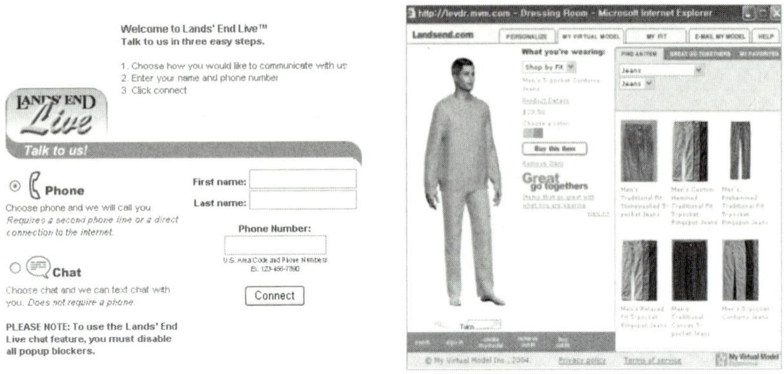

그림 3-30 Lands'End 사이트의 End Live™

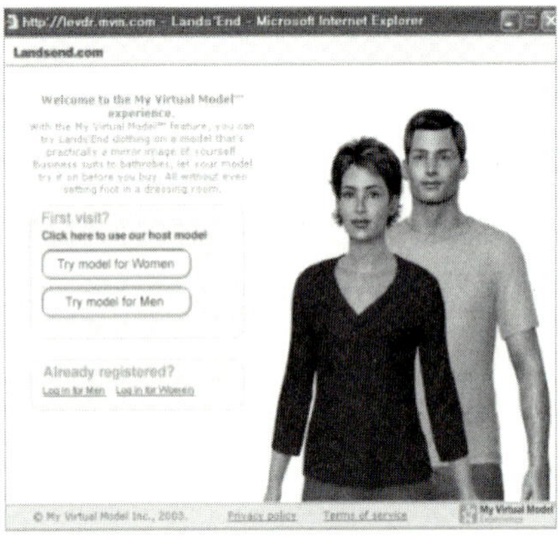

자료: http://www.landsend.com/ix/index.html?store=le&action=newSearch&search=virtual

이 사이트를 평가해 보자.

항목	평가
국제화	• 다국어 지원: 잘 이루어지고 있음 • 구매 및 배송: 해외 배송 및 판매가 가능함
제품 정보의 질	풍부한 편은 아니지만 색상을 바꿔 가면서 시각적으로 볼 수 있기 때문에 편리(다양한 제품 구색)
매체풍부성	과거에는 Virtual model을 상대로 옷을 입혀 볼 수 있는 기능이 존재했으나 현재는 사라짐
취급하는 제품 특색	전 연령대가 사용하며, 중저가의 제품을 취급하고 표준화가 높은 편임
커뮤니티관리	페이스북과 연결된다는 점에서 공동체관리 기능이 우수하다고 볼 수 있음

다음은 미국의 대표적인 SPA(제조직매형 의류 브랜드: 회사가 원자재 공급에서 기획, 생산, 유통에 이르기까지 모든 과정을 담당하는 것)[17] 의류 브랜드인 GAP(www.gap.com)이다. GAP의 경우 광고와 판매 유형이 유형 ②(온라인 & 오프라인 모두 판매)에 해당한다.

그림 3-31 GAP 사이트

그림 3-32 GAP 사이트의 해외 배송 기능

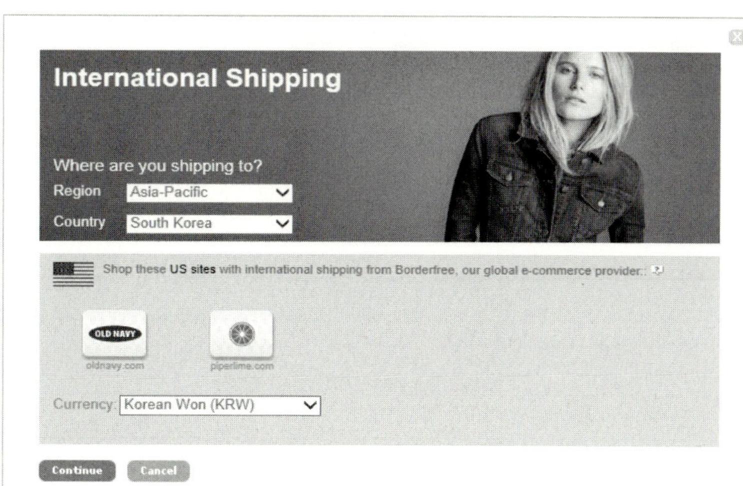

17 삼성경제연구소(2011), 나는 고집한다, 고로 존재한다(세계 최강이 된 기업들의 명품경영), 224.

항목	평가
국제화	• 다국어 지원: 잘 이루어지고 있음 • 구매 및 배송: 해외 배송 및 판매가 가능함
제품 정보의 질	Lands'End처럼 풍부한 편은 아니지만 확대할 수 있는 기능이 존재해서 편리
매체풍부성	이미지와 동영상을 풍부하게 사용함
취급하는 제품 특색	전 연령대가 사용하며, 중저가의 제품을 취급하며 표준화가 높은 편임
커뮤니티관리	회원등록 기능이 있으며 다양한 소셜 미디어와 연결되어 있음

다음은 미국의 청바지 의류 업체인 리바이스(www.levisstore.com)이다. 리바이스의 경우 광고와 판매 유형이 유형 ①(온라인 광고 & 오프라인 판매)에서 유형 ②(온라인 & 오프라인 모두 판매)로 바뀐 경우에 해당한다. 이 사이트를 평가하면 다음과 같을 것이다.

그림 3-33 리바이스 사이트

항목	평가
국제화	• 국제화가 확장되어 이루어지고 있음 • 해외 직구가 가능함
제품 정보의 질	Lands'End나 Gap과 비슷한 정도의 수준
매체풍부성	이미지와 동영상을 풍부히 사용함
취급하는 제품 특색	전 연령대가 사용하며, 중저가의 제품을 취급하고 표준화가 높은 편임
커뮤니티관리	페이스북, 트위터, 유튜브, 인스타그램, 블로그 등 아주 다양하게 연계되어 있음

이상에서 언급했던 의류 회사들의 경우 유형이 모두 같은 것은 아니었지만 좋은 사이트는 다음과 같은 공통점이 존재한다.

① 굳이 눈으로 확인하지 않아도 될 정도로 잘 알려진 브랜드 파워를 가진 제품을 구색함
② 표준화된 제품을 구색하여 어떤 제품일지 쉽게 예측하게 함
③ 주로 중저가의 가격대를 형성하며 오프라인의 경우보다는 저렴하게 제공함
④ 제품에 대한 단순 광고뿐 아니라 관련 정보를 풍부하게 제공함
⑤ 고객과의 관계관리를 하고 있음
⑥ 매체풍부성 등을 사용하여 사용자 경험을 가급적 실감나게 제공함

(2) 음식료업체 사이트

의류와 비교했을 때 식료품의 경우에는 건강과 직접적으로 관련이 되고 변질 혹은 파손의 우려가 더 크며, 고도로 개인화가 되어 있는 부분이기에 인터넷에서 팔 경우 쉽지 않은 품목군이다. 하지만 시간을 절약할 수 있고 합리적인 가격에 구매가 가능하며 쇼핑이 편리하다는 장점이 존재한다. 의류 부분과 마찬가지로 식료품의 경우에도 어떤 형태로 광고와 판매를 했고 각 유형별로 어떠한 특징을 갖고 있는지 사례를 들어 살펴보도록 하자.

첫 번째로 분석을 해볼 사이트로 미국 전역에서 식료품을 판매하는 온라인 상점인 '넷그로서닷컴(www.netgrocer.com)'을 고려해 보도록 하자. 이 경우에는 광고와 판매 유형이 유형 ③(온라인상에서만 광고, 판매)에 해당한다.

항목	평가
국제화	해외 배송이 제공되지 않음
브랜드	• 중간 정도의 브랜드 인지도를 가진 제품을 비교적 다양하게 구색 • 음식료품도 아닌 다른 제품군을 같이 구색함
취급하는 제품 특색	중저가의 제품을 취급하며 표준화가 높은 편임
커뮤니티 관리	페이스북, 트위터 등과 비교적 다양하게 연계되어 있음

그림 3-34 넷그로서닷컴 사이트

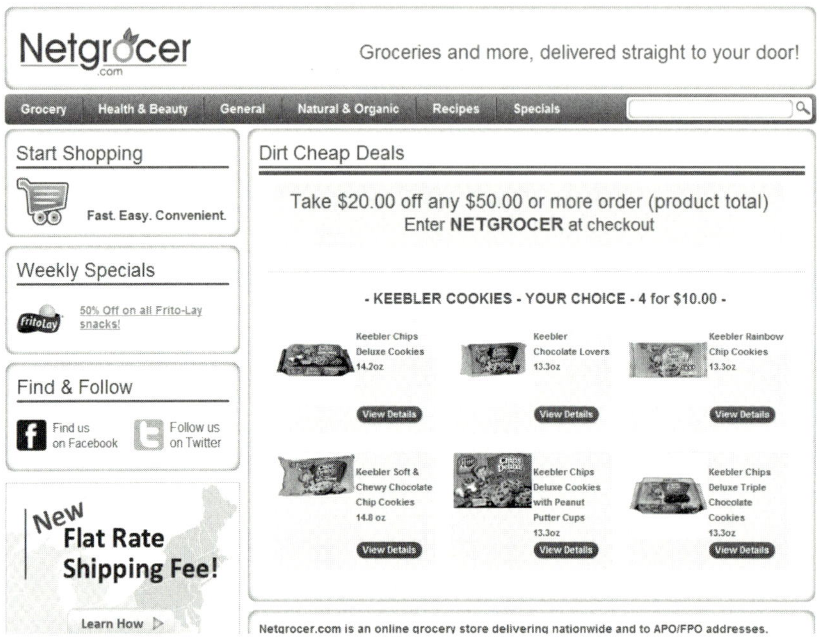

두 번째는 이마트몰(http://emart.ssg.com/main.ssg)이다. 이마트가 운영하는 온라인 쇼핑몰 '이마트몰'은 광고와 판매 유형이 유형 ②(온라인 & 오프라인 모두 판매)에 해당한다고 볼 수 있다. 이마트몰에 대해서도 다음과 같은 평가가 가능하다.

그림 3-35 이마트몰 사이트

항목	평가
국제화	제한된 국가 및 제한된 상품이나마 우체국 등과 연계하여 해외 배송이 가능함
브랜드	신뢰도가 높은 상품으로 다양하게 구색
취급하는 제품 특색	오프라인보다 저렴하게 제품 가격이 형성되어 있고 표준화가 높은 편임 음식료품이 아닌 제품들도 전시되어 있음
커뮤니티 관리	비교적 열악함

이상과 같은 몇 가지 사례를 볼 때 식료품의 경우에도 성공요인들은 살펴보면 다음과 같이 나타낼 수 있다.

① 건강에 대해 안심하고 구매할 수 있는 좋은 품질의 식료품을 구색

② 믿고 살 수 있도록 명성 있는 브랜드 제품 구색

③ 음식료품 외의 부문(건강, 미용 등)에 대한 제품도 같이 구색

④ 포장 및 배송이 가능함

앞서 의류 부문과 식료품 부문으로 나눠 다양한 사례들을 통해 성공요인들을 알아보았다. 일반적으로 다음과 같은 요소가 주요 성공요인이다.

① 제품 브랜드가 알려져 있는 것이어야 한다.

② 일반적으로 중저가의 가격대를 형성해야 한다. 또한 오프라인 매장보다 낮아야 한다.

③ 제품이 표준화되어 있어 배송받을 제품의 품질에 대해서 기대 가능해야 한다.

④ 제품뿐 아니라 관련정보가 같이 들어 있어야 한다.

⑤ 연관 제품들이 같이 구색되어 있으면 좋다.

연습문제

1. 의류 사이트와 음식료품 사이트의 성공요인의 차이는 무엇인가? 그리고 그러한 차이가 나게 된 원인은 무엇일까?

2. 세 가지 유형 중 가상 이상적인 유형은 무엇인지 말할 수 있을까? 찬반 의견을 제시해 보시오.

3. 사이트 평가에 들어갈 또 다른 항목이 있을까?

4. 본 서에서 제시한 사이트들 외에 다른 의류 또는 식료품 사이트를 찾아 평가해 보시오.

5. 의류 및 음식료품 외에 다른 업종을 찾아 세 가지 사이트 정도를 찾아보고 평가 항목을 만들어 평가해 보시오. 그 평가항목은 의류나 음식료품 사이트와 차이가 있는가? 차이가 있으면 있는 대로, 없으면 없는 대로 그 이유를 제시하시오.

e-business system

4

Chapter

스프레드시트 활용 의사결정

1. 분석
2. 예측
3. 최적화

널리 알려진 스프레드시트인 마이크로소프트 엑셀(Microsoft Excel™)은 자체적으로 보유하고 있는 다양한 함수들을 활용해 분석, 예측, 최적화, 시뮬레이션 외 다양한 통계 처리가 용이하여 기업 의사결정분석에 매우 유용한 프로그램이다. 다만 이 중 몇 가지 분석은 추가적인 옵션 설치를 해야 사용할 수 있다. 그러므로 본격적인 내용에 들어가기 앞서 [데이터 분석] 기능과 [해 찾기] 기능을 추가해 보자.

그림 4-1 추가옵션 설치하기

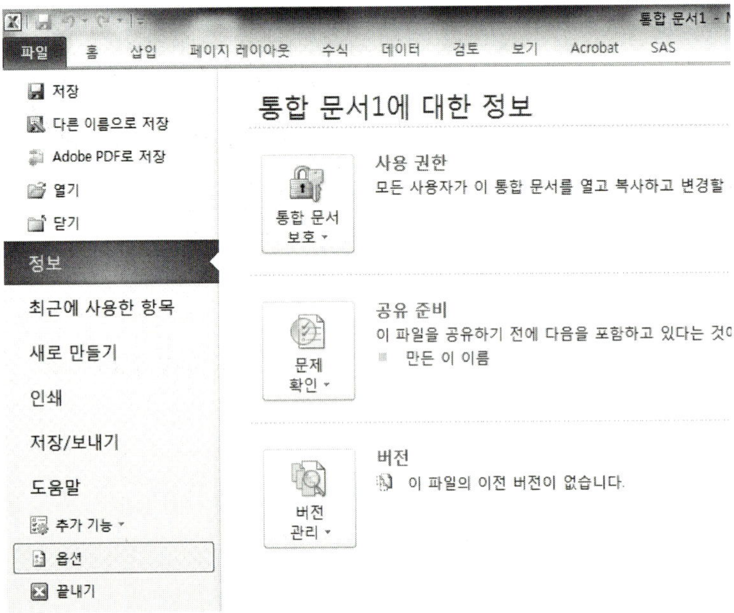

1단계: 엑셀을 실행한다.

2단계: 좌측 상단의 [파일] 탭을 클릭한다.

3단계: [옵션] 버튼을 클릭한다.

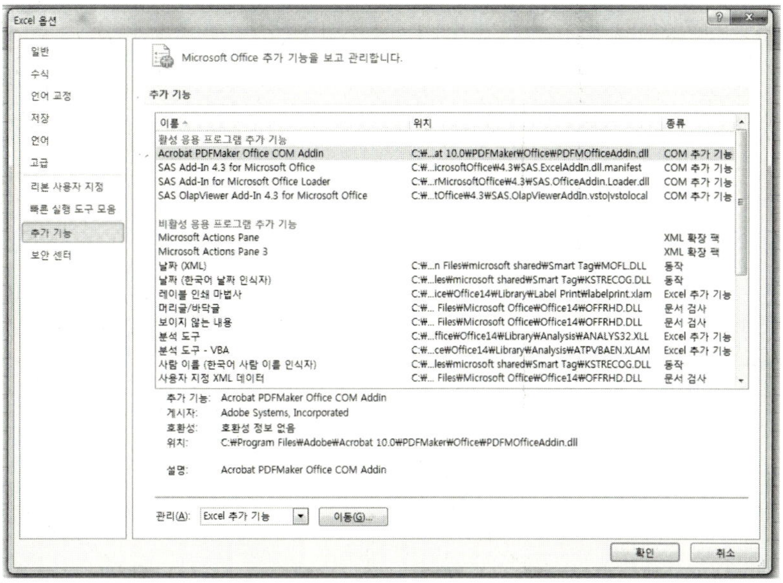

4단계: [Excel 옵션]이라는 창이 생성되면 [추가 기능] 탭을 클릭한다.

5단계: 하단의 [관리] 구역에서 [Excel 추가 기능]을 선택한 후 [이동] 버튼을 클릭한다.

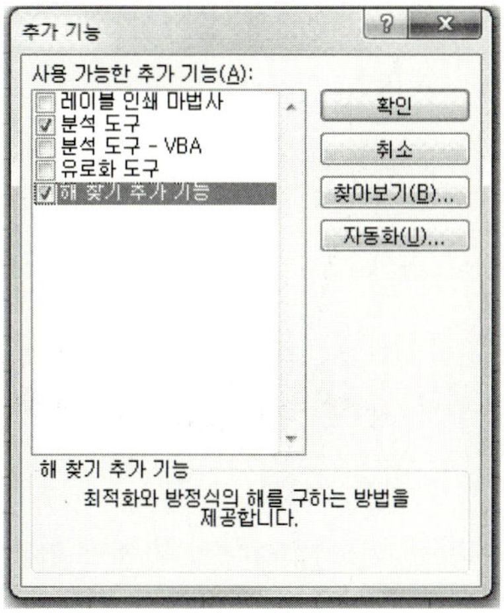

6단계: [추가 기능]이라는 창이 생성되면 [분석 도구]와 [해 찾기 추가 기능]을 선택한다.

7단계: [확인] 버튼을 클릭한다.

이상과 같은 작업을 하고 나서 메인 메뉴의 [데이터] 탭을 클릭하고 리본 메뉴들의 우측을 보면 [데이터 분석]이라는 기능과 [해 찾기] 기능이 추가된 것을 확인할 수 있다. [데이터 분석]에는 각종 통계처리 외에도 회귀분석과 이동평균법, 지수평활법 등 예측을 하는 데 사용되는 기능을 선택할 수 있다. 그리고 [해 찾기] 기능은 선형계획법, 수송 문제, 최단경로 문제, 할당 문제 등 각종 최적화를 하는 데 사용되는 기능이다.

| 그림 4-2 | 추가옵션 설치 후 달라진 메뉴 구성

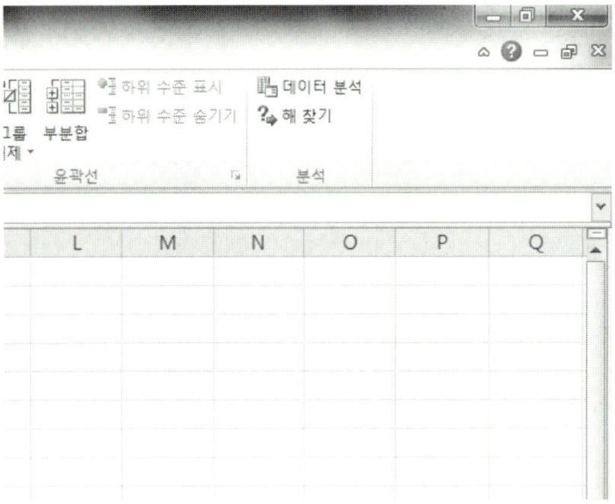

1 분석

스프레드시트를 활용한 의사결정 중 처음으로 소개할 부분은 분석(analysis) 작업이다. 분석에는 시나리오분석과 목표값 찾기 분석이 있다. 두 가지 분석 모두 두 변수 사이에 특정한 인과관계가 있다고 가정하고 한 변수가 변할 시 다른 변수가 어떻게 변하는지, 또는 한 변수가 특정한 값을 가지기 위해 다른 변수는 어떻게 변해야 하는지를 분석하는 것이다.

우선 시나리오분석은 독립변수가 변화할 때 종속변수, 즉 결과값이 어떻게 변할지(to be)를 분석하는 방법이다. 이에 비해 목표값 찾기 분석은 종속변수가 특정한 값에 도달하기 위하여 독립변수가 어떻게 변해야 하는가(should be)를 분석하는 방법이다.

| 그림 4-3 | 시나리오분석과 목표값 찾기 분석의 차이

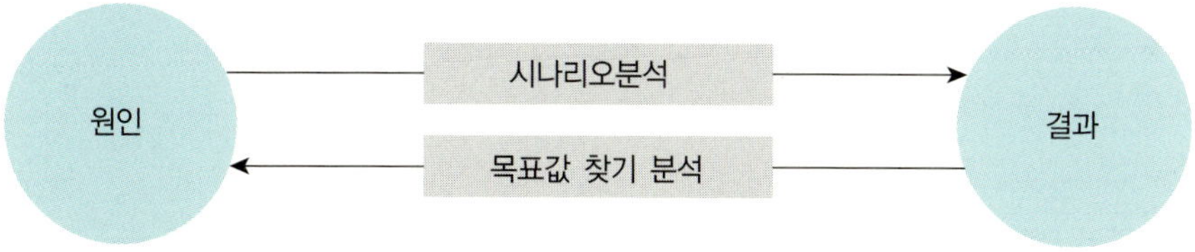

(1) 시나리오분석

시나리오분석(what-if analysis)은 우리가 이미 알고 있는 하나 이상의 독립변수값의 변화가 얼마나 종속변수값을 변화시키는지를 분석하는 것이다. 예를 들어 어떤 기업의 이익(profit)을 총수입(Total Revenue, TR)에서 총비용(Total Cost, TC)을 차감한 값으로 구한다고 하자. 그리고 총수입은 단위당 제품가격(Unit Price, P)과 생산량(Quantity, Q)를 곱한 값이고, 생산한 모든 제품은 당해 분기에 모두 판매된다고 가정할 때의 총비용은 단위당 비용(Unit Cost, C)과 생산량을 곱한 값이라고 하자. 따라서 단순화된 기업의 수익구조를 살펴보면 다음과 같다.

$$\begin{aligned} Profit &= TR - TC \\ &= P * Q - C * Q \end{aligned}$$

그런데 이 회사에서 이번에 새로운 제품을 개발하여 판매하려 한다. 새로운 제품의 단위당 생산비용은 1,050원이고 시장의 반응을 알아보기 위해 우선적으로 단가를 1,300원에 1,000개를 생산하기로 했다. 회사는 엑셀의 시나리오분석을 이용하여 시장의 반응이 좋아 단위당 가격을 인상시킬 경우, 생산기술의 발전으로 단위당 비용을 절감할 경우에 수익이 어떻게 변할 것인지 알아보려고 한다. 엑셀은 여러 가지 함수를 통해 통계적인 처리가 가능하므로 총수입과 총비용, 그리고 이익을 손쉽게 구할 수 있다.

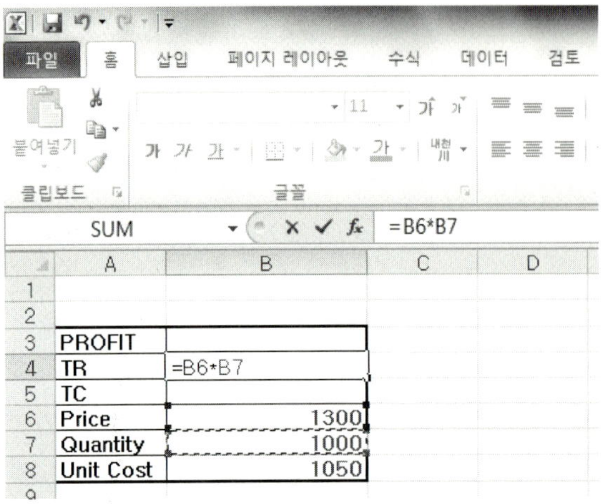

1단계: 총수입은 단위당 가격과 생산량을 곱해서 구한다.

2단계: 단위당 가격이 입력된 B6셀과 생산량이 입력된 B7셀의 값을 곱해서 구할 수 있으므로 B4셀에 [=B6 * B7] 식을 입력한다.

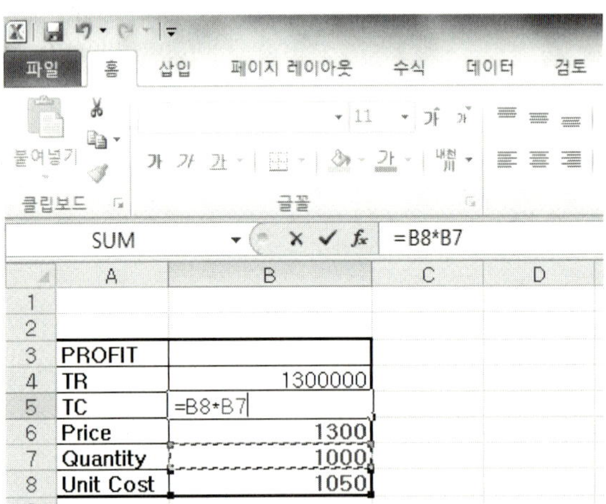

3단계: 총비용은 단위당 비용과 생산량을 곱해서 구한다.

4단계: 단위당 비용이 입력된 B8셀과 생산량이 입력된 B7셀의 값을 곱해서 구할 수 있으므로 B5셀에 [=B8 * B7] 식을 입력한다.

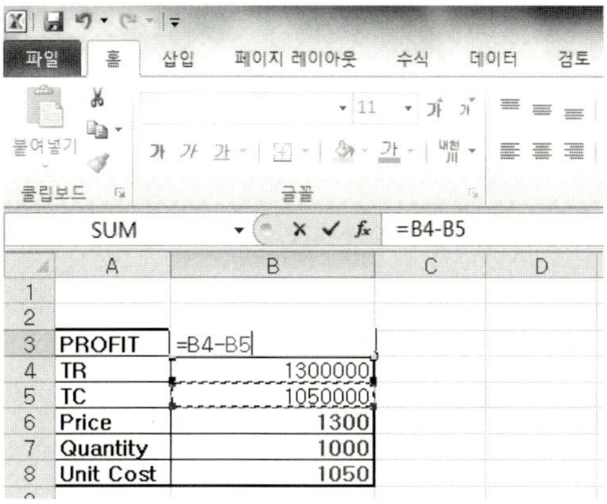

5단계: 수익은 총수입에서 총비용을 차감하여 구하므로 총수입이 입력된 B4셀에서 총비용이 입력된 B5셀의 값을 차감해 줌으로써 구할 수 있다. 따라서 B3셀에 [=B4−B5] 식을 입력한다.

이에 따라 현재 이 회사가 최초 설정한 단위당 가격과 생산량, 단위당 비용하에서 새로운 제품의 수익은 250,000원임을 알 수 있다. 그런데 이 회사가 이 제품에 대한 수요가 당초보다 클 것이라는 정보를 입수하여, 단위당 가격을 당초의 1,300원에서 1,500원으로 200원을 인상할 경우 수익이 어떻게 변할 것인지 알아보기 위해 엑셀의 시나리오분석 기능을 사용하기로 했다고 하자.

시나리오분석은 [데이터] 탭에 있는 [가상분석]의 [시나리오 관리자]를 통해 실행하게 된다.

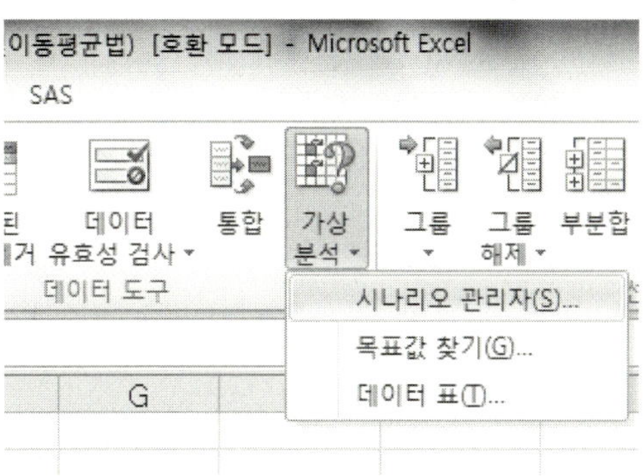

1단계: [데이터] 탭의 [가상분석]에서 [시나리오 관리자] 버튼을 클릭한다.

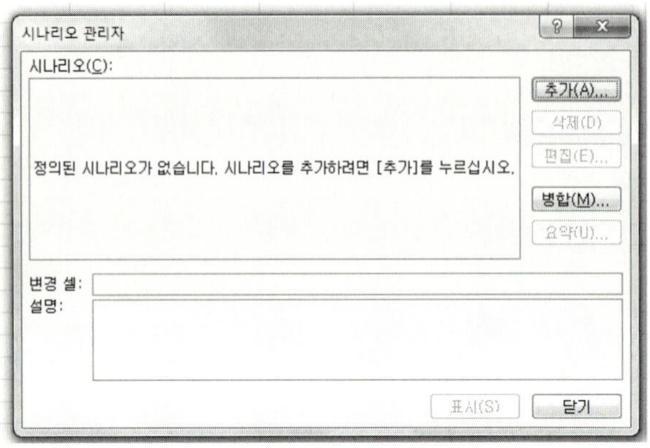

2단계: [시나리오 관리자] 창이 생성되면 [추가] 버튼을 클릭하여 시나리오를 추가한다.

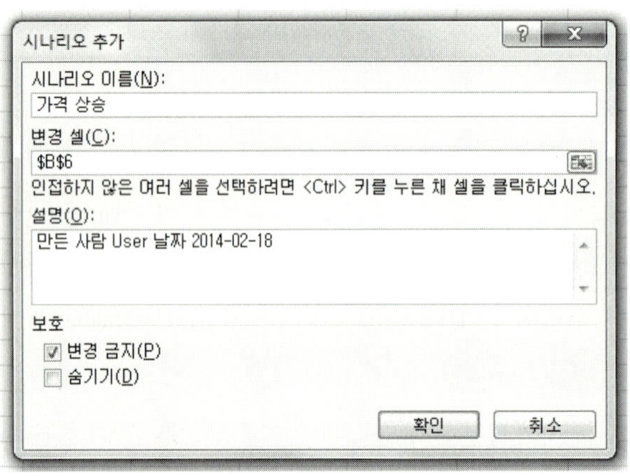

3단계: [시나리오 추가] 창이 생성되면 시나리오를 추가한다.

4단계: 시나리오 이름을 '가격 상승'이라고 짓는다.

5단계: [변경 셀]에 단위당 가격이 입력된 B6셀을 선택하고 [확인] 버튼을 누른다.

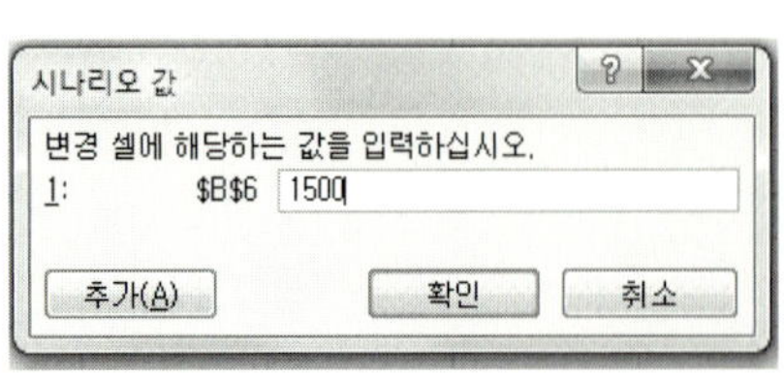

6단계: 그러면 [시나리오 값]이라는 창이 뜨면서 변경 셀에 해당하는 값을 입력하라는 메시지가 뜨면 인상된 단위당 가격인 1,500원을 입력하고 [확인] 버튼을 누른다.

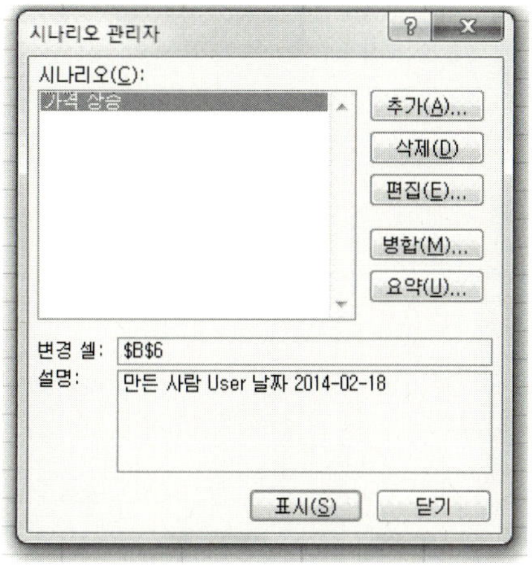

7단계: [시나리오 관리자] 창이 다시 생성되면서 '가격 상승'이라는 시나리오가 추가된 것을 확인할 수 있다.

8단계: 시나리오 실행을 위해 [요약] 버튼을 클릭한다.

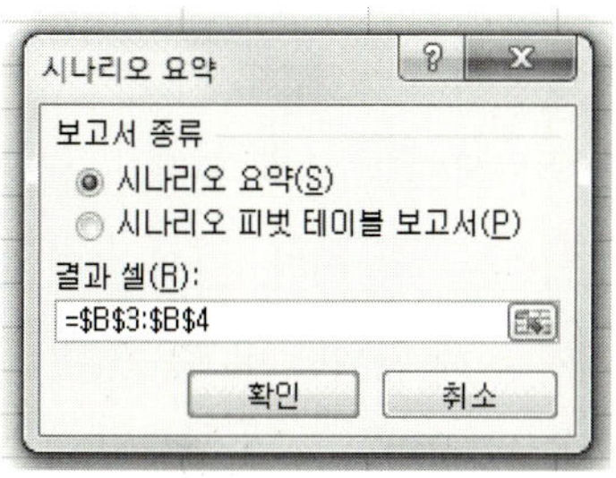

9단계: [시나리오 관리자] 창에서 [요약] 버튼을 클릭하면 [시나리오 요약]이라는 창이 생성된다.

10단계: [시나리오 요약]으로 체크하고 [결과 셀]에 이익이 적혀 있는 B3셀과 총수입이 적혀 있는 B4셀을 선택하고 [확인] 버튼을 누른다.

11단계: [시나리오 요약] 창에서 시나리오 요약을 체크하고 결과 셀을 선택한 뒤 확인버튼을 누르면 [시나리오 요약]이라는 새로운 시트가 생성된다. 이 새로운 시트는 '가격 상승'이라는 시나리오에 따른 총수입과 이익의 변화를 보여준다. 즉 변경 셀(독립변수)의 변화에 따른 결과 셀(종속변수)의 변화를 요약하여 보여주는 것이다. 비용의 변화나 생산량의 변화 등 다른 시나리오들도 생성하여 실행해 보자.

그림 4-4 시나리오분석 결과 요약표

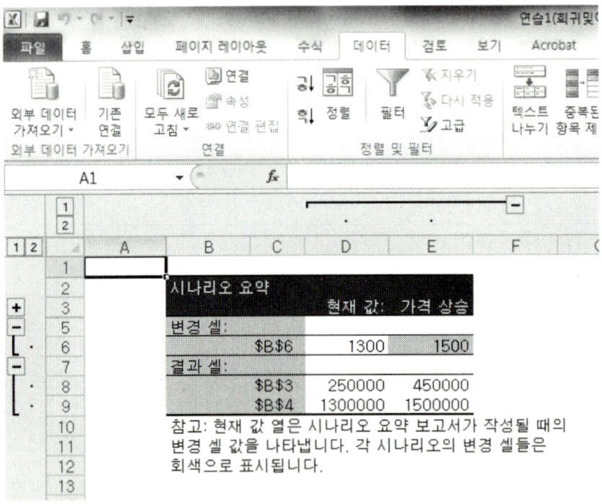

(2) 목표값 찾기 분석

목표값 찾기 분석(goal seeking analysis)은 종속변수가 목표로 하는 특정한 값을 가지기 위해 독립변수가 어떻게 변화해야 하는지를 분석하는 기능이다. 앞의 예제에 이어서 이번에는 신제품을 통해 300,000원의 이익을 얻기 위해 단위당 비용을 얼마나 절감해야 하는지 알고자 한다. 단, 단위당 제품가격과 생산량은 모두 1,300원과 1,000개로 동일하다고 가정하자. 목표값 찾기 또한 [데이터] 탭에 있는 [가상분석]의 [목표값 찾기]를 통해 실행할 수 있다.

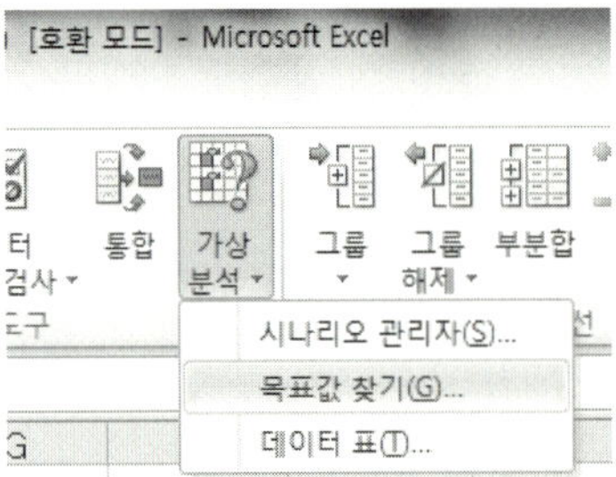

1단계: [데이터] 탭의 [가상분석]에서 [목표값 찾기] 버튼을 클릭한다.

2단계: [목표값 찾기] 창이 생성되면 [수식 셀]에는 종속변수가 입력되어 있는 셀을 선택하고 [찾는 값]에는 목표로 하는 값을, 그리고 [값을 바꿀 셀]에는 독립변수가 입력된 셀을 선택한다. 그리고 [확인] 버튼을 클릭한다.

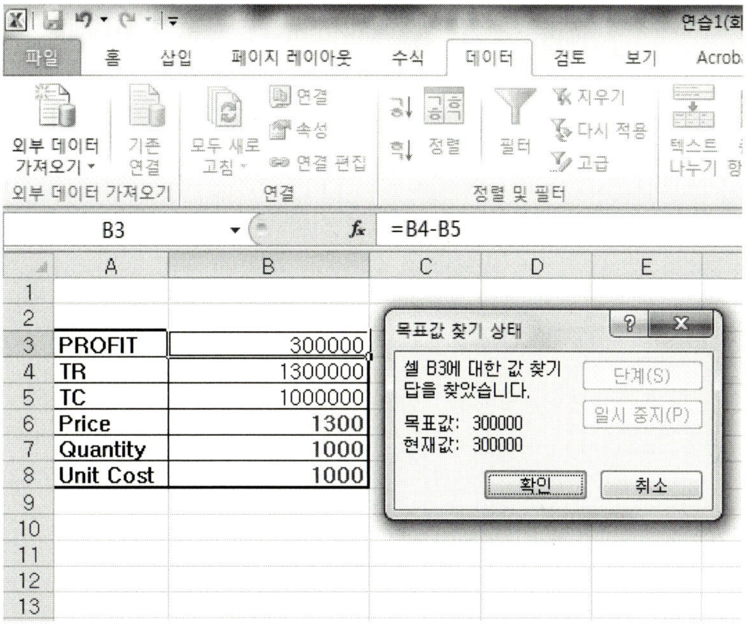

3단계: [목표값 찾기 상태]라는 창이 생성되면서 이익이 300,000원이고, 총비용이 1,000,000원, 단위당 비용이 1,000원으로 B3셀과 B5셀, B8셀의 값이 바뀐 것을 확인할 수 있다.

4단계: [확인] 버튼을 누르면 이익과 총비용, 단위당 비용이 바뀐 상태로 유지되며 [취소] 버튼을 누르면 값이 바뀌기 전 상태로 돌아간다.

[목표값 찾기] 기능은 목표로 하는 종속변수의 값을 얻기 위해 독립변수가 어떻게 바뀌어야 하는지 손쉽게 알려주지만 안타깝게도 변화시키려는 독립변수를 한 번에 두 개 이상 선택할 수 없다. 목표로 하는 종속변수의 값을 찾기 위해 독립변수를 2개 이상으로 설정할 경우 무한해가 나오기 때문이다. 엑셀은 그 모든 해를 모두 보여줄 수 없기 때문에 [목표값 찾기] 기능은 하나의 독립변수만 선택하여 바꿀 수 있다.

(3) 손익분기점분석

앞서 살펴본 시나리오분석과 목표값 찾기 분석을 활용하여 경영기획에서 경제적 타당성 분석에 가장 흔하게 사용되는 손익분기점분석(break even point analysis)을 실행할 수 있다. 손익분기점분석이란 생산량의 변화에 따라 총비용과 총수입을 비교하여 이익이 0이 되는 지점, 즉 투자가 회수되는 시점 또는 투자 회수 단계에 이르는 판매량을 찾아내는 분석이다.

손익분기점분석에서는 총비용을 생산량에 비례하여 증가하는 재료비나 광열비와 같은 변동비용(Variable Cost, VC)과 생산량에 상관없이 일정한 설비투자액과 같은 고정비용(Fixed Cost, FC)으로 구분한다. 여기서 VC는 다시 단위당 원가(Unit Cost, C)와 생산량의 곱으로 나타낸다. 따라서 손익분기점분석의 식은 다음과 같다.

$$\begin{aligned} Profit &= TR - TC \\ &= P * Q - (VC + FC) \\ &= P * Q - (C * Q + FC) \end{aligned}$$

어떤 가구회사가 경기가 좋아져 공장에 새로운 설비를 구매하기로 하고 공장의 손익분기점을 확인하기 위해 손익분기점분석을 실시하기로 했다고 하자. 새로 구매할 설비의 구매가 등 고정비용은 10,000,000원으로 생각하고 있으며, 가구를 생산하는 데 필요한 재료비, 직원들의 임금 등 변동비용은 가구 1개당 1,000원이고 마진율은 단위당 비용의 35%로 결정하였다. 공장의 생산량은 한 달에 10,000개로 결정했다고 하자. 이때 이 회사가 세울 새로운 설비투자에 대한 손익분기점은 어떻게 될까? 이때 단위당 가격은 단위당 비용과 마진율을 통해 구할 수 있다.

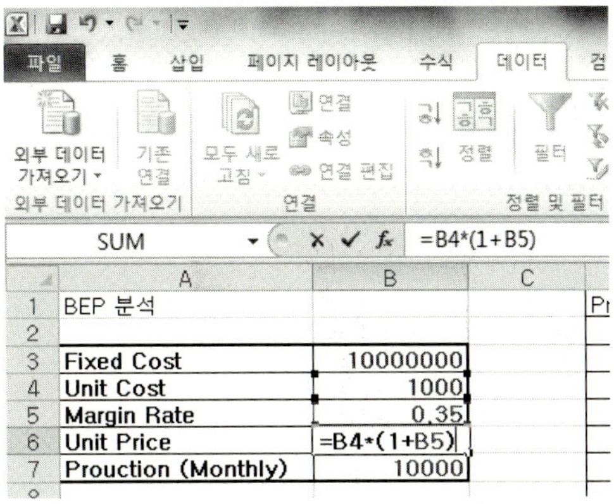

1단계: B6셀에 [=B4 * (1+B5)] 수식을 입력한다. 이 식은 단위당 가격을 단위당 비용의 35%를 마진으로 남기는 수준으로 결정하겠다는 의미이다.

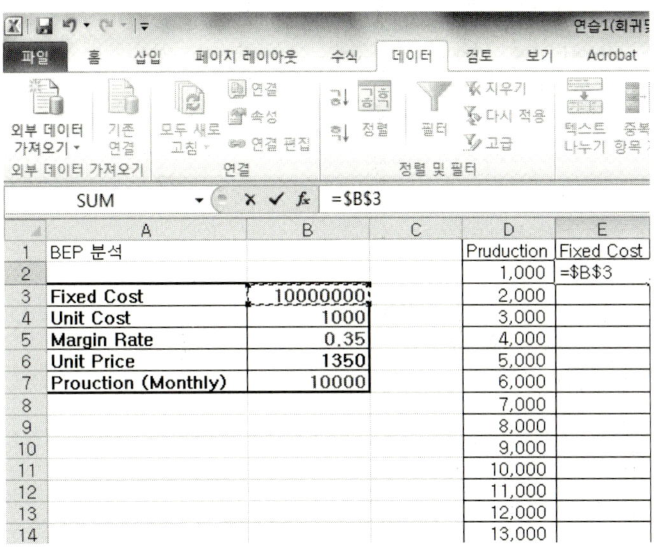

2단계: E2셀에 고정비용을 의미하는 [=$B$3] 식을 입력한다.

3단계: 고정비용은 생산량에 상관없이 일정하므로 E2셀의 값을 드래그하여 아래의 셀에도 동일한 값을 입력한다.

B	C	D	E	F
		Pruduction	Fixed Cost	Variable Cost
		1,000	10,000,000	=$B$4*D2
10000000		2,000	10,000,000	
1000		3,000	10,000,000	
0.35		4,000	10,000,000	
1350		5,000	10,000,000	
10000		6,000	10,000,000	
		7,000	10,000,000	
		8,000	10,000,000	
		9,000	10,000,000	
		10,000	10,000,000	
		11,000	10,000,000	
		12,000	10,000,000	
		13,000	10,000,000	
		14,000	10,000,000	
		15,000	10,000,000	
		16,000	10,000,000	
		17,000	10,000,000	
		18,000	10,000,000	

4단계: 변동비는 생산량에 비례하여 증가한다. 따라서 F2셀에 [=D2 * $B$4] 식을 입력한다. 이때 D2는 생산량을 의미하고 $B$4는 단위당 비용을 의미한다.

5단계: F2셀을 선택한 후 아래로 드래그하면 나머지 변동비용도 입력된다.

B	C	D	E	F	G
		Pruduction	Fixed Cost	Variable Cost	Total Cost
		1,000	10,000,000	1,000,000	=E2+F2
10000000		2,000	10,000,000	2,000,000	
1000		3,000	10,000,000	3,000,000	
0.35		4,000	10,000,000	4,000,000	
1350		5,000	10,000,000	5,000,000	
10000		6,000	10,000,000	6,000,000	
		7,000	10,000,000	7,000,000	
		8,000	10,000,000	8,000,000	
		9,000	10,000,000	9,000,000	
		10,000	10,000,000	10,000,000	
		11,000	10,000,000	11,000,000	
		12,000	10,000,000	12,000,000	
		13,000	10,000,000	13,000,000	
		14,000	10,000,000	14,000,000	
		15,000	10,000,000	15,000,000	
		16,000	10,000,000	16,000,000	
		17,000	10,000,000	17,000,000	
		18,000	10,000,000	18,000,000	
		19,000	10,000,000	19,000,000	
		20,000	10,000,000	20,000,000	
		21,000	10,000,000	21,000,000	
		22,000	10,000,000	22,000,000	

6단계: 총비용은 앞서 구한 고정비용과 변동비용을 합하여 계산한다. 따라서 G2셀에 [=E2+F2] 식을 입력한다. 이때 E2는 고정비용, F2는 변동비용을 의미한다.

7단계: G2셀을 선택한 후 아래로 드래그하면 나머지 총비용도 입력된다.

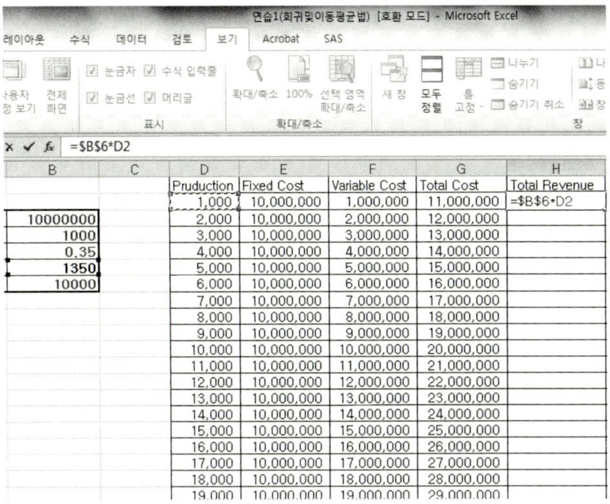

B	C	D	E	F	G	H
		Pruduction	Fixed Cost	Variable Cost	Total Cost	Total Revenue
		1,000	10,000,000	1,000,000	11,000,000	=$B$6*D2
10000000		2,000	10,000,000	2,000,000	12,000,000	
1000		3,000	10,000,000	3,000,000	13,000,000	
0.35		4,000	10,000,000	4,000,000	14,000,000	
1350		5,000	10,000,000	5,000,000	15,000,000	
10000		6,000	10,000,000	6,000,000	16,000,000	
		7,000	10,000,000	7,000,000	17,000,000	
		8,000	10,000,000	8,000,000	18,000,000	
		9,000	10,000,000	9,000,000	19,000,000	
		10,000	10,000,000	10,000,000	20,000,000	
		11,000	10,000,000	11,000,000	21,000,000	
		12,000	10,000,000	12,000,000	22,000,000	
		13,000	10,000,000	13,000,000	23,000,000	
		14,000	10,000,000	14,000,000	24,000,000	
		15,000	10,000,000	15,000,000	25,000,000	
		16,000	10,000,000	16,000,000	26,000,000	
		17,000	10,000,000	17,000,000	27,000,000	
		18,000	10,000,000	18,000,000	28,000,000	
		19,000	10,000,000	19,000,000	29,000,000	

8단계: 총수입은 생산량에 비례하여 증가한다. 그러므로 H2셀에 [=D2 * $B$6] 식을 입력한다. 이때 D2는 생산량을 의미하고 $B$6은 단위당 가격을 의미한다.

9단계: H2셀을 선택한 후 아래로 드래그하면 나머지 총수입도 입력된다.

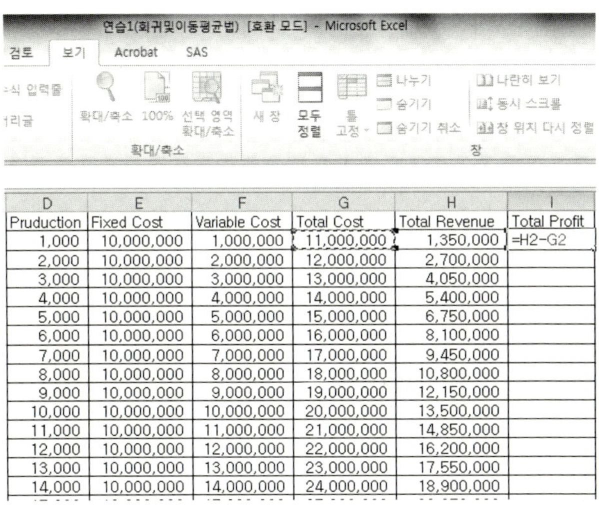

D	E	F	G	H	I
Pruduction	Fixed Cost	Variable Cost	Total Cost	Total Revenue	Total Profit
1,000	10,000,000	1,000,000	11,000,000	1,350,000	=H2-G2
2,000	10,000,000	2,000,000	12,000,000	2,700,000	
3,000	10,000,000	3,000,000	13,000,000	4,050,000	
4,000	10,000,000	4,000,000	14,000,000	5,400,000	
5,000	10,000,000	5,000,000	15,000,000	6,750,000	
6,000	10,000,000	6,000,000	16,000,000	8,100,000	
7,000	10,000,000	7,000,000	17,000,000	9,450,000	
8,000	10,000,000	8,000,000	18,000,000	10,800,000	
9,000	10,000,000	9,000,000	19,000,000	12,150,000	
10,000	10,000,000	10,000,000	20,000,000	13,500,000	
11,000	10,000,000	11,000,000	21,000,000	14,850,000	
12,000	10,000,000	12,000,000	22,000,000	16,200,000	
13,000	10,000,000	13,000,000	23,000,000	17,550,000	
14,000	10,000,000	14,000,000	24,000,000	18,900,000	

10단계: 마지막으로 이익은 총수입에서 총비용을 뺀 값이다. 따라서 I2셀에 [=H2-G2] 식을 입력하며 이때 H2는 총수입, G2는 총비용을 의미한다.

11단계: I2셀을 선택한 후 아래로 드래그하면 나머지 이익들도 입력된다.

엑셀을 통해 실행한 손익분기점분석에 의하면 이 회사의 새로운 공장은 생산량이 28,000~29,000개가 되는 지점에서 이익이 0이 된다는 것을 알 수 있다. 즉 공장을 가동한 지 약 3달이 지나야 손익분기점을 넘는다는 것을 뜻한다.

한편 차트를 이용하면 손익분기점분석의 결과를 한눈에 볼 수 있다. 고정비용과 변동비용, 총비용, 총수입 등 E1셀부터 H41셀까지 드래그로 모두 선택한 후 [삽입] 탭에서 [꺾은선형차트]를 선택하면 생산량의 증가에 따른 고정비용, 변동비용, 총비용, 총수입의 변화 추이를 볼 수 있다. 위의 차트에서 X축은 생산량, Y축은 비용 및 가격을 의미한다. 차트에서 총비용 선과 총수입 선이 만나는 지점이 손익분기점이다. 대략 생산량이 28,000개가 되는 지점에서 손익분기점이 된다는 것을 알 수 있다.

그림 4-5 도표를 활용한 손익분기점분석

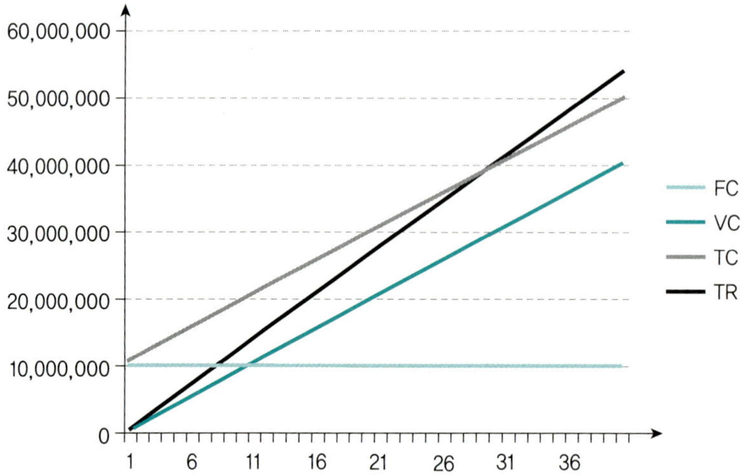

연습문제

1. 실제로 독립변수와 종속변수가 있는 데이터 셋을 찾아서 회귀분석을 수행해 보시오.
2. 특정 기업의 월 매출액과 고정비, 변동비의 데이터 셋을 찾아서 손익분기점분석을 수행해 보시오.

2 예측

경영자는 항상 미래 상황이 어떻게 전개될지 알지 못한 채 의사결정을 한다. 신제품에 대한 수요는 아무도 정확히 알 수 없고 미래의 이익이 불분명한 것에 투자를 할 수밖에 없다. 그러므로 경영자는 미래 상황이 어떻게 전개될지 가급적 정확히 알기 위해 항상 불확실성을 줄이려 노력한다.

이처럼 불확실성을 줄여 보다 나은 의사결정을 하려는 것이 예측(forecasting)의 목적이다. 예측방법에는 시계열모델(time series model), 인과모델(causal model), 그리고 정성적 모델(qualitative model) 등 여러 가지가 있다.

그림 4-6 예측모델의 분류

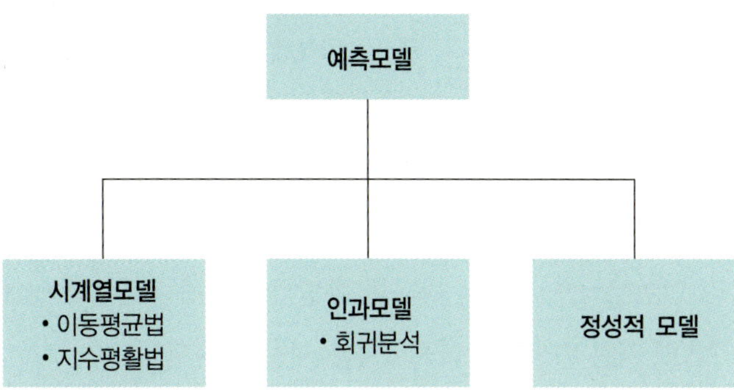

시계열모델은 과거의 데이터를 이용하여 미래를 예측하는 방법인데 별도의 독립변수가 없는 경우이다. 이 예측모델은 특정 기간 전반에 걸쳐 무슨 일이 일어날지 고려하며 예측을 위해 연속된 과거 데이터를 사용한다. 따라서 적정한 양의 과거 데이터가 수집되지 않는다면 시계열모델은 사용하기가 힘들다. 가장 쉬우면서도 자주 사용되는 시계열 예측에는 단순이동평균법, 가중이동평균법, 지수평활법 등이 있다.

인과모델은 예측하려는 수량(매출액, 생산량 등)에 영향을 미치는 변수나 요소를 예측모델에 포함한다. 인과모델은 시계열모델에서 사용하는 과거의 데이터도 사용하지만 계절의 영향, 온도나 습도 등 다른 요소들도 포함한다. 가장 대표적인 인과모델의 예로는 회귀분석이 있다.

시계열모델과 인과모델이 정량적인 자료를 사용한다면 정성적 모델은 주관적이고 판단적인 요소들도 예측모델에 포함한다. 전문가의 의견, 개인적 경험과 판단 등 정성적 모델에서는 주관적인 요소들이 고려된다. 정성적 예측모델은 주관적인 요소들이 중요하다고 여겨질 경우나 적절한 양의 정량적 자료들을 수집하기 어려울 때 유용하다. 정성적 예측모델에는 델파이 기법(Delphi method), 전문가 의견조사(jury of executive opinion) 등이 있다. 우리의 주된 목적은 엑셀을 이용한 정량적 데이터의 예측이기 때문에 여기서 정성적 예측모델은 다루지 않는다.

(1) 단순회귀분석

회귀분석은 인과관계가 있어 보이는 한 개 이상의 독립변수들과 한 종속변수 사이의 관계를 알아내는 인과모델이다. 일반적으로 회귀분석에는 두 가지 목적이 있다. 앞서 말했듯이 두 변수 사이의 관계를 이해하는 것이 첫 번째 목적이고, 두 번째 목적은 특정 변수에 기반하여 다른 변수의 변화를 예측하는 것이다.

회귀분석은 크게 독립변수가 하나인 경우의 단순회귀분석(simple regression model)과 두 개 이상인 다중회귀분석(multiple regression model)으로 나뉜다. 우리가 실습할 회귀분석은 단순회귀분석으로 이는 하나의 독립변수와 종속변수의 인과관계를 파악하는 회귀분석이다. 기본적인 단순회귀모델은 다음과 같다.

$$Y = \beta_0 + \beta_1 X + \epsilon$$

단, Y는 종속변수로 독립변수인 X의 변화에 반응하여 그 값이 변화한다. β_0는 소위 Y절편으로 불리는 상수로 독립변수의 값이 0일 때의 종속변수 값이다. β_1은 회귀식의 기울기이다. ϵ는 예측을 할 수 없는 임의의 오류 값으로 실제 값과 예측된 값의 오차이다($\epsilon = Y - \hat{Y}$). 한편, 과거 자료에 기반한 회귀방정식은 다음과 같다.

$$\hat{Y} = b_0 + b_1 X$$

$\hat{Y}$는 회귀분석을 통해 예측된 독립변수이다. b_0와 b_1은 각각 회귀분석을 통해 추정

된 상수와 회귀방정식의 기울기이다. 실제 값과 예측 값의 차이인 ϵ는 양의 값을 가질 수도 있고 음의 값을 가질 수도 있기 때문에 ϵ의 기대치는 0에 수렴한다.

다시 예제로 돌아가서 가구를 판매하는 그 회사에서 광고비 지출과 매출액 사이의 관계를 알아보기 위해 과거 데이터에 근거하여 회귀분석을 실시한다고 하자. 이때 과거 10개월간의 광고비와 매출액은 다음의 표와 같다고 하자.

광고비	매출액
30	184.4
40	279.1
40	244.0
50	314.2
60	382.2
70	450.2
70	423.6
70	410.2
80	500.4
90	505.3

다음의 차트는 이 회사의 광고비와 매출액을 분산형 차트로 나타낸 것이다. 차트를 보면 광고비와 매출액이 완벽한 양의 관계를 가지지는 않는다. 모든 점들이 회귀선 위에 존재하지 않기 때문이다. 하지만 분명 두 변수 사이에는 어떠한 관계가 존재한다. 광고비가 증가함에 따라 매출액도 어느 정도 증가하기 때문이다.

그림 4-7 산포도와 추세선

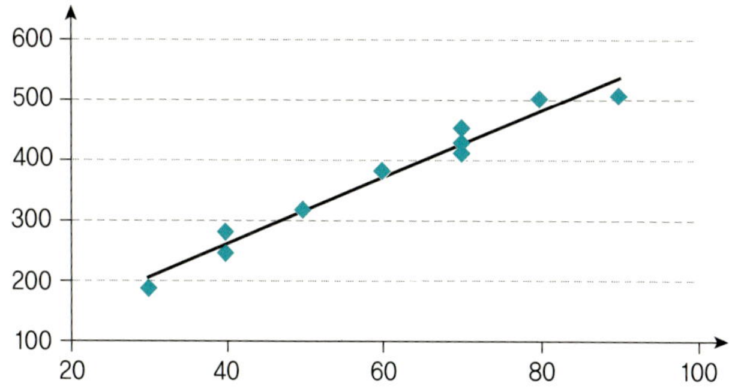

예제에서 우리의 목적은 매출액의 변화를 예측하는 것이기 때문에 매출액은 종속변수이다. 광고비는 매출액의 변화에 영향을 미치는 것으로 보이기 때문에 광고비는 독립변수이다. 엑셀에서 회귀분석을 실행할 수 있는 방법은 차트를 이용한 방법과 우리가 이번 장을 시작하기 전에 설치했던 데이터 분석을 이용한 방법, 두 가지가 있다. 우선 차트를 이용한 회귀분석을 연습해 보자.

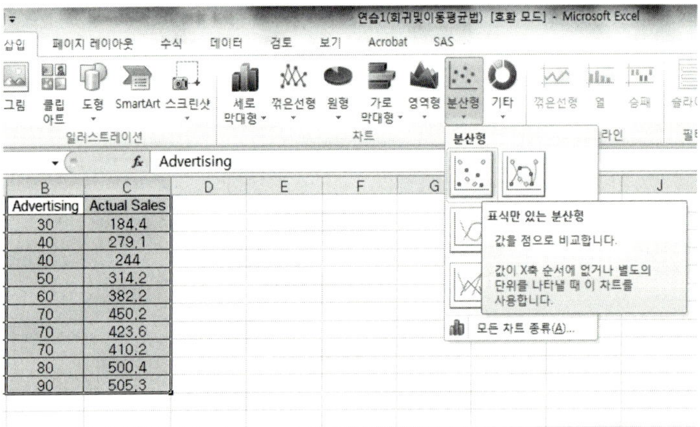

1단계: 광고비와 매출액이 포함된 모든 셀을 드래그하여 선택한다.

2단계: [삽입] 탭에서 [분산형] 차트를 선택한다. 그러면 엑셀이 자동적으로 광고비를 독립변수로, 매출액을 종속변수로 설정한 분산형 차트를 생성한다.

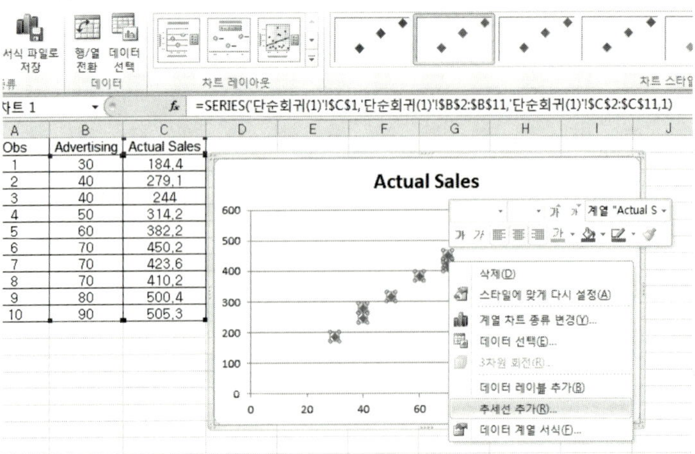

3단계: 차트 위의 분산형 점을 선택한다.

4단계: 마우스 오른쪽을 클릭한 후 [추세선 추가]를 클릭하면 [추세선 서식]이라는 창이 생성된다.

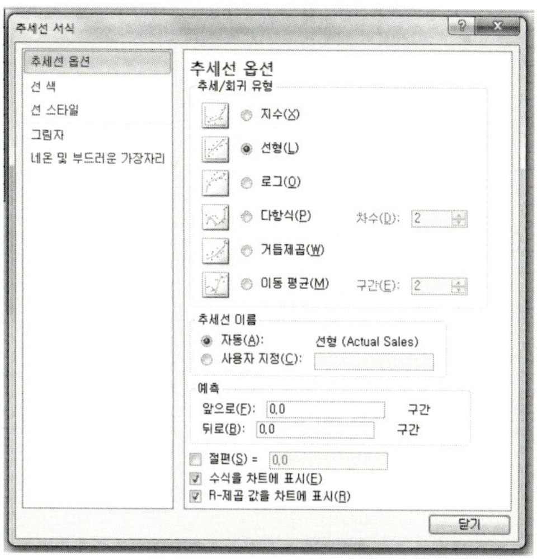

5단계: 창이 생성되면 [추세/회귀 유형]을 [선형]으로 선택한다.

6단계: 하단의 [수식을 차트에 표시]와 [R-제곱 값을 차트에 표시]를 선택한다.

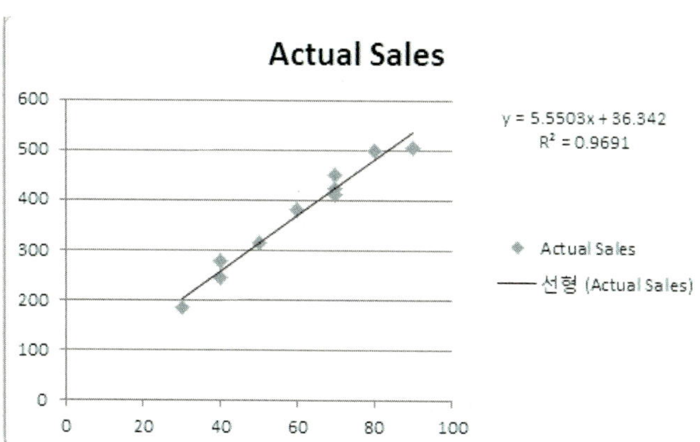

7단계: 차트에 추세선과 회귀식, 그리고 이 회귀분석이 사회과학적으로 적정한지를 알려주는 R^2값이 차트 위에 나타난다.

다음으로 데이터 분석을 통한 회귀분석을 실행해 보자.

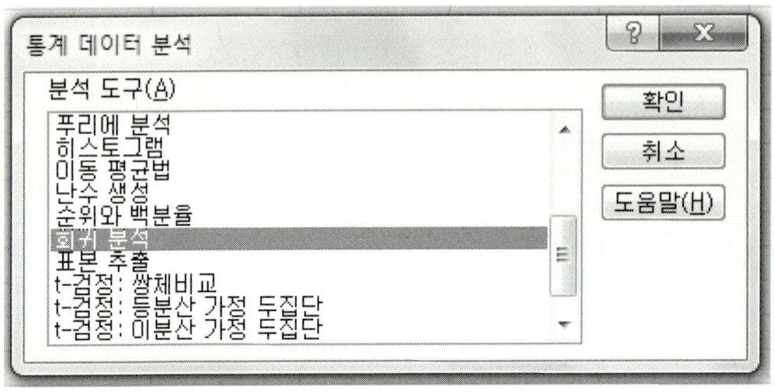

1단계: [데이터] 탭의 [데이터 분석]을 클릭하면 [통계 데이터 분석]이라는 창이 생성된다.

2단계: 회귀분석을 찾아 선택하고 [확인] 버튼을 클릭한다.

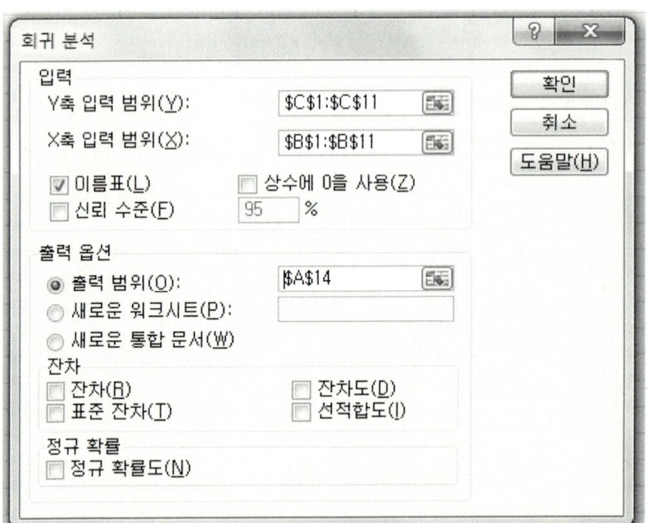

3단계: [회귀분석]이라는 창이 생성되면 [이름표]를 체크한 후 [Y축 입력 범위]에 매출액을 의미하는 C1셀부터 C11셀까지 선택하고 [X축 입력 범위]에 광고비를 의미하는 B1셀부터 B11셀까지 선택한다.

4단계: [출력 옵션]에서 [출력 범위]를 선택하고 A14셀을 클릭한 뒤 [확인] 버튼을 클릭하면 A14셀부터 회귀분석의 결과가 요약되어 출력된다.

그림 4-8 단순회귀분석 수행 결과

	A	B	C	D	E	F	G	H	I
1	Obs	Advertising	Actual Sales						
2	1	30	184,4						
3	2	40	279,1						
4	3	40	244						
5	4	50	314,2						
6	5	60	382,2						
7	6	70	450,2						
8	7	70	423,6						
9	8	70	410,2						
10	9	80	500,4						
11	10	90	505,3						
12									
13									
14	요약 출력								
15									
16	회귀분석 통계량								
17	다중 상관계	0,984444							
18	결정계수	0,969131							
19	조정된 결정	0,965272							
20	표준 오차	20,42132							
21	관측수	10							
22									
23	분산 분석								
24		자유도	제곱합	제곱 평균	F 비	유의한 F			
25	회귀	1	104739,6	104739,6	251,1558	2,51E-07			
26	잔차	8	3336,2437	417,0305					
27	계	9	108075,84						
28									
29		계수	표준 오차	t 통계량	P-값	하위 95%	상위 95%	하위 95,0%	상위 95,0%
30	Y 절편	36,34235	21,983283	1,653181	0,136894	-14,3512	87,03589	-14,3512	87,03589
31	Advertising	5,550294	0,3502228	15,84789	2,51E-07	4,742679	6,357909	4,742679	6,357909

회귀분석의 요약출력에서 중요한 것은 회귀분석 통계량의 결정계수와 분산분석의 유의한 F, 그리고 P-값이다. 결정계수는 회귀식의 적합도를 판단하는 척도로서 차트를 통한 회귀분석에서 도출한 R^2값과 같다. 결정계수의 크기가 얼마나 되어야 하는지에 대해서는 절대적인 기준은 없지만 사회계열에서는 최소한 결정계수가 0.1보다 커야 의미 있는, 설명력이 있는 모형이라고 본다. 크면 클수록 설명력이 좋다고 볼 수 있으나 지나치게 큰 경우에는 혹 회귀분석모형에 다중공선성과 같은 문제는 없는지 점검해 보아야 한다. 일단 본 예제에서는 결정계수가 0.9691로 회귀식은 매우 높은 설명력을 가진다고 볼 수 있다.

유의한 F 또한 회귀식의 적합도를 판단하는 것으로 그 값이 0.1보다 작아야 회귀식이 적합하다는 것을 의미한다. P-값은 독립변수가 종속변수에 영향을 미치는지 여부를 판단한다. 해당 독립변수의 P-값이 0.1보다 작을 경우 이는 독립변수가 종속변수에 유의한 영향을 미친다고 판정한다. 본 예제에서는 광고비의 P-값이 2.51E-07(즉, 0.000000251)로 0.1보다 매우 작기 때문에 광고비는 매출액에 매우 유의한 영향을 미친다는 것을 알 수 있다.

(2) 다중회귀분석

앞서 우리가 실행해 본 회귀분석은 독립변수가 하나인 단순회귀분석이었다. 그러나 실제 경영활동에서는 독립변수가 하나인 단순회귀분석을 사용하는 경우는 매우 드물다. 따라서 우리는 두 개 이상의 독립변수가 종속변수에 영향을 미치는 다중회귀분석(multiple regression analysis)을 공부할 필요가 있다. 다중회귀모델은 독립변수들이 추가된 것을 제외하면 단순회귀모델과 유사하다.

$$Y = \beta_0 + \beta_1 X_1 + \beta_2 X_2 + \beta_3 X_3 + \cdots + \beta_n X_n + \epsilon$$

$$\hat{Y} = b_0 + b_1 X_1 + b_2 X_2 + b_3 X_3 + \cdots + b_n X_n$$

예를 들어 Kelly는 타 지역의 대학에 진학하면서 새로이 집을 구해야 할 일이 생겼다고 하자. Kelly가 알아본 집은 11가지로 평수와 창고의 크기, 침실의 개수에 따라 임대료가 다르다. 11가지 집들의 평수, 창고의 크기, 침실의 개수와 임대료는 다음의 표에 나타나 있다.

평수	창고의 크기	침실 수	임대료
1.0	0	2	65
1.1	0	2	73
1.15	1	2	85
1.4	0	3	87
1.7	1	3	98
1.8	1	4	105
1.9	0	3	95
1.9	1	4	125
2.1	2	4	125
2.1	2	4	137
2.3	2	4	150

단순회귀분석이든 다중회귀분석이든 회귀분석에서 중요한 것은 독립변수를 알맞게 설정하는 것이다. 예제는 집의 평수, 창고의 크기, 침실의 수에 따라 임대료가 다르

다. 따라서 평수와 창고의 크기, 그리고 침실의 개수는 독립변수로 설정하고 임대료를 종속변수로 설정하는 것이 적절할 것이다. 다중회귀분석은 차트를 통한 회귀분석이 불가능하므로 [데이터] 탭의 [데이터 분석]을 통해서 회귀분석을 실행해야 한다.

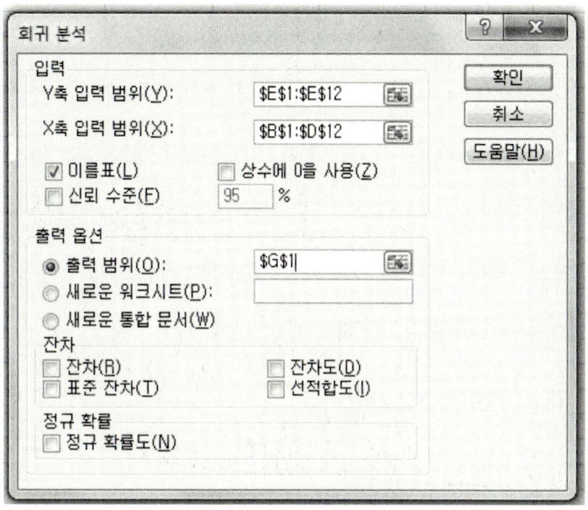

1단계: [데이터 분석]을 실행하여 [회귀분석] 창이 생성되면 [이름표]를 체크한 후 [Y축 입력 범위]에 임대료를 의미하는 E1셀부터 E12셀까지 선택하고 [X축 입력 범위]에 평수, 창고 크기, 침실 개수를 의미하는 B1셀부터 D12셀까지 선택한다.

2단계: [출력 옵션]에서 [출력 범위]를 선택하고 G1셀을 클릭한 뒤 [확인] 버튼을 클릭한다.

▌그림 4-9▌ 다중회귀분석 수행 결과 1

G	H	I	J	K	L	M	N	O
요약 출력								
회귀분석 통계량								
다중 상관계	0.970833							
결정계수	0.942517							
조정된 결정	0.917882							
표준 오차	7.762044							
관측수	11							
분산 분석								
	자유도	제곱합	제곱 평균	F 비	유의한 F			
회귀	3	6915.164	2305.055	38.25859	0.000104			
잔차	7	421.7453	60.24933					
계	10	7336.909						
	계수	표준 오차	t 통계량	P-값	하위 95%	상위 95%	하위 95.0%	상위 95.0%
Y 절편	26.44037	11.52796	2.293586	0.055513	-0.81892	53.69966	-0.81892	53.69966
Sq. Feet	30.8034	14.65879	2.101361	0.073723	-3.85912	65.46592	-3.85912	65.46592
Size of Gar	12.56745	4.459141	2.818357	0.025834	2.023258	23.11164	2.023258	23.11164
Bedrooms	4.57596	7.143017	0.64062	0.542164	-12.3146	21.46651	-12.3146	21.46651

회귀분석의 결과가 출력되면 결정계수, 유의한 F, 그리고 각 독립변수들의 P-값을 확인하여 회귀분석이 사회과학적으로 유의미한지, 독립변수들은 적합한지를 확인해야 한다. 예제에서 결정계수는 약 0.94로 매우 크므로 이 모형은 설명력이 높고, 유의한 F는 1.04E-04로 0.1보다 작으므로 회귀분석은 사회과학적으로 유의미하다. 그러나 독립변수들의 P-값에서 문제가 생긴다. 집의 평수나 창고의 개수는 그 P-값이 각각 0.074와 0.026으로 0.1보다 작아 계수 값이 의미가 있다고 판정할 수 있어 독립변수로 적합하지만 침실의 개수는 P-값이 0.542로 0.1보다 크다. 이는 침실의 개수가 임대료라는 종속변수에 유의한 영향을 미치지 못하는 변수라는 의미이다. 이런 경우 침실의 개수를 독립변수에서 제외하고 독립변수로 적절한 평수와 창고의 개수만을 독립변수로 설정하여 다시 회귀분석을 실시해야 한다.

그림 4-10 다중회귀분석 수행 결과 2

요약 출력

회귀분석 통계량	
다중 상관계	0.969096
결정계수	0.939147
조정된 결정	0.923934
표준 오차	7.470536
관측수	11

분산 분석

	자유도	제곱합	제곱 평균	F 비	유의한 F
회귀	2	6890.438	3445.219	61.73241	1.37E-05
잔차	8	446.4713	55.80891		
계	10	7336.909			

	계수	표준 오차	t 통계량	P-값	하위 95%	상위 95%	하위 95.0%	상위 95.0%
Y 절편	27.68355	10.93669	2.531255	0.035187	2.463501	52.9036	2.463501	52.9036
Sq. Feet	38.57623	7.916851	4.872674	0.001236	20.31994	56.83252	20.31994	56.83252
Size of Gar	12.87495	4.266739	3.017515	0.016622	3.035832	22.71407	3.035832	22.71407

위의 이미지는 침실의 개수를 제외하고 2개의 독립변수만으로 회귀분석을 다시 실시한 결과이다. 회귀분석의 결과 결정계수의 값은 약 0.94로 여전히 크고 유의한 F값은 1.37E-05로 0.1보다 작으므로 회귀분석은 적합하다. 또한 종속변수에 대한 독립변수의 영향도 P-값이 모두 0.1보다 작으므로 독립변수의 설정도 적절하다. 따라서 이 예제에서는 임대료를 '27.68355 + 38.57623 * 평수 + 12.87495 * 창고의 크기'로 추정하게 된다.

(3) 단순이동평균법

또 다른 간단한 예측방법으로 이동평균법이 있다. 이동평균법은 시간의 흐름에 따라 변화하는 과거의 데이터를 이용해 미래의 변화 추세를 예측할 때 과거의 일정 기간 동안의 데이터 값들의 평균치로 예측하려는 방법이다.

이동평균법에는 단순이동평균법과 가중이동평균법이 있다. 이 중 단순이동평균법(simple moving average method)은 과거 일정 기간 동안의 데이터값의 단순평균으로 다음 시간의 예측을 하려는 것이다. 과거 N기간 동안의 단순이동평균법의 공식은 다음과 같다.

$$Y_t = \frac{Y_{t-1} + Y_{t-2} + \ldots + Y_{t-N}}{N}$$

예를 들어 t가 4이고 N이 3이면 4번째 예측값은 첫 번째 예측값과 두 번째 예측값, 그리고 세 번째 예측값의 평균이라는 의미이다.

$$Y_4 = \frac{Y_3 + Y_2 + Y_1}{3}$$

단순이동평균법의 예제를 살펴보자.

(단위: $1,000)

시간	매출액	시간	매출액
11년 3월	200	12년 3월	235
11년 4월	233	12년 4월	260
11년 5월	240	12년 5월	287
11년 6월	243	12년 6월	298
11년 7월	237	12년 7월	296
11년 8월	224	12년 8월	280
11년 9월	200	12년 9월	265
11년 10월	198	12년 10월	246
11년 11월	188	12년 11월	211
11년 12월	190	12년 12월	200
12년 1월	200	13년 1월	195
12년 2월	211	13년 2월	200

컴퓨터 제조사인 Chap사는 11년 3월부터 13년 2월까지의 매출액 자료를 가지고 있다. 회사는 복잡한 예측방법으로 매출액을 예측하기 전에 간단하게 단순이동평균법을 사용하여 3개월 동안의 자료를 기준으로 미래의 매출을 예상해 보기로 했다. 다음은 Chap사의 매출액 표와 시간의 흐름에 따른 매출액의 추이를 보여주는 차트이다.

| 그림 4-11 | Chap사의 매출액 산포도

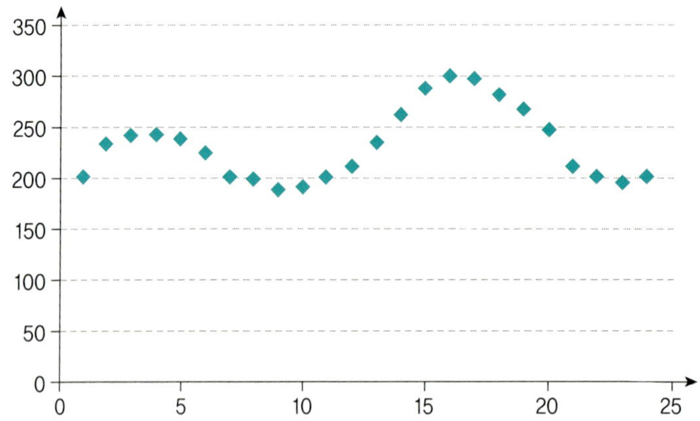

단순이동평균법을 실행하는 방법에는 2가지가 있다. 먼저 이동평균법은 단순히 과거 데이터의 평균으로 미래를 예측하는 방법이기 때문에 엑셀의 Average함수를 이용해서 예측값을 구할 수 있다. 또한 이동평균법은 [데이터 분석] 기능을 사용해서도 실행이 가능하다.

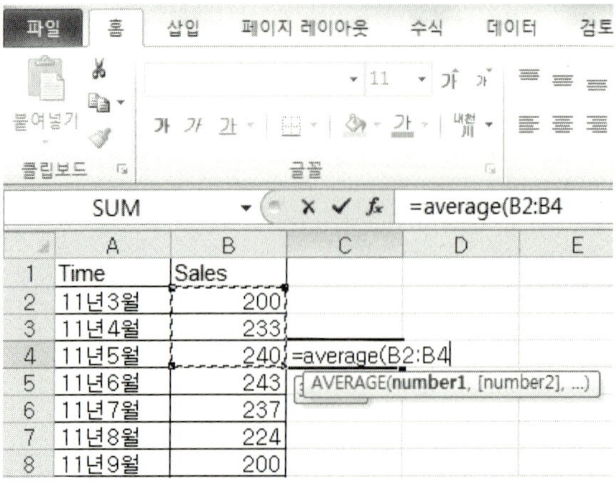

1단계: 3개월치의 데이터를 이용한 단순이동평균법이므로 3개월 동안의 매출액의 평균을 구한다.

2단계: C4셀에 [=average(B2:B4)]를 입력하면 11년 3월부터 5월까지의 매출액의 평균이 구해진다.

1	Time	Sales	
2	11년3월	200	
3	11년4월	233	
4	11년5월	.0	224.3333
5	11년6월	243	238.6667
6	11년7월	237	240
7	11년8월	224	234.6667
8	11년9월	200	220.3333
9	11년10월	198	207.3333
10	11년11월	188	195.3333
11	11년12월	190	192
12	12년1월	200	192.6667
13	12년2월	211	200.3333
14	12년3월	235	215.3333
15	12년4월	260	235.3333
16	12년5월	287	260.6667
17	12년6월	298	281.6667
18	12년7월	296	293.6667
19	12년8월	280	291.3333
20	12년9월	265	280.3333
21	12년10월	246	263.6667
22	12년11월	211	240.6667
23	12년12월	200	219
24	13년1월	195	202
25	13년2월	200	198.3333

3단계: C4셀을 선택하여 아래로 드래그하면 다른 기간의 예측값을 구할 수 있다.

이동평균법은 우리가 추가 기능으로 설치한 데이터 분석으로도 실행이 가능하다. [데이터] 탭의 [데이터 분석]을 클릭하면 생성되는 [통계 데이터 분석]에서 이동평균법을 선택한다.

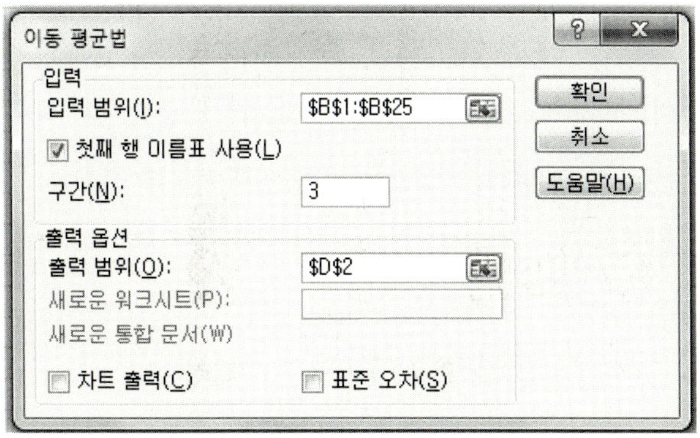

1단계: [이동평균법]이라는 창이 생성되면 [입력 범위]에 B열의 매출액 값을 선택하고 3개월 동안의 매출액으로 예측하는 것이므로 [구간]에는 3을 입력한다.

2단계: 출력되는 예측값을 보여줄 셀을 선택하고 [확인] 버튼을 클릭한다. 이때 앞서 Average함수로 실행했던 이동평균법의 결과값과 [데이터 분석]으로 실행한 이동평균법의 결과값이 동일한 것을 확인할 수 있다.

다음은 예측값이 포함된 이동평균법의 차트이다.

그림 4-12 이동평균법 적용 결과

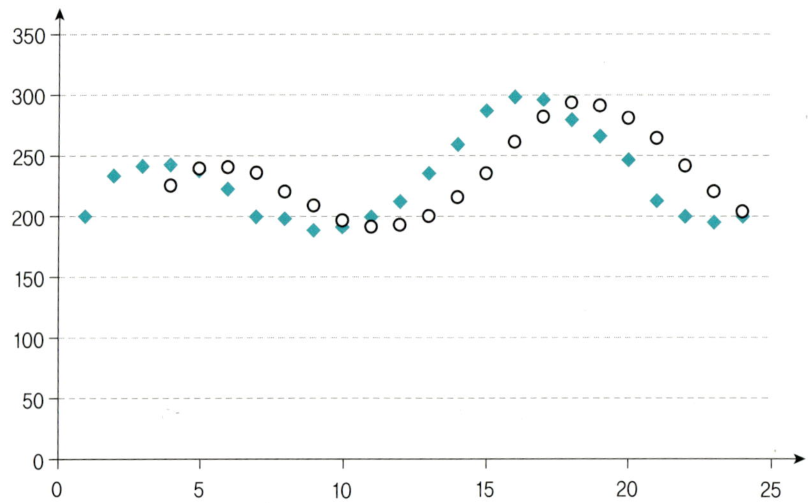

(4) 가중이동평균법

가중이동평균법(weighted moving average method)은 과거 데이터들의 중요도가 모두 동일하다고 가정하는 단순이동평균법과는 다르게 과거 데이터에 중요도가 다르다고 생각하고 각 데이터마다 가중치를 다르게 부여하고 그 가중평균치를 가지고 다음 기의 예측값을 구하는 예측방식이다.

$$Y_4 = \frac{0.1\,Y_3 + 0.3\,Y_2 + 0.6\,Y_1}{3}$$

앞의 식은 Y_4의 예측값을 구하기 위한 가중이동평균법 수식의 예이다. 이 식을 보면 Y_1의 값에 60%, Y_2의 값에 30%, 그리고 Y_3값에 10%의 가중치를 두고 평균을 구했다. 이는 Y_1에 더 큰 비중을 둠으로써 비교적 과거 데이터를 중요하게 생각하고 예측치를 구한다는 뜻이다. 컴퓨터 제조회사인 Chap사의 예측을 단순이동평균법이 아닌 가중이동평균법을 사용하여 실행해 보자. 가중이동평균법은 직접 셀에 수식을 입력하여 수행해야 한다.

	A	B	C	D	E	F
1	Time	Sales		가중이동평균법		
2	11년3월	200				
3	11년4월	233				
4	11년5월	240	224.3333	=B2*0.6+B3*0.3+B4*0.1		
5	11년6월	243	238.6667			
6	11년7월	237	240			
7	11년8월	224	234.6667			
8	11년9월	200	220.3333			
9	11년10월	198	207.3333			
10	11년11월	188	195.3333			
11	11년12월	190	192			
12	12년1월	200	192.6667			
13	12년2월	211	200.3333			
14	12년3월	235	215.3333			
15	12년4월	260	235.3333			
16	12년5월	287	260.6667			
17	12년6월	298	281.6667			
18	12년7월	296	293.6667			
19	12년8월	280	291.3333			
20	12년9월	265	280.3333			
21	12년10월	246	263.6667			
22	12년11월	211	240.6667			
23	12년12월	200	219			
24	13년1월	195	202			
25	13년2월	200	198.3333			

1단계: 예제에서는 과거 데이터에 더 중점을 두어 과거부터 각각 60%, 30%, 10%의 가중치를 두기로 했다.

2단계: 따라서 가중이동평균법을 실행할 셀에 [=(B2 * 0.6 + B3 * 0.3 + B4 * 0.1)]을 입력하면 그 결과값이 출력된다.

	A	B	C	D	E	F
1	Time	Sales		가중이동평균법		
2	11년3월	200				
3	11년4월	233				
4	11년5월	240	224.3333	213.9		
5	11년6월	243	238.6667	236.1		
6	11년7월	237	240	240.6		
7	11년8월	224	234.6667	239.3		
8	11년9월	200	220.3333	229.4		
9	11년10월	198	207.3333	214.2		
10	11년11월	188	195.3333	198.2		
11	11년12월	190	192	194.2		
12	12년1월	200	192.6667	189.8		
13	12년2월	211	200.3333	195.1		
14	12년3월	235	215.3333	206.8		
15	12년4월	260	235.3333	223.1		
16	12년5월	287	260.6667	247.7		
17	12년6월	298	281.6667	271.9		
18	12년7월	296	293.6667	291.2		
19	12년8월	280	291.3333	295.6		
20	12년9월	265	280.3333	288.1		
21	12년10월	246	263.6667	272.1		
22	12년11월	211	240.6667	253.9		
23	12년12월	200	219	230.9		
24	13년1월	195	202	206.1		
25	13년2월	200	198.3333	198.5		

3단계: 과거 데이터에 가중치를 다르게 부여했기 때문에 가중치를 동일하게 적용하는 단순이동평균법과 결과값이 다른 것을 확인할 수 있다.

단순이동평균법과 가중이동평균법은 이해하기 쉽고 계산이 비교적 편리하지만 매출액 등의 값이 변동이 불규칙한 경우에는 적합하지 못하다는 단점이 있다. 또한 단순이동평균법과 가중이동평균법을 사용하기 위해서는 일정 기간 동안의 과거 데이터가 쌓여 있어야 적절한 예측의 실행이 가능하다. 그리고 예측은 바로 다음 시간에 대해서만 가능하며 중장기적 예측은 어렵다.

(5) 지수평활법

이동평균법이 과거의 일정 기간 동안의 데이터들을 가지고 예측하는 방법이라면 지수평활법(exponential smoothing method)은 과거 모든 시점의 데이터를 가지고 이들의 가중평균으로 예측하는 방법이라는 특징이 있다. 그런데 과거의 모든 데이터에 가중치를 부여하는 것은 매우 인위적이고 시간이 걸리는 작업이다. 예를 들어 내년도 매출을 예측하기 위해 이 회사가 창립한 시점부터(예: 60년 전) 매년마다 합리적인 가중치를 줄 수 있는가. 이는 매우 어렵고 설득력이 떨어진다. 그런데 지수평활법은 가장 최근 데이터에 큰 가중치를 두고 과거 데이터에 작은 가중치를 두려는 접근법을 취하면서 그 가중치는 지수함수적으로 감소한다는 가정을 하는 시계열 예측방법이다.

이것의 장점은 지수함수의 파라미터인 알파값 하나만 가정하면 과거의 모든 시간대의 가중치를 한 번에 자동 계산할 수 있다는 것이다. 이를 통해 가중치 부여의 인위성과 효율성을 모두 해소하려는 방법이다. 지수평활법의 수식은 다음과 같다.

$$\begin{aligned}\widehat{Y_1} &= Y_1\\ \widehat{Y_t} &= aY_{t-1} + (1-a)\widehat{Y_{t-1}}\\ &= aY_{t-1} + (1-a)(aY_{t-2} + (1-a)\widehat{Y_{t-2}})\\ &= aY_{t-1} + (1-a)(aY_{t-2} + (1-a)(aY_{t-3} + (1-a)\widehat{Y_{t-3}})\end{aligned}$$

위의 식에서 $\widehat{Y_1} = Y_1$은 첫 번째 시점의 예측값과 실제값이 동일하다는 것을 의미한다. t 시점의 예측값인 $\widehat{Y_t}$값을 구하기 위해서는 $t-1$ 시점의 실제값을 가중치인 a와 곱하고 $t-1$ 시점의 예측값을 $(1-a)$와 곱한 뒤 그 두 값을 더하면 된다. 여기서 $t-1$ 시점의 예측값은 다시 $t-2$ 시점의 실제 값과 a을 곱하고 $t-2$ 시점의 예측값과 감쇠인수인 $(1-a)$를 곱한 뒤 두 값을 더하면 된다. 또한 $t-2$ 시점의 예측값은 $t-3$ 시점의 실제값과 a를 곱하고 $t-3$ 시점의 예측값과 $(1-a)$를 곱한 뒤 두 값을 더하면 된다. 이 식을 정리하면 다음과 같다.

$$\widehat{Y_t} = aY_{t-1} + (1-a)aY_{t-2} + (1-a)^2aY_{t-3} + (1-a)^3aY_{t-4} + \cdots + (1-a)^{t-1}aY_1$$

예를 들어 Chap사는 지수평활법을 활용하여 매출액을 예측해 보기로 했다고 하자. 최근 데이터의 상대적 중요도를 의미하는 a는 0.7로 가정하고 a가 0.7이므로 $(1-a)$인 감쇠인수는 0.3이다.

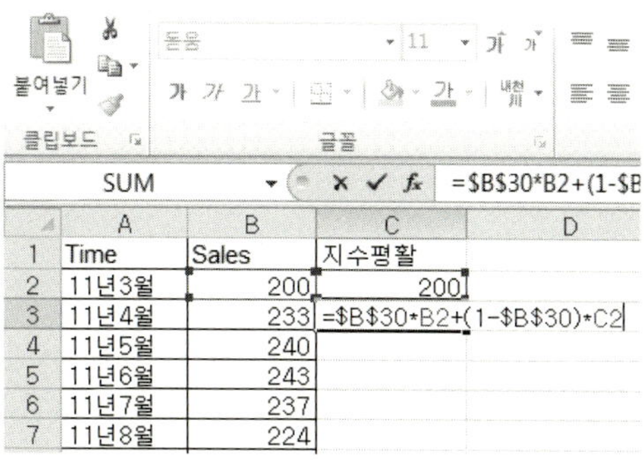

1단계: $\widehat{Y_1} = Y_1$ 이므로 $\widehat{Y_1}$은 200이다.

2단계: $\widehat{Y_2}$는 가중치인 0.7과 Y_1값인 200을 곱하고 감쇠인수인 0.3과 $\widehat{Y_1}$값인 200을 곱한 뒤 두 수를 더한 값이다.

3단계: C3셀에 [=$B$30 * B2+(1-$B$30) * C2] 식을 입력하면 두 번째 예측값 $\widehat{Y_2}$이 출력된다.

	A	B	C	D	E	F
1	Time	Sales	지수평활			
2	11년3월	200	200			
3	11년4월	233	200			
4	11년5월	240	223.1			
5	11년6월	243	234.93			
6	11년7월	237	240.579			
7	11년8월	224	238.0737			
8	11년9월	200	228.22211			
9	11년10월	198	208.46663			
10	11년11월	188	201.13999			
11	11년12월	190	191.942			
12	12년1월	200	190.5826			
13	12년2월	211	197.17478			
14	12년3월	235	206.85243			
15	12년4월	260	226.55573			
16	12년5월	287	249.96672			
17	12년6월	298	275.89002			
18	12년7월	296	291.367			
19	12년8월	280	294.6101			
20	12년9월	265	284.38303			
21	12년10월	246	270.81491			
22	12년11월	211	253.44447			
23	12년12월	200	223.73334			
24	13년1월	195	207.12			
25	13년2월	200	198.636			

4단계: $\widehat{Y_1}$값과 Y_1값이 동일하게 200이므로 당연히 $\widehat{Y_2}$도 200이 된다.

5단계: $\widehat{Y_3}$부터 일일이 식을 넣을 필요 없이 $\widehat{Y_2}$값이 입력된 C3셀을 선택하고 드래그한다.

지수평활법도 데이터 분석을 통해 실행할 수 있다.

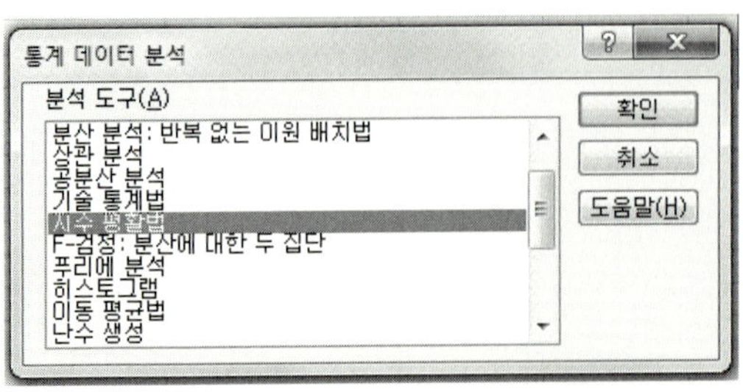

1단계: 아래와 같이 [데이터] 탭에서 [데이터 분석]을 클릭하고 [통계 데이터 분석] 창에서 [지수평활법]을 선택한 뒤 실행한다.

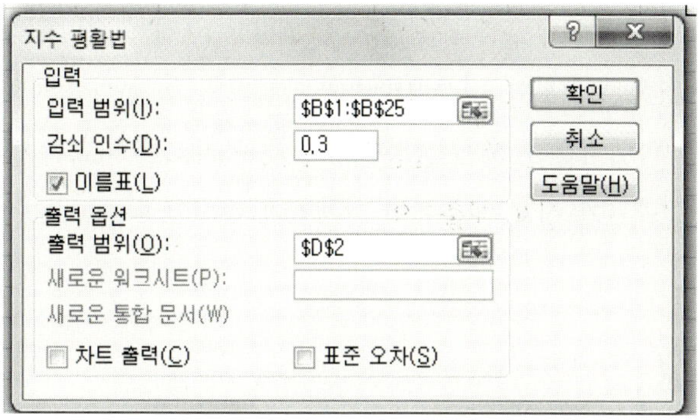

2단계: [지수평활법]이라는 창이 생성되면 [입력 범위]에 매출액 범위를 선택하고 [감쇠 인수]에 $(1-a)$값인 0.3을 입력한다.

3단계: 결과값을 보여줄 출력범위를 D2셀로 선택한 후 [확인] 버튼을 클릭한다.

	A	B	C	D	E	F
1	Time	Sales	지수평활	데이터분석		
2	11년3월	200	200	#N/A		
3	11년4월	233	200	200		
4	11년5월	240	223.1	223.1		
5	11년6월	243	234.93	234.93		
6	11년7월	237	240.579	240.579		
7	11년8월	224	238.0737	238.0737		
8	11년9월	200	228.22211	228.22211		
9	11년10월	198	208.46663	208.466633		
10	11년11월	188	201.13999	201.1399899		
11	11년12월	190	191.942	191.941997		
12	12년1월	200	190.5826	190.5825991		
13	12년2월	211	197.17478	197.1747797		
14	12년3월	235	206.85243	206.8524339		
15	12년4월	260	226.55573	226.5557302		
16	12년5월	287	249.96672	249.9667191		
17	12년6월	298	275.89002	275.8900157		
18	12년7월	296	291.367	291.3670047		
19	12년8월	280	294.6101	294.6101014		
20	12년9월	265	284.38303	284.3830304		
21	12년10월	246	270.81491	270.8149091		
22	12년11월	211	253.44447	253.4444727		
23	12년12월	200	223.73334	223.7333418		
24	13년1월	195	207.12	207.1200025		
25	13년2월	200	198.636	198.6360008		

4단계: 셀에 직접 수식을 입력하여 실행한 결과값과 [데이터 분석]으로 실행한 지수평활법의 결과값이 동일한 것을 확인할 수 있다.

[그림 4-13]의 차트는 Chap사의 매출액을 지수평활법으로 예측한 것이다. 지수평활법에서 a값이 커질수록 비교적 최근 자료에 큰 가중치를 두어 최근 트렌드를 중요시한다고 볼 수 있으며 반대로 a값이 작을수록 감쇠인수인 $(1-a)$값이 커져서 과거의 데이터에 큰 가중치를 둔다. 따라서 지수평활법을 실행할 때 a값을 크게 설정할수록 최근 자료를 비교적 더 많이 반영하기 때문에 지수평활법의 그래프가 실제 매출액의 그래프와 비슷한 모양을 가진다. 반면 a값을 작게 설정할수록 최근 자료를 비교적 덜 반영하기 때문에 지수평활법의 그래프가 실제 매출액의 그래프와 멀어져 완만한 모양을 가진다.

▌그림 4-13▌ 지수평활법 적용 결과

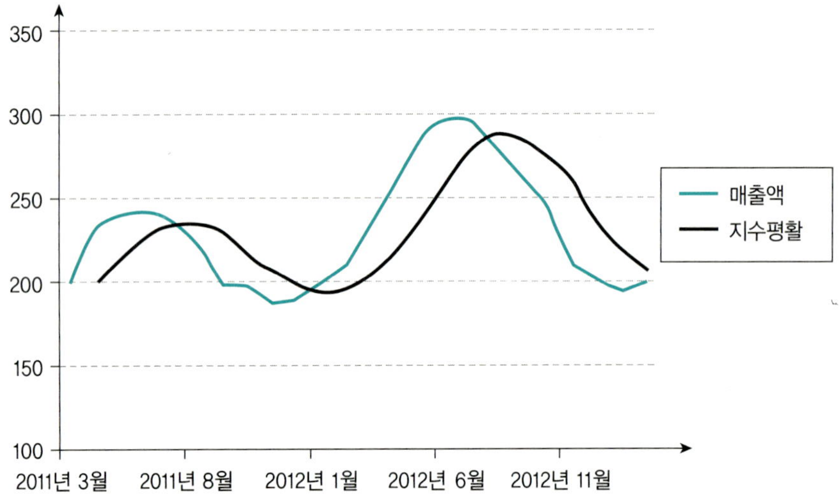

(6) 계절효과를 반영한 시계열 예측

이번에는 계절적 효과를 반영한 시계열 예측을 수행해 보자. Chap사는 매출액의 변화 추이에 계절적 영향이 있다고 가정하고 과거 데이터를 이용해 계절적 영향을 반영한 매출액 변화 예측을 하려 한다. 예측에 앞서 Chap사의 시계열 데이터가 어떻게 이루어져 있는지 알 필요가 있다. 시계열 데이터는 다음과 같은 식으로 표현할 수 있다.

$$Y=T+S+R$$

단, Y는 시계열 데이터를 뜻한다. 여기서 T는 추세(trend)로 [데이터 분석] 기능의 회귀분석이나 [분산형 차트]에서 추세선 추가를 통해 식을 도출할 수 있다. S는 계절적 효과(seasonal effect)를 의미하며 R은 잔차(residual)로 실제 데이터와 회귀값의 오차를 의미한다. 이 오차는 단순한 노이즈일 수도 있으며 우리에게 알려지지 않은 어떤 요인의 반영치일 수도 있다.

미래의 Y값을 추정하기 위해서 먼저 T, 즉 회귀분석을 통해 시계열 데이터의 추세를 파악한다.

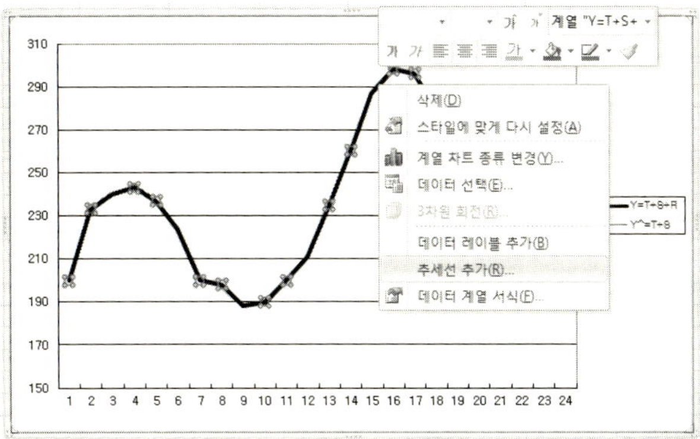

1단계: Chap사의 매출액 데이터를 이용해서 [삽입] 탭에서 꺾은선형 차트를 생성한다.

2단계: 차트의 선을 선택하고 마우스 오른쪽을 클릭한 후 [추세선 추가]를 클릭하면 [추세선 서식]이라는 창이 생성된다.

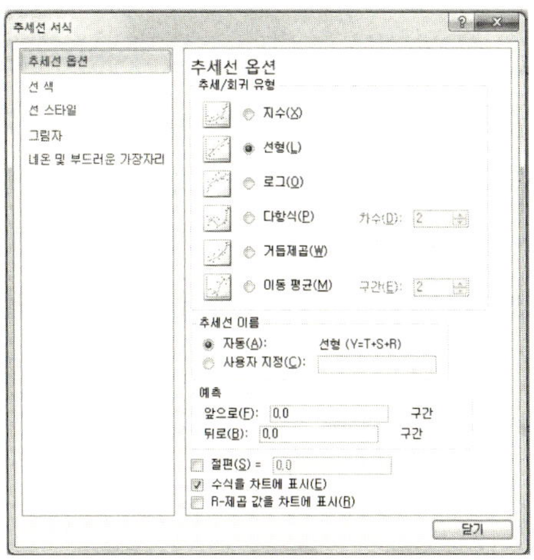

	D	E	F	G	
:	T	S+R=Y-T	S	R	Y^=T·
0	221.777	-21.777	=AVERAGE(E2:E4,E14:E16)		
3	222.554	10.446			
0	223.331	16.669			
3	224.108	18.892			
7	224.885	12.115			
4	225.662	-1.662			
0	226.439	-26.439			
8	227.216	-29.216			
8	227.993	-39.993			
0	228.77	-38.77			
0	229.547	-29.547			
1	230.324	-19.324			
5	231.101	3.899			
0	231.878	28.122			
7	232.655	54.345			

위의 화면은 Average함수를 사용할 때 계산할 셀을 선택한 후 [F4]키를 누르지 않은 경우이다.

	D	E	F	G	
S+R	T	S+R=Y-T	S	R	Y^=T·
200	221.777	-21.777	15.284		
233	222.554	10.446	=AVERAGE(E3:E5,E15:E17)		
240	223.331	16.669			
243	224.108	18.892			
237	224.885	12.115			
224	225.662	-1.662			
200	226.439	-26.439			
198	227.216	-29.216			
188	227.993	-39.993			
190	228.77	-38.77			
200	229.547	-29.547			
211	230.324	-19.324			
235	231.101	3.899			
260	231.878	28.122			
287	232.655	54.345			
298	233.432	64.568			

위와 같이 E2셀의 값을 복사하여 E3셀에 붙여넣을 경우 Average함수의 선택 값이 E2셀에서 E4셀까지와 E14셀에서 E16셀이 아닌 E3셀에서 E5셀까지와 E15셀에서 E17셀까지인 것을 확인할 수 있다.

결과값도 E2셀과 E3셀은 같은 계절이므로 같아야 하지만 셀이 고정되지 않아 E2셀은 약 15.3이지만 E3셀은 약 32.2로 다르다.

	E	F	G	H
	S+R=Y-T	S	R	Y^=T+S
.777	-21.777	=AVERAGE($E$2:$E$4,$E$14:$E$16)		
.554	10.446			
.331	16.669			
.108	18.892			
.885	12.115			
.662	-1.662			
.439	-26.439			
.216	-29.216			
.993	-39.993			
3.77	-38.77			
.547	-29.547			
.324	-19.324			
.101	3.899			
.878	28.122			
.655	54.345			

위의 화면은 Average함수를 사용할 때 계산할 셀을 선택한 후 [F4]키를 사용하여 선택 셀을 고정한 경우이다.

	E	F	G	H
	S+R=Y-T	S	R	Y^=T+S
.777	-21.777	15.284		
.554	10.446	=AVERAGE($E$2:$E$4,$E$14:$E$16)		
.331	16.669			
.108	18.892			
.885	12.115			
.662	-1.662			
.439	-26.439			
.216	-29.216			
.993	-39.993			
3.77	-38.77			
.547	-29.547			
.324	-19.324			
.101	3.899			
.878	28.122			
.655	54.345			

10단계: E2셀의 값을 복사하여 E3셀에 붙여넣을 경우 Average함수의 선택값이 고정되어 두 셀 모두 E2셀에서 E4셀까지와 E14셀에서 E16셀이 선택되는 것을 확인할 수 있다. 결과값 또한 약 15.3으로 두 셀 모두 동일하다.

	A	B	C	D	E	F	G
1	Time	시간	Y=T+S+R	T	S+R=Y-T	S	R
2	11년3월	1	200	221.777	-21.777	15.284	
3	11년4월	2	233	222.554	10.446	15.284	
4	11년5월	3	240	223.331	16.669	15.284	
5	11년6월	4	243	224.108	18.892	33.453	
6	11년7월	5	237	224.885	12.115	33.453	
7	11년8월	6	224	225.662	-1.662	33.453	
8	11년9월	7	200	226.439	-26.439	-13.878	
9	11년10월	8	198	227.216	-29.216	-13.878	
10	11년11월	9	188	227.993	-39.993	-13.878	
11	11년12월	10	190	228.77	-38.77	-34.8757	
12	12년1월	11	200	229.547	-29.547	-34.8757	
13	12년2월	12	211	230.324	-19.324	-34.8757	
14	12년3월	13	235	231.101	3.899	15.284	
15	12년4월	14	260	231.878	28.122	15.284	
16	12년5월	15	287	232.655	54.345	15.284	
17	12년6월	16	298	233.432	64.568	33.453	
18	12년7월	17	296	234.209	61.791	33.453	
19	12년8월	18	280	234.986	45.014	33.453	
20	12년9월	19	265	235.763	29.237	-13.878	
21	12년10월	20	246	236.54	9.46	-13.878	
22	12년11월	21	211	237.317	-26.317	-13.878	
23	12년12월	22	200	238.094	-38.094	-34.8757	
24	13년1월	23	195	238.871	-43.871	-34.8757	
25	13년2월	24	200	239.648	-39.648	-34.8757	

11단계: 여름과 가을, 그리고 겨울의 시계열 데이터도 동일한 방식으로 해당 계절의 $S+R$값을 평균하면 S의 값을 구할 수 있다.

D	E	F	G
T	S+R=Y-T	S	R
221.777	-21.777	15.284	=E2-F2
222.554	10.446	15.284	
223.331	16.669	15.284	
224.108	18.892	33.453	
224.885	12.115	33.453	
225.662	-1.662	33.453	
226.439	-26.439	-13.878	
227.216	-29.216	-13.878	
227.993	-39.993	-13.878	
228.77	-38.77	-34.8757	
229.547	-29.547	-34.8757	
230.324	-19.324	-34.8757	
231.101	3.899	15.284	

12단계: 잔차인 R값은 $S+R$값에서 S값을 빼줌으로써 구할 수 있다.

13단계: G2셀에 [=E2−F2] 식을 입력하면 잔차 R의 값을 구할 수 있다.

E	F	G	H
S+R=Y-T	S	R	Y^=T+S
-21.777	15.284	-37.061	=D2+F2
10.446	15.284	-4.838	
16.669	15.284	1.385	
18.892	33.453	-14.561	
12.115	33.453	-21.338	
-1.662	33.453	-35.115	
-26.439	-13.878	-12.561	
-29.216	-13.878	-15.338	
-39.993	-13.878	-26.115	
-38.77	-34.8757	-3.89433	
-29.547	-34.8757	5.328667	
-19.324	-34.8757	15.55167	
3.899	15.284	-11.385	

14단계: 예측값을 의미하는 $\hat{Y}$값은 앞서 구했던 T값과 S값을 이용해 $\hat{T}$값과 $\hat{S}$값을 더해줌으로써 구할 수 있다.

15단계: H2셀에 [=D2+F2] 식을 입력하면 예측값 $\hat{Y}$을 구할 수 있다.

예측값 $\hat{Y}$를 구하는 식은 다음과 같다.

$$\hat{Y} = \hat{T} + \hat{S}$$

여기서 $\hat{R}$값을 제외하는 이유는 $\hat{R}$값이 0이기 때문이다. 다음의 차트는 우리가 구한 Y값, $\hat{Y}$값, T값을 차트로 표현한 것이다. 연한 색선은 시계열 데이터 값이고 검은

그림 4-14 계절효과를 반영한 예측 결과

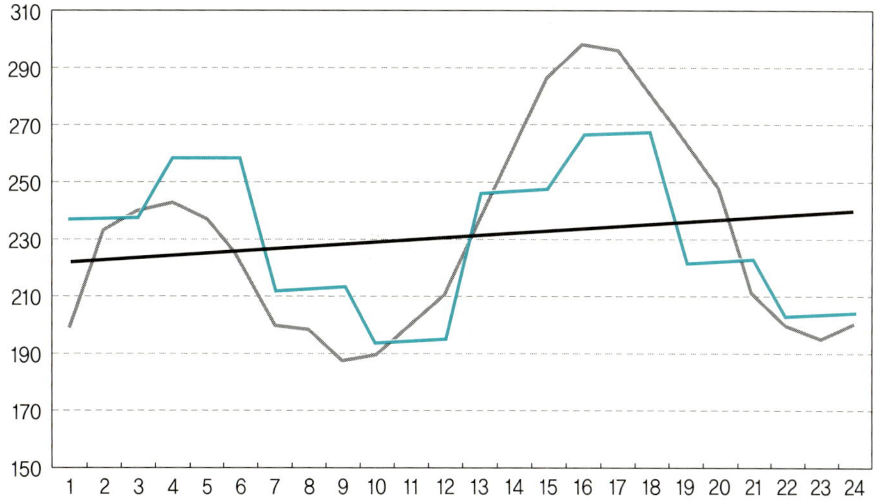

은 T값, 즉 추세선이다. 그리고 진한 색선이 바로 우리가 구하고자 하는 $\hat{Y}$값이다.

우리가 지금까지 수행한 것은 예측을 위한 것이므로 우리가 구한 값들을 토대로 13년 11월의 $\hat{Y}$값을 예측해 보자. 먼저 $\hat{T}$값을 구하는 것으로 시작하자.

24	13년1월	23	195	238.871
25	13년2월	24	200	239.648
26	13년3월	25		240.425
27	13년4월	26		241.202
28	13년5월	27		241.979
29	13년6월	28		242.756
30	13년7월	29		243.533
31	13년8월	30		244.31
32	13년9월	31		245.087
33	13년10월	32		245.864
34	13년11월	33		246.641
35				
36				
37				
38				

1단계: $\hat{T}$값은 추세이기 때문에 단순히 앞서 구했던 값과 동일한 방식으로 구하면 된다.

2단계: 간단하게 D25셀의 우측 하단을 잡아 드래그한다.

다음으로 계절적 영향인 $\hat{S}$값을 구해야 한다. 이 또한 단순 계절의 반복이기 때문에 이전에 구했던 S값들 중 3월부터 11월까지의 값을 복사하여 붙여넣기만 하면 된다.

21	12년10월	20	246	236.54	9.46	-13.878
22	12년11월	21	211	237.317	-26.317	-13.878
23	12년12월	22	200	238.094	-38.094	-34.8757
24	13년1월	23	195	238.871	-43.871	-34.8757
25	13년2월	24	200	239.648	-39.648	-34.8757
26	13년3월	25		240.425		15.284
27	13년4월	26		241.202		15.284
28	13년5월	27		241.979		15.284
29	13년6월	28		242.756		33.453
30	13년7월	29		243.533		33.453
31	13년8월	30		244.31		33.453
32	13년9월	31		245.087		-13.878
33	13년10월	32		245.864		-13.878
34	13년11월	33		246.641		-13.878
35						
36						
37						
38						
39						
40						

단순회귀(1) 단순회귀(2) 다중회귀 이동평균법 시계열예측(1) 지수평

대상을 선택한 다음 <Enter> 키를 누르거나 [붙여넣기]를 선택합니다.

3단계: F2셀부터 F10셀까지의 값을 복사한 후 F26셀에 붙여넣기를 한다.

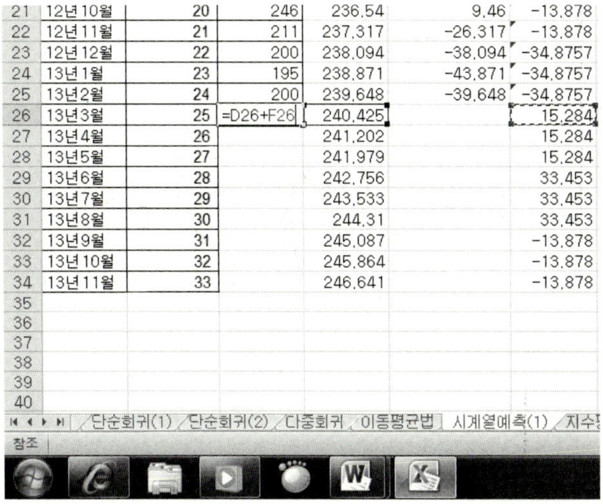

21	12년 10월	20	246	236.54	9.46	-13.878
22	12년 11월	21	211	237.317	-26.317	-13.878
23	12년 12월	22	200	238.094	-38.094	-34.8757
24	13년 1월	23	195	238.871	-43.871	-34.8757
25	13년 2월	24	200	239.648	-39.648	-34.8757
26	13년 3월	25	=D26+F26	240.425		15.284
27	13년 4월	26		241.202		15.284
28	13년 5월	27		241.979		15.284
29	13년 6월	28		242.756		33.453
30	13년 7월	29		243.533		33.453
31	13년 8월	30		244.31		33.453
32	13년 9월	31		245.087		-13.878
33	13년 10월	32		245.864		-13.878
34	13년 11월	33		246.641		-13.878

4단계: $\hat{Y}$값은 $\hat{T}$값과 $\hat{S}$값을 더해서 도출할 수 있다.

5단계: C26셀에 [=D26+F26] 식을 입력한다.

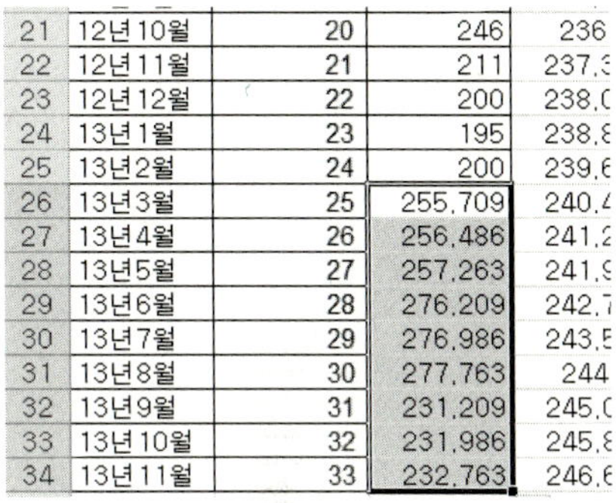

21	12년 10월	20	246	236
22	12년 11월	21	211	237.3
23	12년 12월	22	200	238.0
24	13년 1월	23	195	238.8
25	13년 2월	24	200	239.6
26	13년 3월	25	255.709	240.4
27	13년 4월	26	256.486	241.2
28	13년 5월	27	257.263	241.9
29	13년 6월	28	276.209	242.7
30	13년 7월	29	276.986	243.5
31	13년 8월	30	277.763	244
32	13년 9월	31	231.209	245.0
33	13년 10월	32	231.986	245.8
34	13년 11월	33	232.763	246.6

6단계: C26셀을 선택하고 아래로 드래그한다.

7단계: 계절적 영향을 고려한 시계열 예측의 결과 13년 11월의 예상 매출액은 약 232.8이다.

시계열 데이터의 변동은 추세와 계절적 영향, 그리고 잔차들의 합이나 곱으로 계산한다. 우리가 앞서 실행해 보았던 모형은 추세, 계절적 영향, 잔차, 이 3가지 요소의 합으로써 시계열 예측을 한 것으로 이를 '가법모형(additive model)'이라고 한다. 반면 시계열 데이터들을 추세, 계절적 영향, 잔차들의 곱으로 계산한 모델을 '승법모형

(multiplicative model)'이라고 한다.

$$\hat{Y} = \hat{T} * \hat{S} * \hat{R}$$

승법모형을 사용하는 방법은 가법모형과 매우 흡사하다. 추세를 의미하는 T값을 구하는 방법은 가법모형과 동일하다. 시계열 데이터들의 추세선과 추세식을 구한 뒤 추세식을 이용해 T값들을 구한다.

	A	B	C	D	E
1	Time	시간	Y=T*S*R	T	S*R=Y/T
2	11년3월	1	200	221.777	=C2/D2
3	11년4월	2	233	222.554	
4	11년5월	3	240	223.331	
5	11년6월	4	243	224.108	
6	11년7월	5	237	224.885	
7	11년8월	6	224	225.662	
8	11년9월	7	200	226.439	
9	11년10월	8	198	227.216	
10	11년11월	9	188	227.993	
11	11년12월	10	190	228.77	
12	12년1월	11	200	229.547	
13	12년2월	12	211	230.324	
14	12년3월	13	235	231.101	
15	12년4월	14	260	231.878	
16	12년5월	15	287	232.655	
17	12년6월	16	298	233.432	

1단계: 가법모형에서는 T값을 구한 뒤 $S+R$값을 구했지만 승법모형에서는 S값과 R값의 합이 아닌 $S*R$값을 구해야 한다. 위에서 볼 수 있듯이 $Y=T*S*R$이기 때문이다.

2단계: $S*R$값은 Y/T값과 동일하다. 따라서 E2셀에 [=C2/D2] 식을 입력한다.

D	E	F	G	H
T	S*R=Y/T	S	R	Y^=T*S
221.777	0.901807	=AVERAGE($E$2:$E$4,$E$14:$E$16)		
222.554	1.046937			
223.331	1.074638			
224.108	1.084299			
224.885	1.053872			
225.662	0.992635			
226.439	0.88324			
227.216	0.871418			
227.993	0.824587			
228.77	0.830528			
229.547	0.871281			
230.324	0.916101			
231.101	1.016871			
231.878	1.121279			
232.655	1.233586			
233.432	1.276603			

3단계: 드래그를 하여 E열의 다른 셀에도 $S*R$값을 입력한 후 계절적 영향인 S값을 구한다.

4단계: S값은 가법모형에서 했던 방식과 동일하게 특정 계절에 일어난 시계열 데이터들의 $S*R$값 평균을 구하면 된다.

5단계: F2셀에 Average함수를 이용하여 봄에 해당하는 E2~E4셀과 E14~E16셀을 선택한 후 [F4]키로 고정한다.

동일한 방식으로 여름에 해당하는 $S*R$값들의 평균, 가을에 해당하는 $S*R$값들의 평균, 겨울에 해당하는 $S*R$값들의 평균으로 S값을 구한다. 여기서 다시 한 번 주의할 것은 특정 계절의 $S*R$값들의 평균을 구할 때 $S*R$값들을 선택하고 [F4]키를 눌러야 한다는 것이다. [F4]키를 눌러야 선택 값들이 고정되어 다른 셀에 붙여넣기를 해도 값이 변하지 않기 때문이다.

D	E	F	G
T	S+R=Y-T	S	R
221.777	-21.777	15.284	=E2-F2
222.554	10.446	15.284	
223.331	16.669	15.284	
224.108	18.892	33.453	
224.885	12.115	33.453	
225.662	-1.662	33.453	
226.439	-26.439	-13.878	
227.216	-29.216	-13.878	
227.993	-39.993	-13.878	
228.77	-38.77	-34.8757	
229.547	-29.547	-34.8757	
230.324	-19.324	-34.8757	
231.101	3.899	15.284	

6단계: 잔차인 R값은 $S*R$값에서 S값을 나누어서 구한다.

7단계: G2셀에 [=E2/F2] 식을 입력한다.

8단계: G2셀을 선택한 후 아래로 드래그한다.

C	D	E	F	G	H
Y=T*S*R	T	S*R=Y/T	S	R	Y^=T*S
200	221.777	0.901807	1.065853	0.846089	=D2*F2
233	222.554	1.046937	1.065853	0.982253	
240	223.331	1.074638	1.065853	1.008242	
243	224.108	1.084299	1.1438	0.94798	
237	224.885	1.053872	1.1438	0.921378	
224	225.662	0.992635	1.1438	0.86784	
200	226.439	0.88324	0.938726	0.940893	
198	227.216	0.871418	0.938726	0.928298	
188	227.993	0.824587	0.938726	0.878411	
190	228.77	0.830528	0.851469	0.975407	
200	229.547	0.871281	0.851469	1.023269	
211	230.324	0.916101	0.851469	1.075907	
235	231.101	1.016871	1.065853	0.954045	
260	231.878	1.121279	1.065853	1.052002	
287	232.655	1.233586	1.065853	1.15737	
298	233.432	1.276603	1.1438	1.116107	
296	234.209	1.263828	1.1438	1.104939	
280	234.986	1.19156	1.1438	1.041756	

9단계: 마지막으로 예측값 $\hat{Y}$는 앞서 구했던 T값과 S값을 이용해 $\hat{T}$값과 $\hat{S}$값을 곱해 줌으로써 구할 수 있다. 이를 위해 H2셀에 [=D2 * F2] 식을 입력한다.

10단계: H2셀을 선택한 후 아래로 드래그한다.

여기서 $\hat{R}$값을 제외하는 이유는 가법모형과 비슷하다. 가법모형에서는 $\hat{R}$값이 0이었기 때문에 $\hat{Y}$값을 구할 때 제외되었지만 승법모형에서는 $\hat{R}$값이 1이 된다. 승법모형에서의 예상 매출액을 구하는 방법도 가법모형과 동일하다. $\hat{T}$값은 추세선의 연속이기 때문에 T값이 입력된 열의 마지막 셀을 선택한 후 아래로 드래그하면 시간의 흐름에 따른 T값의 변화가 입력된다. $\hat{S}$값은 계절적 영향의 반복이기 때문에 Average함수로 이미 구한 S값을 복사하여 붙여넣기를 하면 된다. $\hat{Y}$값은 $\hat{T}$값과 $\hat{S}$값의 곱으로 계산된다. 여기서 $\hat{R}$값이 제외되는 이유는 앞서 말했듯이 승법모형에서는 $\hat{R}$값이 1이기 때문이다.

연습문제

1. 특정 기업의 월 매출액 데이터 셋을 찾아서 예측을 수행해 보시오.
2. 경영과학 서적에서 선형계획법(LP) 예제를 찾아 최적화를 수행해 보시오.

3 최적화

최적화(optimization)란 무슨 뜻일까? 최적화(最適化)의 한자를 해석해 보면 '가장 알맞은 상태로 바꾸다'가 된다. 이를 경영학적인 의미로 다시 풀이하자면 '가장 바람직한 상태로 바꾸다'가 될 것이다. 경영학이나 경제학에서 가장 바람직한 상태라는 의미는 주로 효율성과 효과성, 또는 비용의 최소화나 수익의 최대화일 것이다.

(1) 생산최적화

생산최적화란 기업에서 제품을 생산할 때 한정된 자원(공간, 인건비, 재료 제약 등)에서 최대 이익을 만들거나 주어진 요구사항(품질, 납품일 및 납품수량 등)을 맞추면서 비용을 최소화하기 위해 사용하는 기법이다. 예를 들어 Stain사는 나이프와 포크를 만들어 납품하는 기업이라고 하자. Stain사가 나이프와 포크를 만들기 위해서는 모양을 찍어내는 프레스 공정과 광택을 내는 광택 공정이 필요하다. 한 단위의 나이프를 만들기 위해서는 12분의 프레스 공정과 30분의 광택 공정시간이 필요하며 한 단위의 포크를 만들기 위해서는 24분의 프레스 공정과 15분의 광택 공정시간이 필요하다. 조업이 가능한 시간은 프레스 공정이 70시간, 그리고 광택 공정이 100시간이다. 나이프의 단위당 이익이 8,000원이고 포크의 단위당 이익이 6,000원일 경우 제한된 공정시간을 이용해 최대의 이익을 도출해 내기 위해서는 어떻게 해야 하는가?

생산최적화 문제를 풀기 위해서는 먼저 목적함수(objective function)와 제약식(constraints)을 찾아내야 한다. 목적함수란 최적화 문제에서 최소 또는 최대가 되게 하려는 함수이다. 나이프의 생산단위 수를 X_1이라 하고 포크의 생산단위 수를 X_2라고 한다면 위의 예제에서 목적함수는 다음과 같다.

$$Max 8000X_1 + 6000X_2$$

제약식이란 최적화 문제에서 제한이 되는 조건을 표현한 식이다. 예제에서는 프레스 공정시간과 광택 공정시간이 각각 70시간과 100시간으로 제한되므로 예제의 제약식을 표현해 보면 다음과 같다.

$$0.2X_1 + 0.4X_2 \leq 70$$
$$0.5X_1 + 0.25X_2 \leq 100$$

최적화 문제에 필요한 목적함수와 제약식을 모두 구했으니 이를 최적화 문제에 적합하게 정리해 보면 다음과 같다.

$$\begin{aligned} & Max 8000X_1 + 6000X_2 \\ s.t.\quad & 0.2X_1 + 0.4X_2 \leq 70 \\ & 0.5X_1 + 0.25X_2 \leq 100 \\ & \forall\, i,j X_{ij} \geq 0 \end{aligned}$$

목적함수와 제약식을 구했으므로 본격적으로 엑셀을 이용한 생산최적화를 실행해 보자.

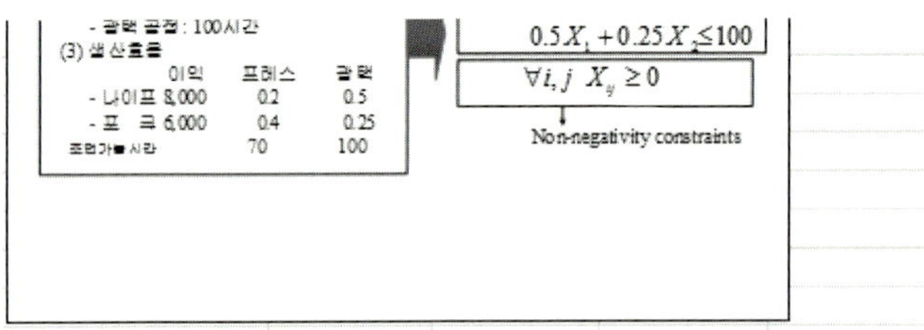

목적함수	X1	X2		
X	0	0		
Unit Price	8000	6000		Total Profit:
제약식			Used	Available
1				
2				

1단계: 나이프의 단위당 가격은 8,000원이고 포크의 단위당 가격은 6,000원이므로 C24셀에는 나이프의 단위당 가격인 8000을, D24셀에는 포크의 단위당 가격인 6000을 입력한다.

2단계: C23셀과 D23셀은 최적화된 나이프와 포크의 생산단위가 들어갈 자리이므로 빈 셀로 남겨둔다.

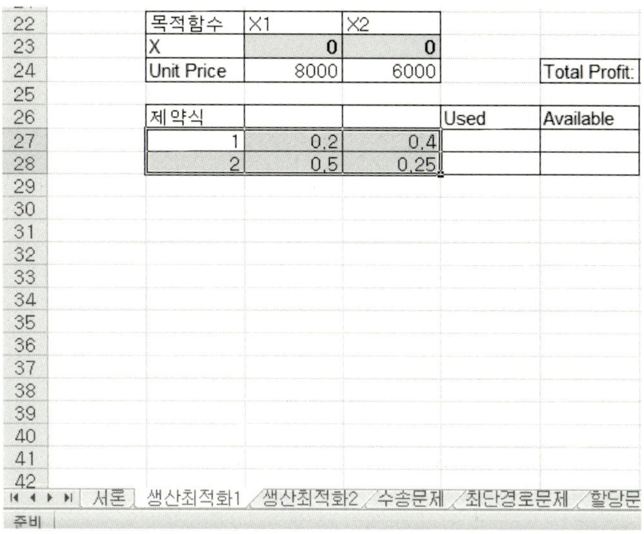

3단계: 1번 제약식은 프레스 공정시간을 의미하는 제약식이므로 C27셀과 D27셀에 각각 12분과 24분을 의미하는 0.2와 0.4를 입력한다.

4단계: 마찬가지로 2번 제약식은 광택 공정시간을 의미하므로 C28셀과 D28셀에 각각 0.5와 0.25를 입력한다.

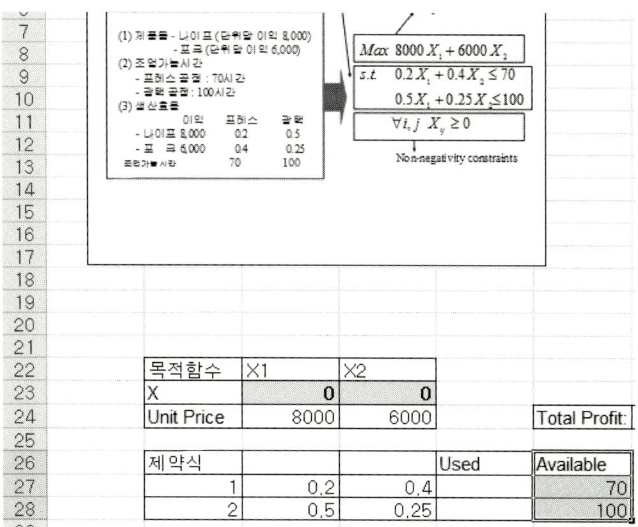

5단계: 조업 가능시간은 프레스 공정과 광택 공정이 각각 70시간, 100시간이므로 F27셀에 70, F28셀에 100을 입력한다.

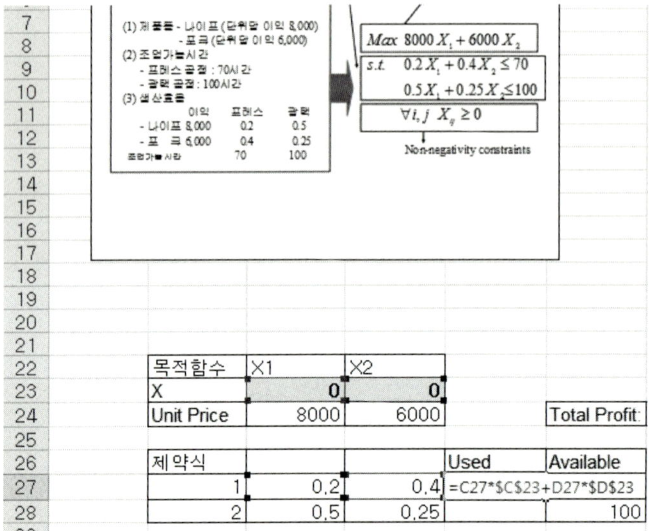

6단계: 실제 조업시간은 나이프와 포크의 생산 개수와 조업시간의 곱으로 구할 수 있다. 따라서 프레스 공정의 실제 조업시간은 E27셀에 [=C27 * $C$23 + D27 * $D$23] 식을 입력하면 된다.

7단계: 아직 나이프와 포크의 생산 개수, 즉 C23셀과 D23셀이 0이므로 결과값은 0이 출력된다.

8단계: 광택 공정의 실제 조업시간은 E27셀에 입력한 식을 복사하여 E28셀에 붙여넣기를 하면 자동적으로 [=C28 * $C$23 + D28 * $D$23] 식이 입력되므로 비교적 간단하게 구할 수 있다. C23셀과 D23셀은 변하지 않고 C27셀과 D27셀만 C28셀과 D28셀로 변화한 이유는 E27셀에 식을 입력할 때 나이프와 포크의 생산 개수를 입력하는 C23셀과 D23셀을 [F4]키로 고정했기 때문이다.

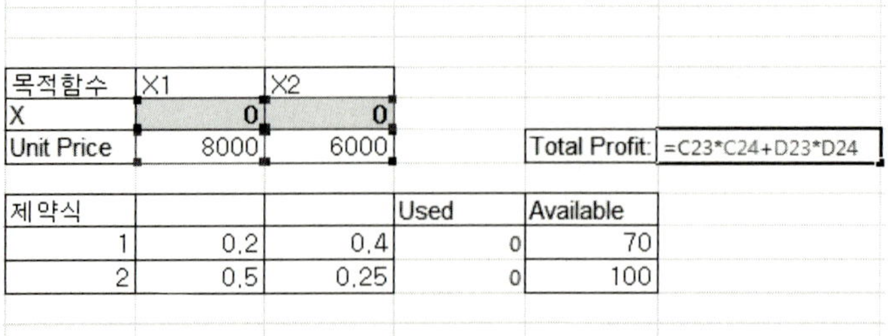

9단계: 우리가 궁극적으로 구하고자 하는 값은 나이프와 포크의 생산량과 각각의 단위당 가격을 곱한 값이다. 따라서 그 값은 G24셀에 [=C23 * C24 + D23 * D24] 식을 입력하면 된다. 실제 조업시간을 구했을 때처럼 아직 나이프와 포크의 생산량이 0이기 때문에 총 이익도 0으로 출력된다.

앞서 우리는 실제 조업시간과 총 이익을 일일이 계산하여 구하는 방식을 사용했지만 엑셀에서 제공하는 함수를 이용하면 더 손쉽게 값을 구할 수 있다. Sumproduct라는 함수는 동일한 개수의 행이나 열의 값들을 각각 대응하는 값들끼리 곱한 다음 그 곱한 값을 더해 주는 함수이다.

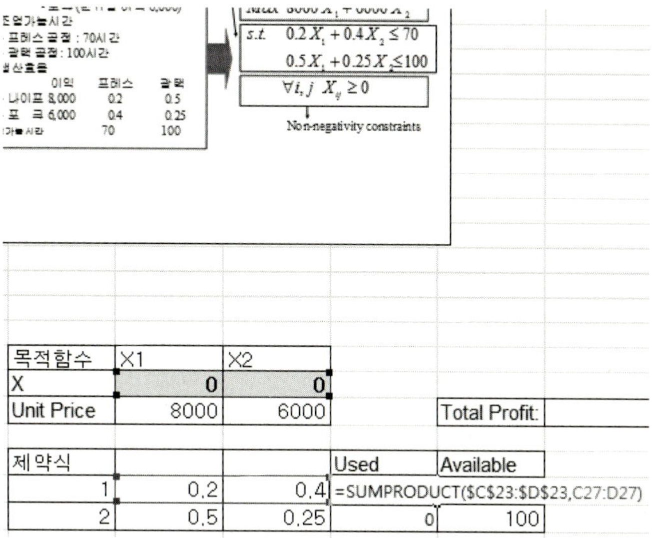

1단계: 프레스 공정의 실제 조업시간을 계산할 때 E27셀에 Sumproduct함수를 이용하여 [=SUMPRODUCT($C$23:$D$23,C27:D27)] 식을 입력한다.

2단계: 광택 공정의 실제 조업시간과 총 이익의 계산도 동일한 방법으로 Sumproduct 함수를 이용하면 쉽게 결과값을 얻을 수 있다.

다음으로 할 일은 [해 찾기] 기능을 통하여 우리가 구하려는 값을 찾는 것이다.

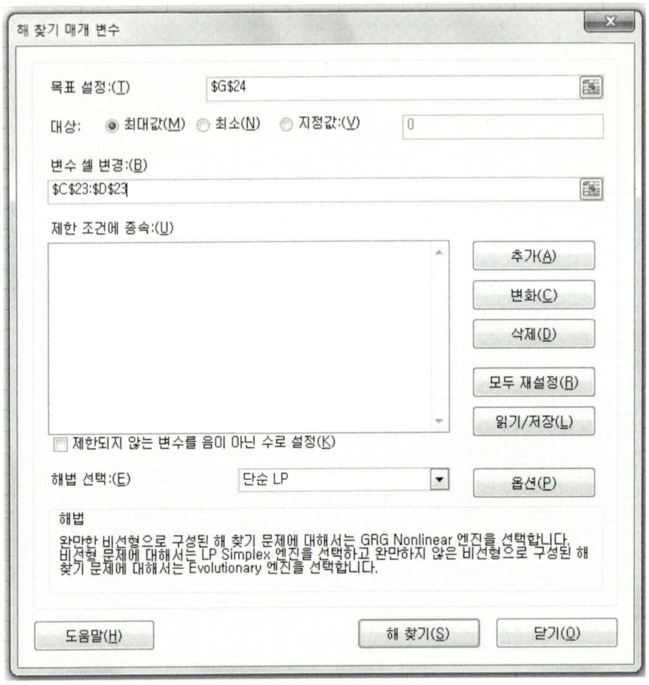

1단계: [데이터] 탭의 우측을 보면 우리가 예측에 사용했던 [데이터 분석] 아래에 [해 찾기] 기능이 있다. 이 버튼을 클릭하면 [해 찾기 매개 변수]라는 창이 생성된다.

2단계: [목표 설정]은 우리가 찾으려는 목적함수의 값으로 나이프와 포크의 생산량과 단위당 가격의 곱을 의미하는 G24셀을 선택한다. [대상]은 우리가 찾으려는 목적함수의 조건을 설정하는 곳으로 예제에서 우리가 찾으려는 값은 최대 총 이익이므로 [최대값]을 선택한다. [변수 셀 변경]은 독립변수가 들어갈 자리로 예제에서는 나이프와 포크의 생산량인 X_1과 X_2를 의미하므로 C23셀과 D23셀을 드래그하여 선택한다. [제한 조건에 종속]은 제약식을 의미하는 곳이다.

3단계: 제한 조건에서는 한 번에 하나의 제약식만 추가할 수 있기 때문에 제약식이 여러 개인 경우 제약식의 개수만큼 제약식을 추가해야 한다. [추가] 버튼을 누르면 [제한 조건 추가] 창이 생성된다.

4단계: [셀 참조]는 제약식의 좌변을 의미하고 [제한 조건]은 우변을 의미한다. 따라서 [셀 참조 영역]에는 실제 조업시간이 입력된 셀을 선택하고 [제한 조건]에는 조업 가능시간이 입력된 셀을 선택한다.

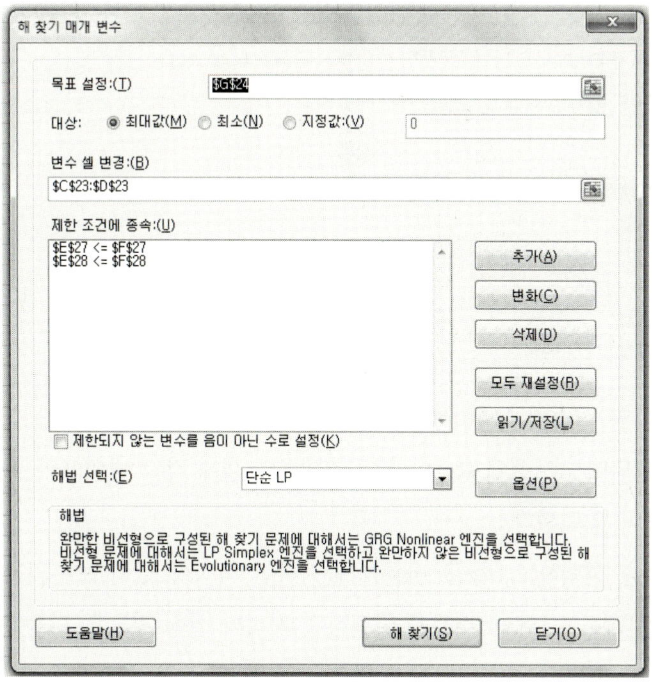

5단계: 먼저 프레스 공정의 제약식을 입력하려면 [셀 참조]에 E27셀을 선택하고 [제한 조건]에 F27셀을 선택한다. 조업 가능시간이 실제 조업시간보다 크거나 같아야 하기 때문에 [셀 참조]와 [제한 조건] 사이에 있는 조건부등식은 [≤]로 선택한다.

6단계: [제한 조건 추가] 창에서 [확인] 버튼을 누르면 [제한 조건에 종속] 칸에 제약식이 하나 추가된 것을 확인할 수 있다.

7단계: 광택 공정의 제약식도 프레스 공정의 제약식을 추가한 방법과 동일한 방법으로 제약식을 추가할 수 있다.

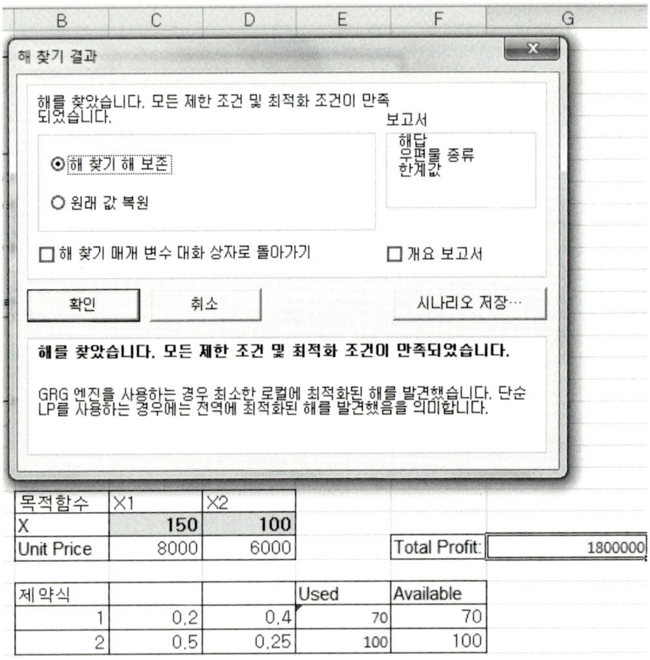

8단계: 목적함수와 제약식의 설정이 모두 끝난 다음 [해 찾기] 버튼을 누르면 [해 찾기 결과] 창이 생성되며 G24셀에 총 이익과 C23과 D23셀에 각각 나이프와 포크의 최적 생산량이 입력된다.

9단계: [해 찾기 해 보존]을 선택하고 [확인] 버튼을 클릭하면 최적화 값이 보존되고 [원래 값 복원]을 선택하고 [확인] 버튼을 클릭하면 최적화 실행 전으로 되돌아간다.

(2) 수송최적화

수송최적화의 예는 기업이 제품을 생산하고 그 제품을 각 지역으로 수송할 때 최소의 비용으로 수송하는 방법을 구하는 것이다. 언뜻 보기에는 생산최적화 문제보다 복잡해 보이지만 수송최적화 문제는 공급처의 최대 가능 수송량과 수요처의 최소 요구량, 그리고 임의의 공급처-수요처 사이의 단위당 수송비용, 이 세 가지만 알면 해결할 수 있기 때문에 그리 어렵지 않다. 다음 예제는 한 기업이 두 지역에서 만든 물건들을 서로 다른 세 지역으로 배송하는 비용을 최소화하려는 수송최적화 문제이다.

그림 4-15 수송 문제

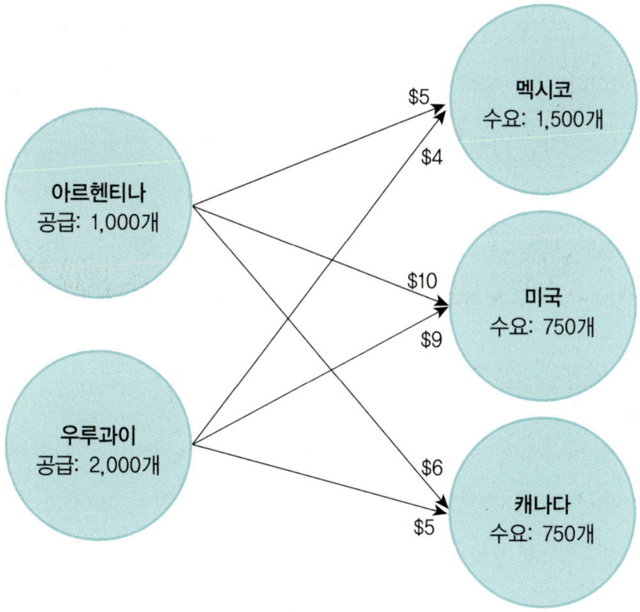

기업은 아르헨티나와 우루과이에 있는 두 공급처에서 각각 멕시코, 미국, 캐나다로 제품을 수송하려고 한다. 아르헨티나에서 생산된 제품은 1,000개이고 우루과이에서 생산된 제품은 2,000개이다. 이것은 곧 최대 공급 가능량이기도 하다. 그리고 멕시코와 미국, 캐나다로 배송되어야 하는 제품은 각각 최소 1,500개, 750개, 750개이다. 그리고 아르헨티나에서 멕시코로 수송하는 단위당 비용은 5달러, 미국으로 수송하는 비용은 10달러, 캐나다로의 비용은 6달러이다. 반면 우루과이에서 각 나라로 수송하는 단위당 비용은 각각 4, 9, 5달러이다. 예제의 조건을 모두 알았으니 앞서 생산최적화 문제에서 그랬듯이 목적함수와 제약식을 구해 보자.

수송최적화 문제의 독립변수를 X_{ij}라고 설정하자. i는 제품이 생산된 곳으로, 생산지는 아르헨티나와 우루과이, 두 곳이므로 i에 들어갈 수 있는 수는 1과 2이다. j는 제품이 수송될 목적지로 멕시코, 미국, 캐나다, 세 곳이 있다. 그러므로 j에 들어갈 수 있는 수는 1, 2, 3이다.

우리의 목적은 수송비용의 최소화이다. 그러므로 목적함수는 수송량과 수송비용을 곱한 값이 된다. 아르헨티나에서 멕시코로 수송되는 제품의 수량을 X_{11}, 아르헨티나에서 미국으로 수송되는 제품의 수량을 X_{12}, 그리고 아르헨티나에서 캐나다로 수송되는 제품의 수량을 X_{13}이라고 정하자. 마찬가지로 우루과이에서 각 나라로 배송되는 제품의 수량을 각각 X_{21}, X_{22}, X_{23}이라고 정하자. 아르헨티나에서 멕시코로 제품을 수송하는 단위당 비용은 5달러이므로 아르헨티나에서 멕시코로 제품을 수송하는 비용은 $5X_{11}$이다. 마찬가지로 아르헨티나에서 미국과 캐나다로 제품을 수송하는 데 드는 단위당 비용은 각각 10달러와 6달러이므로 각 나라로 제품을 수송하는 비용은 각각 $10X_{12}$와 $6X_{13}$이다. 우루과이에서 각 나라로 제품을 수송하는 비용은 각각 $4X_{21}$, $9X_{22}$, $5X_{23}$이다. 이 목적함수를 식으로 나타내면 다음과 같다.

$$Min 5X_{11} + 10X_{12} + 6X_{13} + 4X_{21} + 9X_{22} + 5X_{23}$$

수송최적화 문제에서 제약식은 배송하는 수량과 배송받는 수량이다. 아르헨티나에서 생산한 제품의 수량은 1,000개이므로 X_{11}과 X_{12}, X_{13}의 합은 1000과 동일해야 한다. 우루과이에서 생산한 제품의 수량은 2,000개이므로 X_{21}과 X_{22}, X_{23}의 합은 2000과 동일해야 한다. 멕시코로 수송되어야 할 제품의 수량은 1,500개이므로 X_{11}과 X_{21}의 합은 1500이어야 한다. 미국과 캐나다로 수송되어야 할 수량은 각각 750개이므로 X_{12}와 X_{22}, 그리고 X_{13}과 X_{23}의 합은 각각 750이 되어야 한다. 예제의 목적함수와 제약식을 정리하면 다음과 같다.

$$\begin{aligned}
&Min 5X_{11} + 10X_{12} + 6X_{13} + 4X_{21} + 9X_{22} + 5X_{23} \\
&s.t.\quad X_{11} + X_{12} + X_{13} = 1000 \\
&\qquad X_{21} + X_{22} + X_{23} = 2000 \\
&\qquad X_{11} + X_{21} = 1500 \\
&\qquad X_{12} + X_{22} = 750 \\
&\qquad X_{13} + X_{23} = 750 \\
&\qquad \forall i,j\ X_{ij} \geq 0
\end{aligned}$$

X11	X12	X13	X21	X22	X23		
						TC	0
5	10	6	4	9	5		

1단계: 수송최적화를 엑셀에서 실행하는 방법도 생산최적화 문제와 흡사하다. C22셀부터 H22셀까지는 우리가 구하고자 하는 각 나라로의 수송량이므로 빈칸으로 유지한다. C23부터 H23셀까지는 단위당 수송비용을 입력한다. 예를 들어 C23셀은 아르헨티나에서 멕시코로의 단위당 수송비용이므로 5를 입력하고 G23셀은 우루과이에서 미국으로의 단위당 수송비용이므로 9를 입력한다. 다음으로 25행부터 29행까지는 제약식을 입력하는 셀이다.

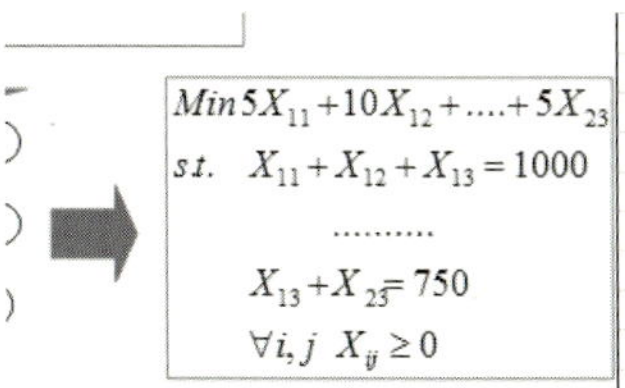

X11	X12	X13	X21	X22	X23		
						TC	0
5	10	6	4	9	5		
1	1	1	0	0	0		1000

2단계: C25부터 H25셀까지 아르헨티나의 생산량을 의미하는 제약식을 입력한다면 C25, D25, E25셀에 동일하게 1을 입력하고 F25, G25, H25셀에는 동일하게 0을 입력한다.

3단계: J25셀은 아르헨티나의 생산량인 1000을 입력한다.

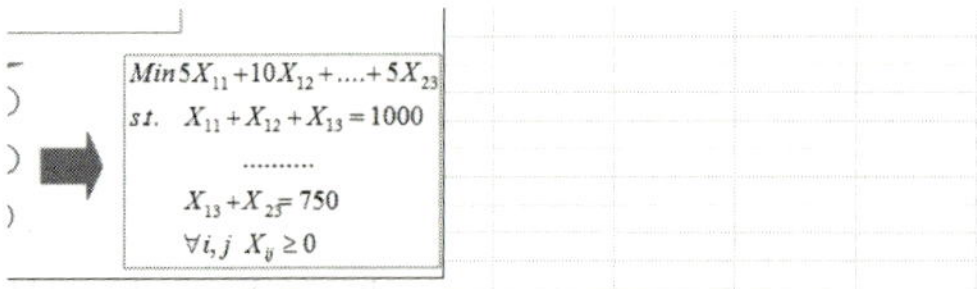

X11	X12	X13	X21	X22	X23	TC	0
5	10	6	4	9	5		
1	1	1	0	0	0		1000
0	0	0	1	1	1		2000

4단계: 이와 유사하게 C26셀부터 H26셀까지는 우루과이의 생산량을 의미하므로 C26, D26, E26셀에 동일하게 0을 입력하고 F26, G26, H26셀에는 동일하게 1을 입력한다.

5단계: J26셀은 우루과이의 생산량인 2000을 입력한다.

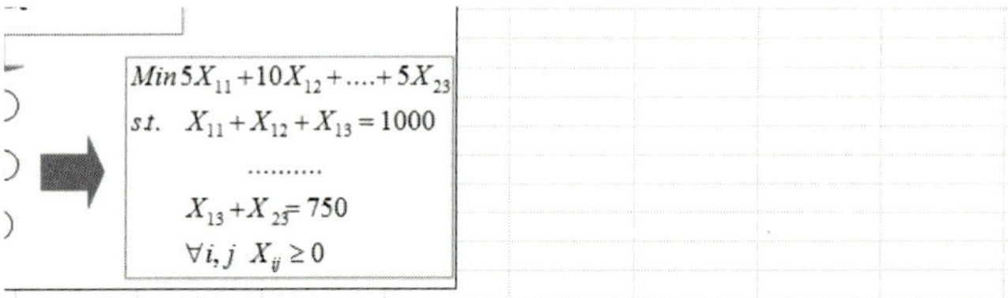

X11	X12	X13	X21	X22	X23	TC	0
5	10	6	4	9	5		
1	1	1	0	0	0		1000
0	0	0	1	1	1		2000
1	0	0	1	0	0		1500
0	1	0	0	1	0		750
0	0	1	0	0	1		750

6단계: C27셀부터 H27셀까지는 멕시코로 수송되는 제품의 생산량을 뜻한다.

7단계: C27셀과 F27셀에 1을 입력하고 나머지 셀에는 0을 입력한다. J27셀에는 멕시코로 수송되어야 하는 수량인 1500을 입력한다.

8단계: 28행과 29행은 각각 미국과 캐나다로의 수송량을 의미하는 제약식을 입력한다.

9단계: I25셀부터 I29셀까지는 제약식의 좌변을 계산하여 입력하는 셀이다. 이 셀들은 독립변수가 입력된 22행과 각각 대응하여 곱한 뒤 더하는 수식으로 직접 입력해도 되지만 앞서 생산최적화에서 배웠듯이 엑셀이 제공하는 Sumproduct함수를 이용하면 더 간단하다.

X23		
	TC	0
5		
0	=SUMPRODUCT($C$22:$H$22,C25:H25)	
1		2000
0		1500
0		750
1		750

10단계: 멕시코의 생산량을 의미하는 I25셀에는 [=SUMPRODUCT($C$22:$H$22,C25:H25)] 식을 입력한다.

X22	X23		
		TC	0
9	5		
0	0	0	1000
1	1	0	2000
0	0	0	1500
1	0	0	750
0	1	0	750

11단계: 독립변수가 입력된 셀들을 [F4]키를 이용해 고정 값으로 설정했기 때문에 I25셀의 식을 I29셀까지 드래그하면 자동적으로 결과값이 입력된다. 그리고 아직 독립변수들이 모두 0으로 설정되어 있기 때문에 I열의 값들은 모두 0으로 출력된다.

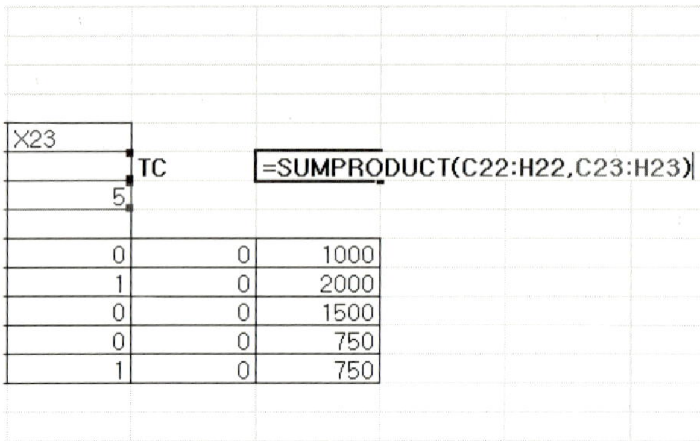

12단계: J22셀은 목적함수의 결과값이 입력될 셀이다. 역시 Sumproduct함수를 이용해서 C22셀부터 H22셀의 값과 C23셀부터 H23셀의 값을 곱한 뒤 더해주면 결과값이 나온다.

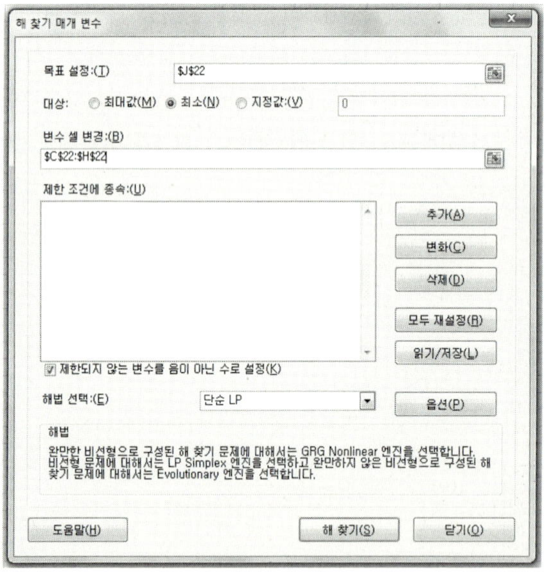

13단계: [데이터] 탭에서 [해 찾기] 기능을 실행한다.

14단계: [목표 설정]에 J22셀, [변수 셀 변경]에 C22셀부터 H22셀까지를 선택한다.

15단계: 수송최적화 문제에서 주의할 것은 생산최적화와 달리 목적함수의 결과값을 최소화하는 것이 목표라는 것이다. 그러므로 [대상]을 [최대값]이 아닌 [최소값]을 선택해야 한다.

16단계: [제한 조건에 종속]은 모든 제약식의 좌변과 우변이 동일해야 하므로 [제한 조건 추가] 창에서 [셀 참조]에는 I25셀부터 I29셀까지 선택하고 [제한 조건]에는 J25셀부터 J29셀까지 선택한다.

17단계: [셀 참조]와 [제한 조건] 사이의 조건부등식은 [=]을 선택한다.

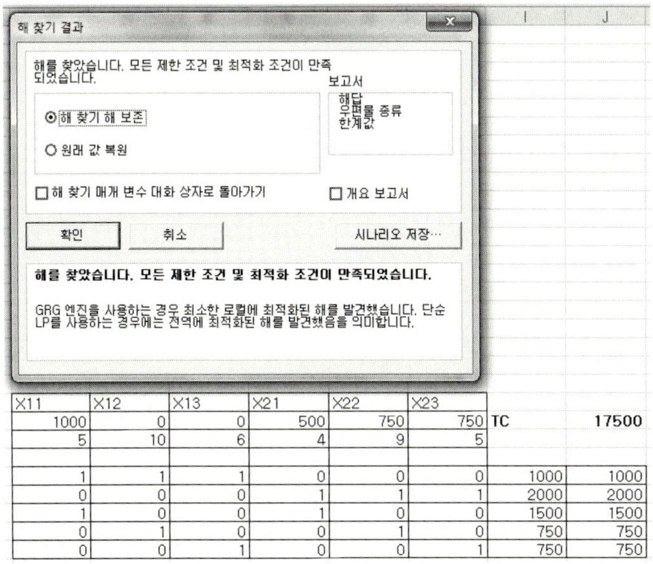

18단계: 제약식을 추가하고 [해 찾기] 버튼을 누르면 C22셀부터 H22셀까지 최적화된 독립변수가 입력되고 J22셀에는 최소 수송비용이 입력된다.

19단계: [해 찾기 해 보존]을 선택하고 [확인] 버튼을 클릭하면 최적화값이 보존되고 [원래 값 복원]을 선택하고 [확인] 버튼을 클릭하면 최적화 실행 전으로 되돌아간다.

(3) 최단경로 문제

네트워크는 여러 최적화 문제에 광범위하게 사용된다. 앞서 실습했던 수송최적화 문제와 이 다음에 실습할 할당 문제 또한 네트워크모델의 일종이라고 할 수 있다. 여기서는 네트워크모델 중 최단경로 문제(shortest-route problem)를 연습해 보겠다. 최단경로 문제의 목적은 출발 위치에서 목적지까지의 가장 짧은 거리를 찾아내는 것이다. 네트워크에서는 한 노드에서 다른 노드까지 가장 짧은 길을 찾는 것이다.

▌그림 4-16▌ 네트워크(최단경로) 문제

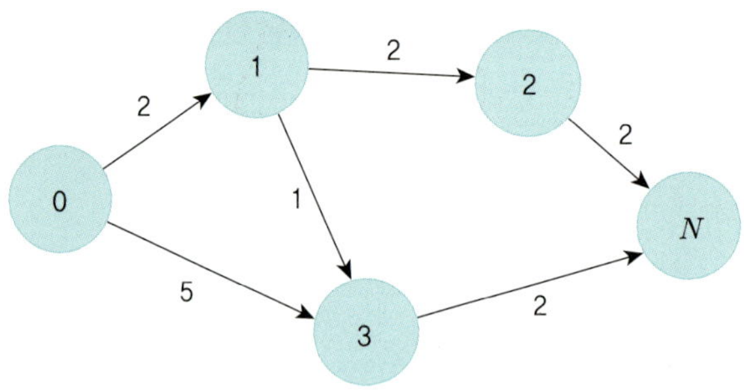

매일 Kellly 회사는 그날 생산한 가전제품들을 생산공장에서 창고로 운송해야 한다. 공장에서 창고로 가는 도중에는 몇몇 도시들이 있다. Kelly사의 경영자는 최단거리 경로를 찾으려 한다. 경로의 네트워크는 다음과 같다.

우선 독립변수를 설정해야 한다. 최단경로 문제에서 독립변수는 한 노드에서 다른 노드로 이어지는 가지라고 할 수 있다. 독립변수 X_{ij}에서 i는 가지가 나가는 노드를 뜻하며 j는 가지가 들어오는 노드를 뜻한다. 예를 들어 생산지인 노드 0에서 1번 도시인 노드 1로 이어지는 가지는 독립변수 X_{01}이다. 노드 3에서 창고인 노드 N으로 이어지는 가지는 독립변수 X_{3N}이다. 이 문제의 목적은 노드 0에서 노드 N까지의 최단거리를 구하는 것이므로 독립변수들과 해당 노드 간의 거리를 곱한 값을 최소화하는 것이다. 따라서 문제의 목적함수는 다음과 같다.

$$Min 2X_{01} + 5X_{03} + 2X_{12} + 1X_{13} + 2X_{2N} + 2X_{3N}$$

최단경로에서 주의해야 할 것은 제약식의 설정이다. 제약식을 설정할 때 한 노드에서 나가는 가지만 고려하기 십상이기 때문이다. 예를 들어 노드 0에서 나가는 가지는 X_{01}과 X_{03} 2개이다. 노드 1과 노드 3 중 한 방향으로만 갈 수 있기 때문에 첫 번째 제약식은 다음과 같다.

$$-1X_{01}-1X_{03}=-1$$

그러나 노드 1의 경우 노드 2와 노드로 나가는 2개의 가지와 노드 0에서 들어오는 가지가 하나 있다. 그러므로

$$-1X_{12}-1X_{13}=-1$$

이라는 식을 노드 1에 대한 제약식으로 사용하면 제대로 된 최적화값을 구할 수 없다. 노드 0에서 들어오는 가지를 고려하지 않았기 때문이다. 노드 1은 노드 0에서 하나의 가지가 들어오고 노드 2나 노드 3 중 한 방향으로 가지가 나가기 때문에 제약식의 우변은 0이 되어야 한다. 또한 제약식 좌변에 노드 0을 고려하는 독립변수를 추가해야 한다. 따라서 노드 1에 대한 올바른 제약식은 다음과 같다.

$$X_{01}-1X_{12}-1X_{13}=0$$

들어오는 가지를 주의하여 최적화 문제를 정리하면 다음과 같다.

$$\begin{aligned}
& Min 2X_{01}+5X_{03}+2X_{12}+1X_{13}+2X_{2N}+2X_{3N} \\
& s.t. \quad -X_{01}-X_{03}=-1 \\
& \qquad X_{01}-X_{12}-X_{13}=0 \\
& \qquad X_{12}-X_{2N}=0 \\
& \qquad X_{03}+X_{13}-X_{3N}=0 \\
& \qquad X_{2N}+X_{3N}=1 \\
& \qquad \forall\, i,j\ X_{ij}=0 \text{ or } 1
\end{aligned}$$

엑셀을 이용한 네트워크모델들의 풀이방법은 모두 비슷하다. 따라서 최단경로 문제의 풀이법도 수송최적화 문제나 할당 문제와 유사하다.

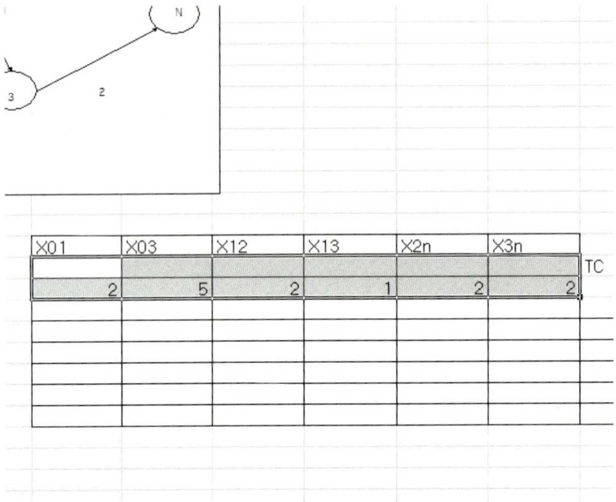

1단계: D21셀부터 I21셀까지는 독립변수가 선택되냐 마느냐가 결정되는 셀이다. 해당 독립변수가 선택된다면 그 값은 1이 될 것이며 선택되지 않는다면 0이 될 것이다.

2단계: 바로 아래 D22셀부터 I22셀까지는 노드 사이의 거리가 입력될 셀이다. 예를 들어 노드 0과 노드 1을 잇는 독립변수 X_{01}의 거리는 2이므로 D22셀에 2를 입력한다.

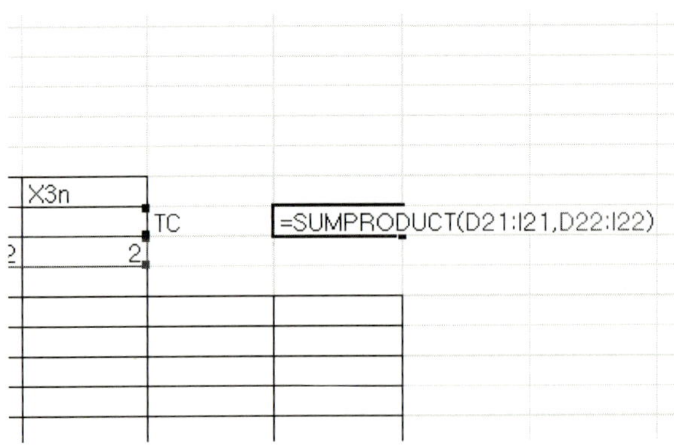

3단계: 각 독립변수와 대응되는 거리값을 입력한 후 K21셀에 우리가 최소화하려는 목적함수를 입력한다.

4단계: Sumproduct함수를 이용하여 셀 안에 [=SUMPRODUCT($D$21:$I$21,D22:I22)]

식을 입력하면 이후 [해 찾기] 기능을 사용했을 때 최적화된 최단거리값이 출력된다.

X01	X03	X12	X13	X2n	X3n		
						TC	0
2	5	2	1	2	2		
-1	-1	0	0	0	0		-1

5단계: D24셀부터 K28셀까지는 제약식이 입력될 범위이다. 이번 최단경로 문제의 제약식은 노드의 개수와 동일하므로 5개이다. 그리고 D24셀부터 K24셀까지는 노드 0의 제약식을 입력할 행이다.

6단계: 제약식이 $-1X_{01}-1X_{03}=-1$ 이므로 D24셀과 E24셀에 −1을 입력하고 F24, G24, H24, I24셀에는 0을 입력한다. 동일한 방식으로 다른 노드에 해당하는 제약식도 입력한다.

X01	X03	X12	X13	X2n	X3n		
						TC	0
2	5	2	1	2	2		
-1	-1	0	0	0	0		-1
1	0	-1	-1	0	0		0
0	0	1	0	-1	0		0
0	1	0	1	0	-1		0
0	0	0	0	1	1		1

7단계: K24셀부터 K28셀까지의 값은 제약식의 우변이 입력될 자리이다. 노드 0과 노드 N과 대응되는 제약식의 우변값은 각각 −1과 1이므로 K24셀과 K28셀에 각각 −1과 1을 입력한다. 노드 1과 2, 3은 들어오는 가지와 나가는 가지가 하나씩이기 때문에 제약식의 우변값이 모두 0이다. 그러므로 K25, K26, K27셀에 0을 입력한다.

	X3n		
		TC	0
2	2		
0	0	=SUMPRODUCT($D$21:$I$21,D24:I24)	
0	0		0
-1	0		0
0	-1		0
1	1		1

8단계: J24셀은 첫 번째 제약식의 좌변을 계산하여 입력하는 셀이다.

9단계: 독립변수의 값이 입력된 D21셀부터 I21셀까지의 값과 D24셀부터 I24셀까지의 값을 동일한 열에 있는 값끼리 곱한 뒤 그 값을 더하거나 Sumproduct함수를 이용하여 21행 D열부터 I열까지의 값과 24행 D열부터 I열까지의 값을 계산한다. 즉, J24셀에 Sumproduct함수를 이용하여 [=SUMPRODUCT($D$21: $I$21, D24:I24)] 식을 입력하면 된다. 이때 독립변수의 값은 다른 제약식들의 좌변을 계산할 때에도 동일하게 적용되기 때문에 [F4]키를 이용하여 고정시키면 드래그를 통해 간단하게 제약식들의 좌변합(left hand side)의 계산결과를 입력할 수 있다.

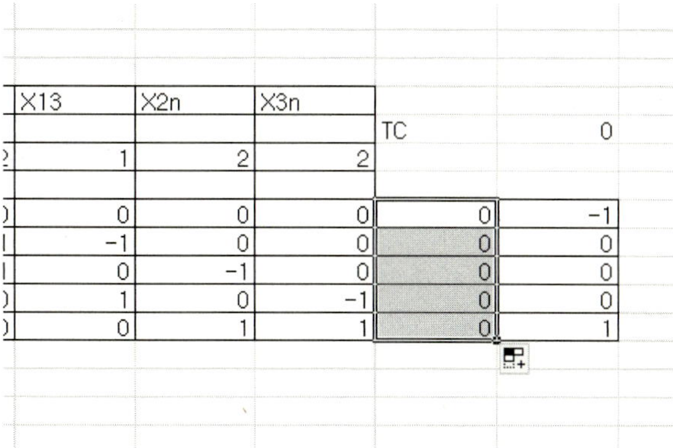

10단계: J24셀의 식을 계산할 때 [F4]키를 이용하여 독립변수들의 값을 고정하였기 때문에 J24셀을 선택한 후 아래로 드래그한다.

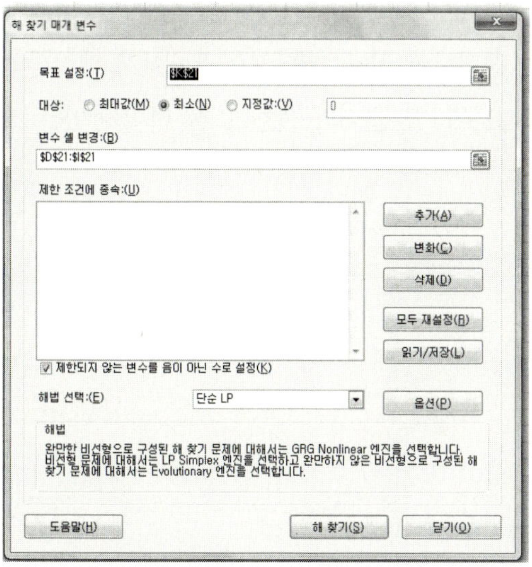

11단계: [데이터] 탭의 [해 찾기] 기능을 실행하여 [해 찾기 매개 변수]라는 창을 생성한다.

12단계: [목표 설정]은 우리가 찾으려는 목적함수의 값으로 독립변수 X_{ij}의 값과 노드 간 거리의 곱을 의미하는 K21셀을 선택한다.

13단계: [대상]은 우리가 찾으려는 목적함수의 조건을 설정하는 곳으로 우리가 찾으려는 값은 최단거리이므로 [최소값]을 선택한다.

14단계: [변수 셀 변경]은 독립변수가 들어갈 자리로 X_{ij}를 의미하므로 D21셀부터 I21셀까지 드래그하여 선택한다.

15단계: [제한 조건에 종속]은 제약식을 의미하는 곳이다. [추가] 버튼을 누르면 [제한 조건 추가] 창이 생성된다.

16단계: 여기에서 [셀 참조]는 제약식의 좌변 계산값을 의미하고 [제한 조건]은 우변을 의미한다. 따라서 [셀 참조 영역]에 J24셀부터 J28셀까지 선택하고 [제한 조건]에 K24셀부터 K28셀까지 선택하면 된다. 최단경로 문제에서 제약식의 좌변과 우변은 동일해야 하기 때문에 [셀 참조]와 [제한 조건] 사이에 있는 조건부등식은 [=]로 선택한다.

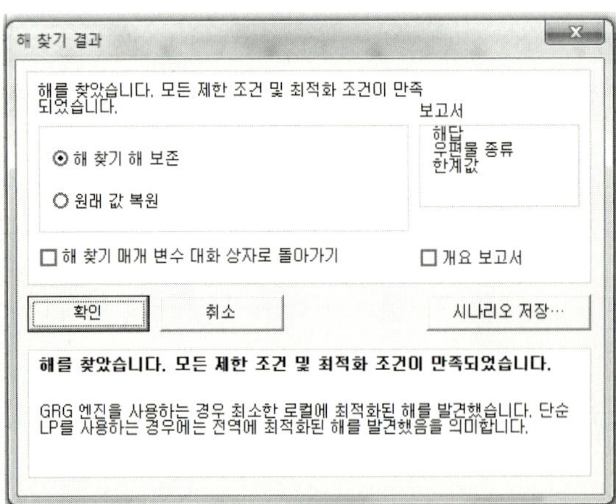

X01	X03	X12	X13	X2n	X3n	J	K
1	0	0	1	0	1	TC	5
2	5	2	1	2	2		
-1	-1	0	0	0	0	-1	-1
1	0	-1	-1	0	0	0	0
0	0	1	0	-1	0	0	0
0	1	0	1	0	-1	0	0
0	0	0	0	1	1	1	1

17단계: [확인] 버튼을 누르면 [제한 조건]에 제약식이 하나 추가된 것을 확인할 수 있다.

18단계: 목적함수와 제약식의 설정이 모두 끝난 다음 [해 찾기] 버튼을 클릭하면 [해 찾기 결과]라는 창이 생성된다.

19단계: K24셀에 최단경로의 길이와 D21셀부터 I21셀까지의 독립변수 중 선택된 독립변수에는 1이, 선택되지 못한 독립변수에는 0이 입력된다.

(4) 할당 문제

기업은 생산을 조정하고 수송 문제를 관리하지만 업무를 할당해야 하는 경우도 있다. 예를 들어 기업이 비용절감과 핵심역량에 집중하기 위해 아웃소싱(outsourcing)을 결정할 경우 기업은 아웃소싱을 하려는 기능들을 여러 전문협력업체에 할당해야 할 것이다. 또한 부서 내에서 업무를 분담할 때에도 상급자는 업무의 특성과 직원들의 능력을 평가하여 적절하게 할당해야 할 것이다. 다음과 같은 간단한 할당 문제(assignment problem)가 있다고 하자.

	개발팀		
영업팀	권	박	황
전	8	4	2
이	9	8	2
최	9	7	7

프로그램 개발회사인 Noxon 회사는 효율적인 프로그램 개발을 위해 잡셰어링(job sharing)을 실시하기로 했다. 이를 위해 개발팀과 영업팀에서 각각 3명씩 총 6명의 직원들을 2명씩 3조로 묶어 잡셰어링을 실시하기로 결정했다. 권 씨와 박 씨, 황 씨는 같은 개발팀이기 때문에 서로 같이 업무를 할 수 없고 전 씨, 이 씨, 최 씨는 영업팀이기 때문에 서로 같이 일을 할 수 없다.

위의 표에서 3×3 모양의 행렬은 잡셰어링을 할 경우의 영업효과를 의미한다. 예를 들어 권 씨와 전 씨가 잡셰어링을 할 경우 영업효과는 8이고 황씨와 이씨가 잡셰어링을 할 경우 영업효과는 2이다.

예제는 6명의 사람을 2명씩 3조로 묶는 할당 문제이다. 모든 최적화 문제는 독립변수를 설정하는 것으로 시작한다. 이번 할당 문제의 독립변수 역시 수송최적화 문제와 동일하게 X_{ij}로 설정하자. 다만 할당 문제는 여태까지 배웠던 최적화 문제와는 다르게 독립변수가 0 아니면 1이다. 특정 독립변수가 선택이 될 경우 X_{ij}=1이고 선택되지 않을 경우 X_{ij}=0이다.

이번 할당 문제에서 i는 행, j는 열을 의미한다. 따라서 X_{23}은 2행 3열을 의미하므로 황씨와 이씨가 같이 업무를 할 경우를 말하며 이 경우의 영업효과는 2이다. 목적함수는 잡셰어링의 영업효과를 최대화하는 것으로 독립변수와 영업효과의 곱이 최대화되도록 하는 것이다.

$$Max 8X_{11}+4X_{12}+2X_{13}+9X_{21}+8X_{22}+2X_{23}+9X_{31}+7X_{32}+7X_{33}$$

권 씨는 전 씨와 잡셰어링을 하게 되면 이 씨나 최 씨와 함께 일을 할 수 없다. 마찬가지로 전 씨 또한 박 씨나 황 씨와 일을 할 수 없다. 이 할당 문제의 제약식은 1 대 1로 잡셰어링을 해야 한다는 것이다. 따라서 각 행과 각 열에서 하나의 독립변수를 제외한 다른 독립변수들은 모두 0이 되어야 한다. X_{12}가 1이 될 경우 X_{11}, X_{13}, X_{23}, X_{32}는 모두 0이 되어야 한다. 지금까지 정리한 목적함수와 제약식을 최적화 식으로 표현하면 다음과 같다.

$$\begin{aligned}
&Max 8X_{11}+4X_{12}+2X_{13}+9X_{21}+8X_{22}+2X_{23}+9X_{13}+7X_{23}+7X_{33}\\
&s.t. \quad X_{11}+X_{12}+X_{13}=1\\
&\qquad X_{21}+X_{22}+X_{23}=1\\
&\qquad X_{31}+X_{32}+X_{33}=1\\
&\qquad X_{11}+X_{21}+X_{31}=1\\
&\qquad X_{12}+X_{22}+X_{32}=1\\
&\qquad X_{13}+X_{23}+X_{33}=1\\
&\qquad \forall i,j\ X_{ij}=0 \text{ or } 1
\end{aligned}$$

8	2
7	7

X11	X12	X13	X21	X22	X23	X31	X32	X33
8	4	2	9	8	2	9	7	7

1단계: 목적함수와 제약식을 정리한 후 엑셀로 최적화 기능을 사용하기 위해 엑셀에 목적함수와 제약식을 입력한다. 이를 위해 C21셀부터 K21셀까지는 독립변수 X_{ij}의 값이 들어갈 자리이다. 그리고 C22셀부터 K22셀까지는 각 독립변수와 대응되는 영업효과를 입력할 셀이다. C22셀에는 X_{11}의 영업효과인 8, I22셀에는 X_{31}의 영업효과인 9 등 각 독립변수와 대응되는 영업효과를 입력한다.

X33		
	만족도	
7	=SUMPRODUCT(C21:K21,C22:K22)	
0	0	1
0	0	1
1	0	1
0	0	1
0	0	1
1	0	1

2단계: L22셀은 영업효과와 독립변수를 곱한 뒤 더한 값이 입력될 셀이다. Sumproduct 함수를 사용하여 L22셀에 [=SUMPRODUCT($C$21:$K$21,C22:K22)] 식을 입력하면 결과값이 출력된다.

X11	X12	X13	X21	X22
8	4	2	9	8
1	1	1	0	0

3단계: C24셀부터 M29셀까지는 제약식을 입력할 범위이다. 예제의 제약식이 총 6개이므로 차례대로 제약식을 입력한다. 첫 번째 제약식은 $X_{11}+X_{12}+X_{13}=1$이므로 C24, D24, E24셀에 1을 입력하고 F24, G24, H24, I24, J24, K24셀에는 0을 입력한다.

X23	X31	X32	X33		
				만족도	
2	9	7	7	0	
0	0	0	0		1

4단계: M24셀부터 M29셀까지의 값은 모두 제약식의 우변이다. 예제에서 제약식의 우변은 모두 1이므로 M24셀을 포함하여 M25, M26, M27, M28, M29셀에 1을 입력한다.

X11	X12	X13	X21	X22	X23	X31	X32	X33		
									만족도	
8	4	2	9	8	2	9	7	7	0	
1	1	1	0	0	0	0	0	0		1
0	0	0	1	1	1	0	0	0		1
0	0	0	0	0	0	1	1	1		1
1	0	0	1	0	0	1	0	0		1
0	1	0	0	1	0	0	1	0		1
0	0	1	0	0	1	0	0	1		1

5단계: 앞의 그림은 여섯 가지 제약식과 제약식의 우변값을 입력한 것이다.

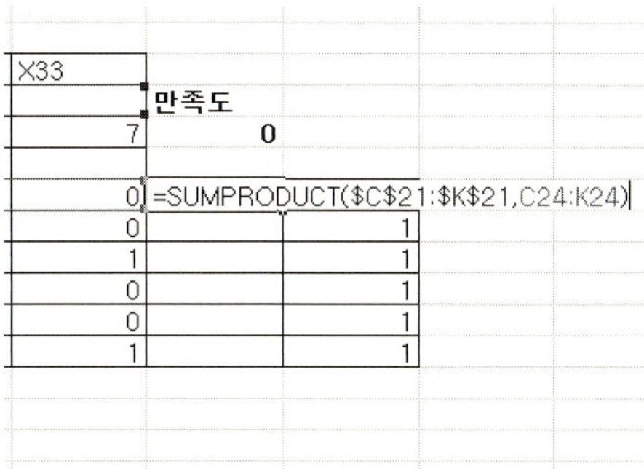

6단계: L24셀은 1번 제약식의 좌변을 계산하여 입력하는 셀로 독립변수가 입력된 C21셀부터 K21셀까지의 값과 C24셀부터 K24셀까지의 값을 동일한 열에 있는 값끼리 곱한 뒤 그 값들을 더하거나 Sumproduct함수를 이용해서 21행 C열부터 K열까지의 값과 24행 C열부터 K열까지의 값을 계산한다.
주의할 것은 C21셀부터 K21셀까지의 값들은 다른 제약식들의 좌변을 계산할 때에도 동일하게 사용되기 때문에 [F4]키를 이용하여 고정시켜 주면 다른 제약식들의 좌변 계산을 할 때 L24셀의 식을 복사하여 붙여넣기를 하면 된다.

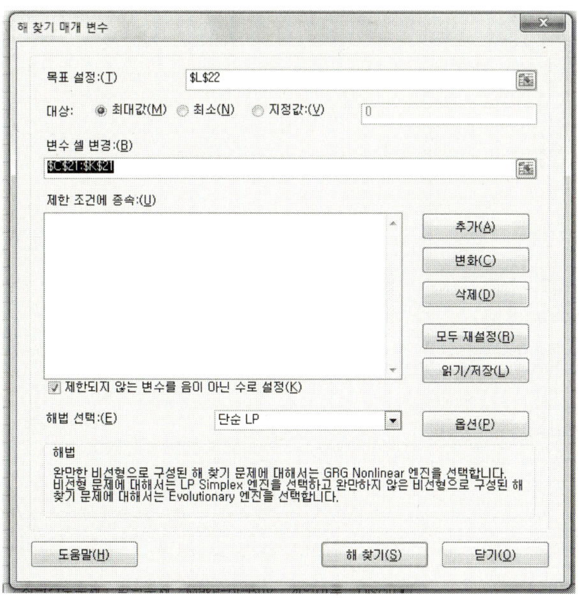

7단계: [데이터] 탭에서 [해 찾기] 기능을 실행하고 [해 찾기 매개 변수]라는 창이 생성되면 [목표 설정]에는 M22셀, [변수 셀 변경]에는 C21셀부터 K21셀까지를 선택한다.

8단계: 예제의 할당 문제는 잡셰어링의 영업효과를 최대화하는 것이므로 [대상]을 [최대값]으로 선택해야 한다.

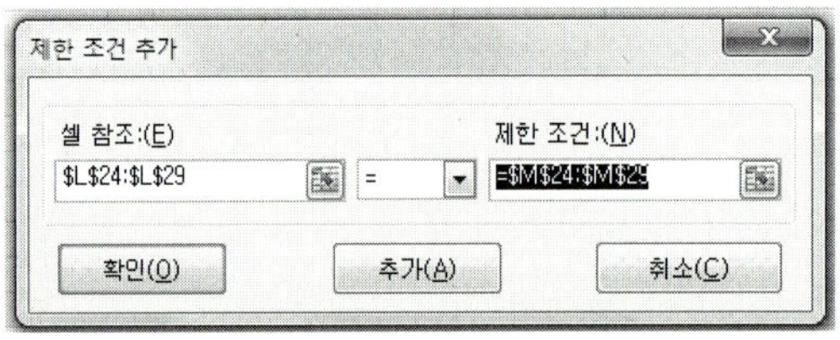

9단계: [제한 조건]은 모든 제약식의 좌변과 우변이 동일해야 하므로 [제한 조건 추가] 창에서 [셀 참조]에는 L24셀부터 L29셀까지 선택하고 [제한 조건]에는 M24셀부터 M29셀까지 선택한다.

10단계: [셀 참조]와 [제한 조건] 사이의 조건부등식은 제약식의 좌변과 우변이 동일해야 하므로 [=]을 선택한다.

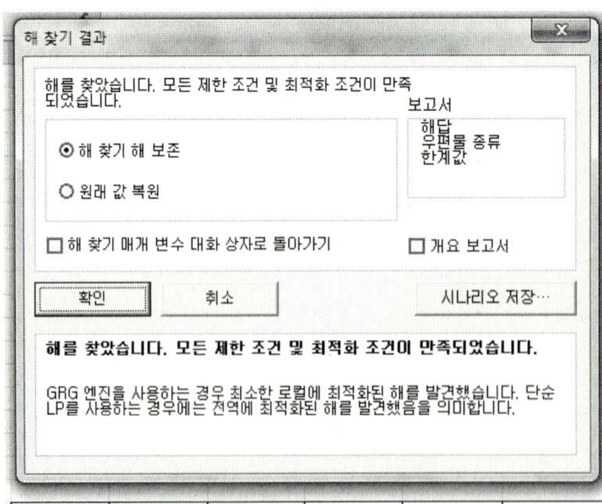

X11	X12	X13	X21	X22	X23	X31	X32	X33	L	M
1	0	0	0	1	0	0	0	1	만족도	
8	4	2	9	8	2	9	7	7	23	
1	1	1	0	0	0	0	0	0	1	1
0	0	0	1	1	1	0	0	0	1	1
0	0	0	0	0	0	1	1	1	1	1
1	0	0	1	0	0	1	0	0	1	1
0	1	0	0	1	0	0	1	0	1	1
0	0	1	0	0	1	0	0	1	1	1

11단계: 모든 입력이 끝나고 [확인] 버튼을 누르면 [해 찾기 결과]라는 창이 생성된다. 창이 생성되는 동시에 C21셀부터 K21셀까지의 독립변수 중 선택된 독립변수는 그 값이 1로 변하고 선택되지 못한 독립변수들은 0으로 채워진다. M22셀에는 할당 문제의 목표값인 최대 영업효과가 구해진다. [해 찾기 결과] 창에서 [해 찾기 해 보존]을 선택한 후 [확인] 버튼을 클릭하면 최적화 결과가 유지되고 [원래 값 복원]을 선택한 후 [확인] 버튼을 클릭하면 독립변수의 값과 최대 영업효과가 최적화를 실행하기 전의 값인 0으로 되돌아간다.

(5) 판별분석

판별분석(discriminant analysis)이란 관측대상이 되는 모집단이 어떤 그룹에 속하게 될 것인지 예측하기 위한 수단이다. 두 개 이상의 그룹이 존재하고 어느 그룹에 속하는지 알고 있는 관측대상에 대하여 과거 데이터가 수집되어 있다고 가정하자. 여기서 어느 그룹에 속하는지 알 수 없는 새로운 관측대상이 나타났을 때 과거 데이터를 통해 이 새로운 관측대상이 어느 그룹에 속할지 예측하는 것이 판별분석이다.

판별분석의 목적은 세 가지이다. 독립변수를 기준으로 분류한 집단이 통계적으로 유의미한 차이가 있는지를 알고자 하는 경우가 첫 번째이고, 두 번째는 독립변수의 값에 기초하여 하나의 판별방정식을 도출하여 새로운 사례들이 어느 집단으로 분류

그룹	키	몸무게	그룹	키	몸무게
1	170	60	2	156	60
	156	45		176	89
	178	55		165	70
	182	65		160	66
	145	40		187	79
	166	50		177	80
	176	65		172	87
	180	70		168	65
	169	54		167	58
	170	58		155	50

될 수 있는지를 예측할 때 사용한다. 마지막으로 판별분석은 각 독립변수들이 어느 정도의 판별력을 가지고 있으며 어떤 변인이 집단을 분류하는 데 큰 기여를 하는지를 알고자 할 때 사용한다. 우리가 분류한 집단이 유의미한지를 알아보는 예제를 통해 판별분석을 연습해 보기로 한다.

KH축구팀의 감독은 효율적인 축구 전술을 구사하기 위해 20명의 선수들을 키와 몸무게에 따라 두 그룹으로 나누기로 했다고 하자. 앞의 표는 선수들의 키와 몸무게를 기준으로 두 그룹으로 나눈 것이다. 대략적으로 그룹을 나눈 감독은 과연 자신이 그룹을 올바르게 나누었는지 판별분석을 통해 확인을 하려고 한다.

그룹이 제대로 나뉘었는지 판단하려면 먼저 변수들을 독립변수와 종속변수로 구분한 뒤 회귀분석을 통해 회귀식을 알아내야 한다. [데이터] 탭의 [데이터 분석] 기능을 사용하면 회귀분석을 실시할 수 있다.

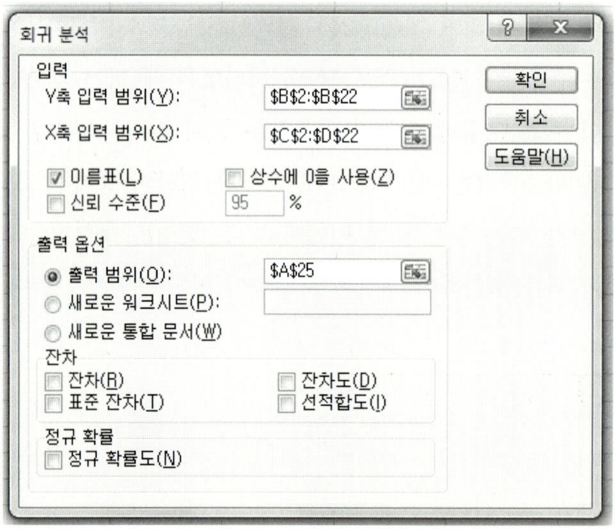

1단계: [회귀분석] 창에서 [Y축 입력 범위]에 그룹을 의미하는 B2셀부터 B22셀까지 선택하고 [X축 입력범위]에 독립변수인 C2셀부터 D22셀을 선택한다.

2단계: 독립변수와 종속변수의 범위를 선택할 때 그룹, 키, 몸무게 등 카테고리 이름도 선택하였으므로 [이름표]를 체크하고 [출력 옵션]에서 [출력 범위]를 선택하고 임의의 셀을 선택한 뒤 회귀분석을 실시한다. 그 결과는 다음과 같다.

요약 출력

회귀분석 통계량	
다중 상관계	0.765925
결정계수	0.586641
조정된 결정	0.538011
표준 오차	0.348678
관측수	20

분산 분석

	자유도	제곱합	제곱 평균	F 비	유의한 F
회귀	2	2.933206	1.466603	12.06324891	0.000548
잔차	17	2.066794	0.121576		
계	19	5			

	계수	표준 오차	t 통계량	P-값	하위 95%	상위 95%	하위 95.0%	상위 95.0%
Y 절편	**4.81322**	1.423422	3.381441	0.003547413	1.81006	7.816378	1.81006	7.816378
키	**-0.0343**	0.010062	-3.41037	0.003332118	-0.05554	-0.01309	-0.05554	-0.01309
몸무게	**0.03914**	0.007981	4.903745	0.000134091	0.022299	0.055977	0.022299	0.055977

위의 그림은 회귀분석을 실시한 결과를 요약 출력한 것이다. 회귀분석이 사회과학적으로 유의미한 것인지 확인하기 위하여 [회귀분석 통계량]의 결정계수(R^2값)와 [분산 분석]의 유의한 F를 확인해 보자. 결정계수는 약 0.59로 0.1보다 높고 유의한 F는 5.48E−04로 0.1보다 낮으므로 회귀분석은 사회과학적으로 유의미하다. 독립변수와 종속변수의 관계가 적합한지 확인하기 위해 각 독립변수에 해당하는 P-값을 확인하자. 두 독립변수의 P-값 모두 0.1보다 작으므로 종속변수와의 관계는 적합하다. 예제에서 키를 독립변수 X_i, 몸무게를 독립변수 X_j라고 한다면 예제의 회귀식은 다음과 같다.

$$Y = -0.03431X_i + 0.03914X_j + 4.81322$$

C	D	E	F	G
키	몸무게	판별점수	예측집단	오류
170	60	=C3*$B$42+D3*$B$43+$B$41		
156	45			
178	55			
182	65			
145	40			
166	50			
176	65			
180	70			
169	54			
170	58			
156	60			
176	89			
165	70			
160	66			
187	79			
177	80			

3단계: 다음은 회귀식을 통해 판별점수(discriminant score)를 도출해 내야 한다. 이때 판별점수는 회귀식에 실제 독립변수값을 대입하여 얻을 수 있다.

4단계: 그룹 1의 첫 번째 선수의 경우 키가 170이고, 몸무게가 60이므로 회귀식의 X_i에 170을 대입하고 X_j에 60을 대입하면 판별점수가 계산된다. 즉, E3셀에 [=$B$44*C3+$B$45*D3+$B$43] 식을 입력하면 된다. 첫 번째 선수의 판별점수를 구하면서 기울기와 상수를 [F4]키를 통해 고정하였기 때문에 나머지 선수들의 판별점수는 첫 번째 선수의 판별점수를 드래그하여 얻을 수 있다. 다음으로는 그룹 간의 키와 몸무게 평균을 구해야 한다. 이는 Average함수를 통해 구할 수 있다.

2	관측	그룹	키	몸무게	판별점수	예측집
3	1	1	170	60	1.327951356	
4	2	1	156	45	1.221292467	
5	3	1	178	55	0.85774249	
6	4	1	182	65	1.111861427	
7	5	1	145	40	1.403067455	
8	6	1	166	50	1.073832418	
9	7	1	176	65	1.317751065	
10	8	1	180	70	1.376180655	
11	9	1	169	54	1.127439077	
12	10	1	170	58	1.249675616	
13	11	2	156	60	1.808360512	
14	12	2	176	89	2.257059937	
15	13	2	165	70	1.890904751	
16	14	2	160	66	1.905927971	
17	15	2	187	79	1.488216904	
18	16	2	177	80	1.870504171	
19	17	2	172	87	2.316043957	
20	18	2	168	65	1.592270583	
21	19	2	167	58	1.352620435	
22	20	2	155	50	1.451296755	
23		그룹 1 평균	=AVERAGE(C3:C12)			
24		그룹 2 평균				

5단계: C23셀에 [=AVERAGE(C3:C12)] 식을 입력하면 그룹 1의 평균 키를 구할 수 있다.

6단계: 동일한 방식으로 Average함수를 이용해 그룹 1의 평균 몸무게와 그룹 2의 평균 키, 몸무게를 구한다.

176	89	2.257059937
165	70	1.890904751
160	66	1.905927971
187	79	1.488216904
177	80	1.870504171
172	87	2.316043957
168	65	1.592270583
167	58	1.352620435
155	50	1.451296755
169.2	56.2	=C23*\$B\$42+D23*\$B\$43+\$B\$41
168.3	70.4	

7단계: 그룹 간의 평균 키와 몸무게를 구한 뒤 이 평균값에 의한 판별점수를 구한다. 선수별 판별점수를 구할 때처럼 E23셀에 [=\$B\$44 * C23 + \$B\$45 * D23 + \$B\$43] 식을 입력하면 그룹 1의 평균 키와 몸무게에 따른 판별점수를 얻을 수 있고 E24셀에 [=\$B\$44 * C24 + \$B\$45 * D24 + \$B\$43] 식을 입력하면 그룹 2의 평균 키와 몸무게에 의한 판별점수를 얻을 수 있다.

58	1.352620435
50	1.451296755
56.2	1.206679403
70.4	1.793320597
Cut-off	=AVERAGE(E23:E24)

8단계: 다음은 어떤 선수가 그룹 1이 될지, 그룹 2가 될지 나누는 기준이 되는 컷 오프 값(cut-off value)를 구해야 한다. 여기서는 두 그룹의 판별점수의 평균값을 컷 오프 값으로 정하기로 한다.

9단계: E25셀에 Average함수를 이용하여 [=AVERAGE(E23:E24)] 식을 입력한다.

10단계: Average함수를 이용해 출력된 컷 오프 값은 1.5이다. 만약 판별점수가 이 컷 오프 값인 1.5보다 작을 경우 그 선수는 그룹 1에 속하게 될 것이고 판별점수가 1.5보다 클 경우 그 선수는 그룹 2에 속하게 될 것이다. 선수의 수가 적을 경우 일일이 컷 오프 값과 판별점수를 비교하여 그룹을 나눌 수도 있지만 선수가 수백 명이 될 경우 일일이 비교하기 힘들다. 엑셀의 IF함수를 이용하면 컷 오프 값에 의한 그룹 예측을 실행할 때 용이하다.

	A	B	C	D	E	F	G
1							
2	관측	그룹	키	몸무게	판별점수	예측집단	오류
3	1	1	170	60	1.327951356	=IF(E3<$E$25,1,2)	
4	2	1	156	45	1.221292467		
5	3	1	178	55	0.85774249		
6	4	1	182	65	1.111861427		
7	5	1	145	40	1.403067455		
8	6	1	166	50	1.073832418		
9	7	1	176	65	1.317751065		
10	8	1	180	70	1.376180655		
11	9	1	169	54	1.127439077		
12	10	1	170	58	1.249675616		
13	11	2	156	60	1.808360512		
14	12	2	176	89	2.257059937		
15	13	2	165	70	1.890904751		
16	14	2	160	66	1.905927971		
17	15	2	187	79	1.488216904		
18	16	2	177	80	1.870504171		
19	17	2	172	87	2.316043957		
20	18	2	168	65	1.592270583		
21	19	2	167	58	1.352620435		
22	20	2	155	50	1.451296755		
23		그룹 1 평균	169.2	56.2	1.206679403		
24		그룹 2 평균	168.3	70.4	1.793320597		
25	요약 출력			Cut-off	1.5		

11단계: F3셀에 [=IF(E3<$E$25,1,2)] 식을 입력하면 E25셀의 컷 오프 값이 E3셀의 판별점수보다 클 경우 1을, 판별점수가 컷 오프 값보다 클 경우에는 2를 입력할 것이다. 즉, 첫 번째 선수가 그룹 1에 속할지, 그룹 2에 속할지 자동으로 판별하여 결과를 나타내 준다.

	A	B	C	D	E	F
1						
2	관측	그룹	키	몸무게	판별점수	예측집단
3	1	1	170	60	1.327951356	1
4	2	1	156	45	1.221292467	1
5	3	1	178	55	0.85774249	1
6	4	1	182	65	1.111861427	1
7	5	1	145	40	1.403067455	1
8	6	1	166	50	1.073832418	1
9	7	1	176	65	1.317751065	1
10	8	1	180	70	1.376180655	1
11	9	1	169	54	1.127439077	1
12	10	1	170	58	1.249675616	1
13	11	2	156	60	1.808360512	2
14	12	2	176	89	2.257059937	2
15	13	2	165	70	1.890904751	2
16	14	2	160	66	1.905927971	2
17	15	2	187	79	1.488216904	1
18	16	2	177	80	1.870504171	2
19	17	2	172	87	2.316043957	2
20	18	2	168	65	1.592270583	2
21	19	2	167	58	1.352620435	1
22	20	2	155	50	1.451296755	1
23		그룹 1 평균	169.2	56.2	1.206679403	

12단계: F3셀을 선택하여 아래로 드래그하면 IF함수를 다른 F열의 셀에도 적용하여 해당 선수가 그룹 1에 속할지, 그룹 2에 속할지 판별하여 결과를 나타낸다.

추가적으로 감독이 대략적으로 선수들을 두 그룹으로 나눈 것이 얼마나 정확도가 있었는지 확인할 수 있다. 이것은 컷 오프 값으로 선수들을 분류하는데 사용했던 IF함수와 Count-if, Count함수를 사용해 구할 수 있다. 먼저 G3셀에 대략적으로 분류한 그룹과 판별분석으로 분류한 그룹이 일치하는지 아닌지를 판단하는 IF함수를 사용한다.

IF함수를 사용하여 해당 선수가 속한 그룹이 감독이 대략적으로 분류한 그룹과 판별분석을 통해 분류한 그룹이 동일한 경우 0을 입력하고 그룹이 다를 경우 1을 입력한 뒤 Count 함수를 이용해 분모에 전체 선수를 계산하고 Count-if함수를 이용하여 대략적으로 분류한 그룹과 판별분석으로 분류한 그룹이 다른 경우 입력되는 1만 계산한 값을 분자에 입력하여 오류율을 구하는 것이다.

B	C	D	E	F	G
그룹	키	몸무게	판별점수	예측집단	오류
1	170	60	1.327951356	1	=IF(B3=F3,0,1)
1	156	45	1.221292467	1	
1	178	55	0.85774249	1	
1	182	65	1.111861427	1	
1	145	40	1.403067455	1	
1	166	50	1.073832418	1	
1	176	65	1.317751065	1	
1	180	70	1.376180655	1	
1	169	54	1.127439077	1	
1	170	58	1.249675616	1	
2	156	60	1.808360512	2	
2	176	89	2.257059937	2	
2	165	70	1.890904751	2	
2	160	66	1.905927971	2	
2	187	79	1.488216904	1	
2	177	80	1.870504171	2	
2	172	87	2.316043957	2	
2	168	65	1.592270583	2	
2	167	58	1.352620435	1	
2	155	50	1.451296755	1	
그룹 1 평균	169.2	56.2	1.206679403		

13단계: 예를 들어 첫 번째 선수의 경우 G2셀에 [=IF(F3=B3,0,1)] 식을 입력하면 F3셀과 B3셀의 값이 동일할 경우 0, 다를 경우 1을 입력할 것이다.

B	C	D	E	F	G
그룹	키	몸무게	판별점수	예측집단	오류
1	170	60	1,327951356	1	0
1	156	45	1,221292467	1	0
1	178	55	0,85774249	1	0
1	182	65	1,111861427	1	0
1	145	40	1,403067455	1	0
1	166	50	1,073832418	1	0
1	176	65	1,317751065	1	0
1	180	70	1,376180655	1	0
1	169	54	1,127439077	1	0
1	170	58	1,249675616	1	0
2	156	60	1,808360512	2	0
2	176	89	2,257059937	2	0
2	165	70	1,890904751	2	0
2	160	66	1,905927971	2	0
2	187	79	1,488216904	1	1
2	177	80	1,870504171	2	0
2	172	87	2,316043957	2	0
2	168	65	1,592270583	2	0
2	167	58	1,352620435	1	1
2	155	50	1,451296755	1	1

14단계: G2셀을 선택하여 아래로 드래그하면 감독이 대략적으로 나눈 그룹이 입력된 B열의 값과 판별분석의 결과로 분류된 그룹이 입력된 F열의 값을 비교하여 그 값이 동일할 경우 0, 다를 경우 1을 입력한다.

C	D	E	F	G	H	I
키	몸무게	판별점수	예측집단	오류		
70	60	1,327951356	1	0		
56	45	1,221292467	1	0		
78	55	0,85774249	1	0		
82	65	1,111861427	1	0		
45	40	1,403067455	1	0		
66	50	1,073832418	1	0		
76	65	1,317751065	1	0		
80	70	1,376180655	1	0		
69	54	1,127439077	1	0		
70	58	1,249675616	1	0		
56	60	1,808360512	2	0		
76	89	2,257059937	2	0		
65	70	1,890904751	2	0		
60	66	1,905927971	2	0		
87	79	1,488216904	1	1		
77	80	1,870504171	2	0		
72	87	2,316043957	2	0		
68	65	1,592270583	2	0		
67	58	1,352620435	1	1		
55	50	1,451296755	1	1		
169.2	56.2	1,206679403				
168.3	70.4	1,793320597				
	Cut-off	1.5	오류율	=COUNTIF(G3:G22,1)/COUNT(G3:G22)		

15단계: 그 다음, Count함수를 사용하여 전체 선수가 몇 명인지 계산하고 Count-if 함수를 사용하여 오류가 난 셀만 계산한다. 즉, [=COUNTIF(G3:G22,1)/

COUNT(G3:G22)] 식을 G25셀에 입력하면 G3셀에서 G22셀의 범위 중 1이 들어간 셀(실제 그룹과 판별분석을 통한 그룹이 다른 경우)만 분자에 계산하여 오류율을 구한다.

연습문제

1. 경영과학 서적에서 LP문제를 찾아 수송 문제와 할당 문제를 스프레드시트로 풀어 보시오.

2. 정규직 근로자인 갑에게는 하루 노동의 가치는 10, 하루 여가의 가치는 어떤 유한한 양의 실수인 v라고 하자. 연간 노동일수와 연간 여가일수의 합은 365일을 넘을 수 없으며, 이 중 연간 노동일수는 주 5일 기준 52주에 법정공휴일이 겹친 13일을 차감한 247일 이내여야 한다. 한편 갑의 연간 가처분소득은 2,100만 원인데 이 중 최대 30%까지 노동과 여가를 위해 지출하려고 한다. 이때 하루 노동에 소요되는 지출(교통비, 식비 등)은 1만 5천 원, 하루 여가에 소요되는 지출(교통비, 식비, 입장료 등)은 2만 원이다. 갑의 경우 연간 노동일수에 대한 가치와 연간 여가일수에 대한 가치의 합인 연간 총 가치의 최댓값이 3,980이었다고 하자. 이때의 v값을 구하시오.

e-business system

5 Chapter

정보시스템관리

1. 전사적 자원관리(ERP)
2. 공급사슬관리(SCM)와 고객관계관리(CRM)
3. 빅데이터 분석시스템

1 전사적 자원관리(ERP)

(1) ERP란 무엇인가

ERP(Enterprise Resource Planning, 전사적 자원관리)란 기업 전체의 경영자원을 효과적으로 이용하기 위해서 기업 내부정보를 통합적으로 관리하는 시스템이다. 즉, 정보의 통합을 통해 기업의 모든 자원을 최적으로 관리하고자 하는 기업 자원관리 혹은 업무 통합관리라고 볼 수 있다.

과거의 경영자원 관리시스템은 인사, 재무, 생산 등 기업의 전 부문에 걸쳐 독립적으로 운영되었다. 따라서 각 부문에서 별개의 관리시스템을 통해 해당 분야의 업무를 처리하고 정보를 가공하여 의사결정을 지원하였는데, 별개 시스템으로 운영되다 보니 정보가 다른 부문의 관리시스템과 연동되지 않아 비효율적이었다. 이러한 문제점을 해결하기 위해 ERP가 개발되었다. ERP를 통해 기업 전반의 업무 프로세스를 통합적으로 관리하여 경영상태를 실시간으로 파악할 수 있다. 또한 실시간으로 정보가 연동되어 업무 처리가 빠르고 투명하게 이루어질 수 있다.

ERP 구축은 BPR(Business Process Reengineering, 업무 재설계)과 모듈화된 MIS패키지로 구성되어 있다고 볼 수 있다. BPR은 기업의 기존 업무 흐름을 혁신하여 업무 효율을 높이려는 일종의 경영혁신기법이다. 왜냐하면 ERP의 기본 전제가 ERP패키지를 도입할 기업의 업무 흐름 등이 동종 업계의 모범 사례(best practice)에 비해 열등할 것으로 보는 것이다.

BPR의 과정은 다음과 같다. 먼저 AS-IS분석을 통해 기업의 현재 업무 프로세스를 분석하고, 같은 산업 내의 모범 사례와 업무 프로세스를 비교한다. 그 후, TO-BE분석을 통해 혁신 후의 업무 프로세스와 그에 따른 예상 성과를 제시한다. BPR이 끝나면 기업의 혁신 후 업무 프로세스는 모범 사례의 경우와 같아진다. 따라서 모범 사례의 업무 프로세스에 맞게 개발된 모듈화된 MIS패키지를 통해 기업의 내부정보를 통합적으로 관리할 수 있게 된다. 즉, ERP는 컨설팅과 소프트웨어가 결합된 컨설팅 프로그램이라고 볼 수 있다.

ERP = BPR + 모듈화된 MIS패키지

(2) ERP 개발배경

ERP는 공급자가 주도하는 정보시스템을 만들어 보자는 아이디어로부터 시작되었다. 기존의 정보시스템은 정보 사용자에게 가치 있는 정보를 제공해야 하기 때문에 사용자 중심적이었다. 정보시스템을 사용자가 주도하기 때문에 Ⅱ, Ⅲ영역이 존재하고, Ⅱ, Ⅲ영역을 줄이기 위해서 사용자들로부터 지속적인 피드백을 받고 유지 및 보수를 해야 했다. 지속적인 유지 및 보수비용의 증가는 정보시스템 관리조직의 골칫거리였다. 이러한 골칫거리를 해결하기 위해, 공급자가 주도하는 시스템을 만들어 보자는 역발상으로 ERP가 개발되었다.

앞서 말했듯이, 같은 산업 내의 모범 사례의 업무 처리과정을 기준으로 기업의 내부정보를 관리하는 소프트웨어를 개발하고, 개발된 소프트웨어를 사용할 수 있도록 기업의 업무 처리과정을 모범 사례와 맞춰 개선하도록 하는 것이 ERP의 기본이다. 즉, ERP는 사용자의 니즈를 바꿔서 Ⅱ, Ⅲ영역을 최소화하고 Ⅰ영역을 극대화하는 공급자 중심형 MIS라고 할 수 있다.

▌그림 5-1▌ 정보시스템이 제공하는 메뉴와 사용자가 요구하는 메뉴의 관계

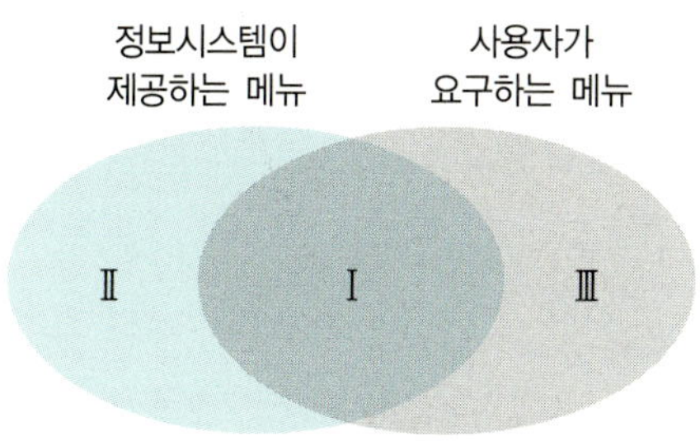

Ⅰ: 충족된 부분

Ⅱ: 필요하지 않은 부분 (제거해야 함)

Ⅲ: 충족되지 않은 부분 (개발되어야 함)

(3) ERP의 역사

ERP는 MRP(Material Requirements Planning, 자재소요계획)와 MRP2(Manufacturing Resource Planning, 생산자원계획)의 개념을 모태로 하고 있다. MRP는 1970년대에

개발된 시스템으로, 기업의 생산관리 부문에서 자재관리와 구매활동을 효율적으로 관리하기 위해 사용되는 생산계획 및 재고관리시스템이다. MRP시스템을 통해 제품의 필요 수량에 따라 원자재가 언제까지, 얼마나 확보되어야 하는지 역산할 수 있다. MRP시스템은 세 가지 목표를 가지고 있다. 첫째는 생산에 필요한 원자재와 고객에게 제공되어야 하는 제품을 확보하는 것이고, 둘째는 최소한의 원자재 수량과 제품 수량을 유지하여 효율적인 재고통제관리를 하는 것이다. 마지막으로 셋째는 제조활동과 조달일정, 그리고 구매활동을 계획하는 것이다.

MRP2는 1980년대에 개발된 시스템으로, 생산에 필요한 모든 자원을 효율적으로 관리하기 위해 MRP가 확대된 개념이다. 즉, 재고의 최소화를 목표로 하는 MRP와는달리, MRP2는 원가의 최소화를 목표로 한다. MRP는 MPS(Master Production Schedule, 기준생산계획), Item master data(제품기준정보), BOM(Bill of Materials, 자재명세서) 등으로 구성되어 있다.

ERP는 MRP2보다 확대된 개념으로, 생산뿐만 아니라 인사, 영업, 회계 등 전사적인 차원에서 기업경영에 필요한 모든 자원의 효율적 관리를 주목적으로 한다. 이는 기업의 모든 업무를 다시 설계하고, 구축하는 BPR의 개념을 포함한다. 2000년대에 개발된 확장형 ERP는 기업 간 또는 기업과 소비자 간 관계의 최적화를 추구한다. SCM(Supply Chain Management, 공급사슬관리), CRM(Customer Relationship Management, 고객관계관리) 등이 확장형 ERP에 해당된다. [그림 5-2]는 ERP의 발전과정을 정리한 그림이다.

그림 5-2 ERP 발전과정

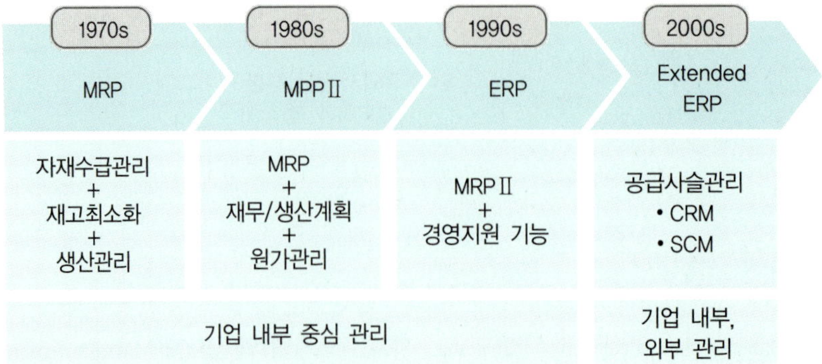

자료: http://zoo34656.blogspot.kr/2014/01/erp-erp-erp.html

참고 BOM

BOM(Bill of Materials, 자재명세서)은 완제품을 만들기 위한 모든 부품들의 리스트이다. 즉, BOM을 보면 특정 제품이 어떠한 부품으로 구성되어 있는지 알 수 있다. BOM은 원자재, 하위조립부품, 중간조립부품 등 최종 제품을 생산하기 위해 필요한 부품들과 각 부품들의 수량으로 구성되어 있다. [그림 5-3]은 자동차 부품인 오일펌프의 BOM이다.

그림 5-3 오일펌프의 BOM

ITEM NO.	PART NUMBER	QTY
1	Housing	1
2	Cover	1
3	Outer Rotor	1
4	Inner Rotor	1
5	Shaft	1
6	Pin	2
7	Gear	1
8	Retaining Ring	1

자료: 2012 SolidWorks Help - Bills of Materials in Assembly Documents.

참고 안경의 BOM

우리가 접하는 대부분의 제품들은 여러가지 부품들의 조립품이다. 안경의 경우 렌즈, 렌즈를 감싸는 테, 코 받침, 안경 다리 등으로 이루어져 있다. [그림 5-4]는 안경의 구조를 보여주는 그림이다.

그림 5-4 안경의 구조

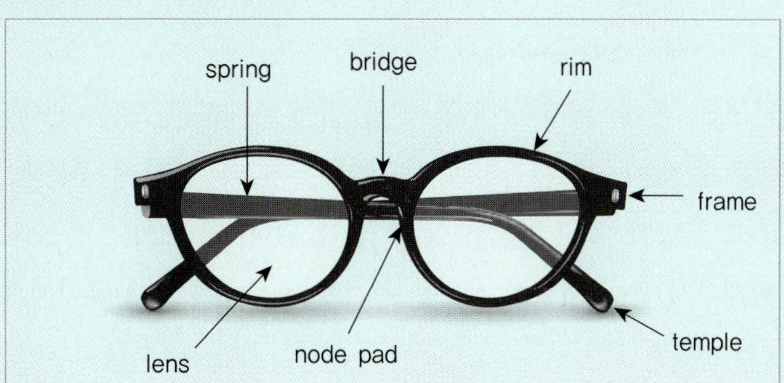

안경을 조립하기 위해 필요한 부품들과 각 부품들의 수량을 포함한 안경의 BOM은 다음과 같다.

그림 5-5 안경의 BOM

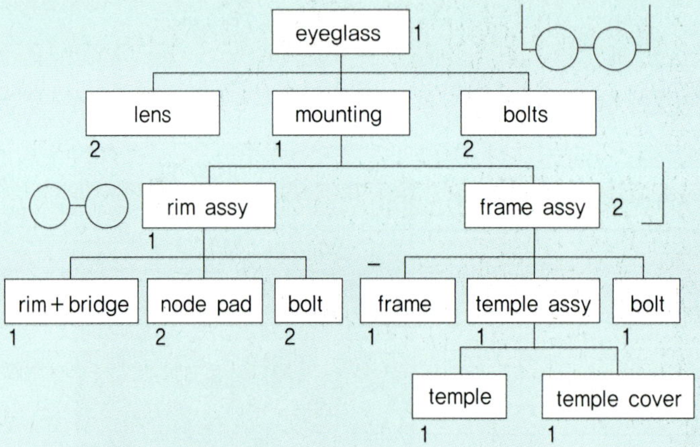

안경의 BOM을 통해 안경을 조립하기 위해서 필요한 하위조립부품, 중간조립부품의 수량을 알 수 있다. 예를 들어, 안경을 조립하기 위해서는 중간조립부품인lens, mounting, bolts가 각각 2개, 1개, 2개씩 필요하다.

(4) ERP를 통한 정보통합 및 그 효과

앞서 말했듯이, ERP는 인적자원, 물적자원 등을 포함한 기업 전체의 경영자원을 통합적으로 관리하는 시스템이다. ERP는 비즈니스분석, 제품계획, 공급망관리, 재고관리, 공급자와의 접촉, 영업자동화, 회계관리 등 꼬리를 물며 이어지는 정보들을 하나의 통합적인 컴퓨터 데이터베이스에 구축해서 연결한다.

ERP를 통해 구매와 생산, 판매, 회계 상태 등 기업 내에 존재하는 모든 정보들을 실시간으로 쉽게 파악할 수 있다. 또한 기업의 각 부서는 통합된 정보에 접근할 수 있기 때문에 보다 빠르고 투명한 업무 처리를 할 수 있게 된다. 즉, ERP가 구축되면 영업부서, 구매부서, 회계부서 등이 필요한 정보를 동시에 공유하여 보다 유기적으로 움직일 수 있게 되는 것이다.[1]

1 네이버 블로그, 진호의 연구소, "ERP에 대해 알아보자."

이를 통해 기업은 생산시간의 손실을 최소화할 수 있으며, 재고 정확도를 개선할 수 있다. 특히 제조업체들은 제품가격의 60~70%를 차지하는 부품조달을 합리적으로 기획할 수 있으며, 긴급하게 발생한 새로운 생산수주 상황에 대해 실시간으로 대처할 수 있다.

그림 5-6 ERP시스템의 정보통합 기능

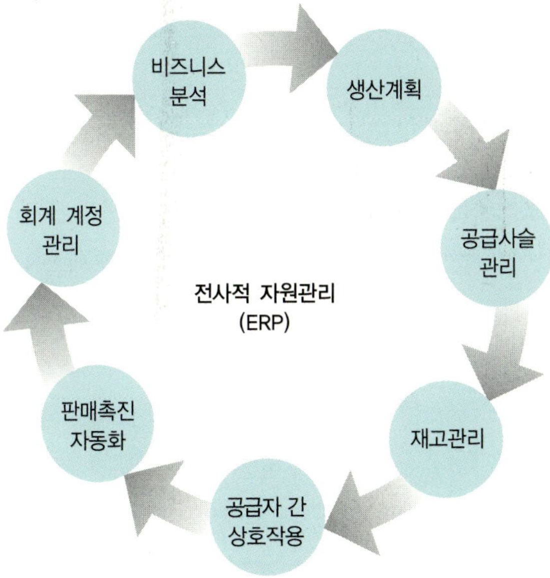

ERP를 도입하면 기업은 다음과 같은 효과를 얻을 수 있다. 재무적인 관점에서는 기업의 운영비를 감축할 수 있으며, 수익률을 올릴 수 있다. 고객 관점에서는 거래시간을 줄일 수 있으며, 고객 만족을 높일 수 있다. 기업 내부 관점에서는 업무 흐름을 통합시킬 수 있으며 모든 업무 처리과정을 전산화하여 병목 지역을 인지하고 운영상의 병목 현상을 방지할 수 있다. 기업의 혁신과 학습 관점에서는 종업원들의 생산성을 높일 수 있으며, 소프트웨어 공급 업체의 신뢰성을 높일 수 있다. 이러한 효과를 측정할 수 있는 지표는, 운영비 감축효과는 매출채권회전율, 재고회전율, 조달비용 등으로 측정할 수 있으며, 수익률 개선 효과는 영업순이익, 투자자본수익률, 매출액증가율, 주당순이익 등으로 측정할 수 있다.

(5) ERP 도입순서

ERP 도입과정은 크게 ① 도입 준비와 ② ERP 선정, ③ 계약이라는 세 가지 단계로 나눌 수 있다. 최적의 ERP시스템을 구축하기 위해서는 도입 준비 단계에서부터 체계적으로 접근해야 한다. 먼저 기업의 현황을 면밀하게 분석해서 ERP 도입의 동기와 목표를 명확히 설정해야 한다. 이를 위해서는 도입하려는 기업의 개요를 파악하고, 조직 현황을 분석하고, 정보 기반을 분석하고, 도입 목적 및 사용자 요구사항을 명료히 파악해야 한다.

ERP 도입의 동기와 목표를 설정한 후에는 현업분석(AS-IS분석)을 통해 기업의 현황을 분석한다. 현업분석의 단계에서는 업무 영역, 프로세스 · 데이터 · 조직모형, 프로세스 데이터 연관도, 프로세스 조직 연관도 등을 분석한다. TO-BE분석을 통해 업무 프로세스를 재설계하여 개선되어야 할 프로세스를 정의하고, 업무 프로세스를 혁신하면 기업의 성과가 얼마나 향상될지 분석한다. 분석이 끝나면 SAP, 오라클 등 여러 ERP패키지 중에서 어떤 패키지를 이용할지 선택한다.

ERP 계약과정 또한 매우 중요하다. ERP시스템을 계약하는 데에는 막대한 인적 · 물적자원이 소요되기 때문이다. 뿐만 아니라, 기업 업무 프로세스에 적합한 ERP패키지를 구축해야 ERP시스템을 활용해서 업무를 진행하는 데 문제가 없다. ERP 계약 과정에서는 먼저 가격, A/S 조건 등과 같은 ERP 평가기준을 설정해야 한다. 그 후, 공급업체의 공급 실적 및 사례를 통해 공급 업체의 역량을 평가하고, ERP패키지를 구축하기 위해 공급업체가 요구하는 **기능적 · 기술적 요구사항을 평가한 후**, 예산과 구축기간에 대해 평가한다. 그 다음 평가결과를 종합하여 ERP 도입의 효과를 예측하고, 공급업체와 협상 및 계약을 체결한다.

(6) ERP 성공요인

ERP는 보통의 MIS 구축 프로젝트보다 훨씬 규모가 크다. ERP를 성공시키기 위해서는 성공요인들이 잘 뒷받침되어야 한다. 공통적으로 언급되고 있는 ERP의 주요 성공요인은 다음과 같다.

첫째는 최고경영층의 관심과 지원으로 변화에 대한 저항을 극복할 수 있는 가장 효율적인 방법이다. CEO의 관심과 지원을 바탕으로 자문위원회가 아닌 운영위원회가 구축되어야 한다. CEO가 지속적으로 ERP 구축 프로젝트에 깊이 관여할 수 없기 때문에, 대신 운영위원회를 구축한 후 인사권과 재정권을 위임하고, 필요한 자원을 충분히 지원해야 현업의 적극적인 참여를 이끌어 내며 성공적으로 ERP시스템을 구축할 수 있다.

둘째로 하드웨어, 운영체제, 데이터베이스나 네트워크 등 IT 인프라가 잘 구축되어야 한다. IT 인프라가 ERP 구현과정과 결과에 중요한 영향을 미치기 때문이다.

세 번째 성공요인은 성공적인 변화관리이다. ERP시스템을 구현하는 과정에서 주요한 장애물 중 하나는 현업 부서의 변화에 대한 저항이다. 현업 부서는 ERP 구축으로 인해 자신의 권한을 빼앗기거나, 데이터 입력 등 전에 없는 새로운 업무를 부여받는다든가, 새로운 인터페이스에 익숙해지기 위해 학습해야 하는 등이 부담으로 작용할 것으로 우려하여 선뜻 ERP 사용을 환영하지 않을 것이다. ERP 프로젝트의 절반은 관리자가 변화관리에 필요한 노력을 과소 평가하기 때문에 이익을 내는 데 실패한다.

성공적으로 ERP를 구현하기 위해서는 조직의 경영방식과 직원들의 업무 수행방식을 변경해야 한다. 성공적인 변화관리를 위해 많은 워크숍을 개최한다든지, 인센티브를 제공한다든지 등의 노력을 해야 한다. 한편 변화관리기법을 활용할 필요도 있다. 변화관리는 해빙(unfreezing), 변화(change) 그리고 재결빙(refreezing)이라고 하는 세 단계를 거치는 인사관리기법이다.

그림 5-7 ERP 성공요인

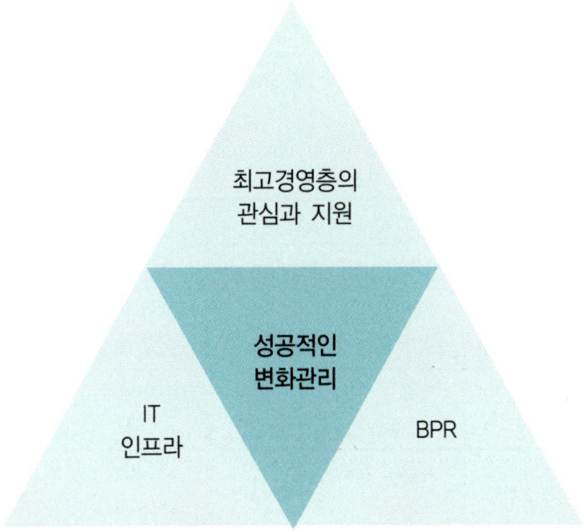

마지막 성공요인은 BPR의 성공 여부이다. ERP패키지는 모범 사례의 업무 프로세스에 맞게 개발된 것이기 때문에, 기업의 업무 프로세스를 ERP모델에 맞게 재설계하는 BPR과정이 선행되어야 한다.

한편 DeLone과 McLean의 정보시스템 성공모형(IS success model)에 근간을 두는 경우, 시스템 품질, 정보 품질, 서비스 품질, 개인에 미치는 효과, 조직에 미치는 효과의 측면에서 ERP 성공요인을 설명할 수 있다. 각 측면에서의 성공요인은 [표 5-1]에 정리되어 있다.

표 5-1 | 정보시스템 성공모형 관점에서의 ERP 성공요인

성공요인	설명
시스템 품질	정확한 데이터 보유, 유연성, 사용편리성, 학습용이성, 신뢰성, 데이터 통합 기능, 효율성, 개인화 기능, 사용자 요구사항 충족 정도 등
정보 품질	정보이해 가능 정도, 정보의 중요성, 정확성, 적절성, 사용성, 가용성 등
서비스 품질	사용자에게 적시 제공, 인터페이스, ERP 서비스 공급자 신뢰성, 즉응성, 그리고 우수성 등
개인에 미치는 효과	창의성 증진, 개인 생산성, 개인 과업에의 효익, 개인 과업 시 시간절약 등
조직에 미치는 효과 (가장 큼)	기업 운영비용 감소, 운영 생산성 증가, 고객 만족도 제고 등

자료: Sedera(2004)

(7) ERP 평가

[표 5-2]는 [표 5-1]의 지표를 기준으로 ERP의 성과를 평가한 예이다.

표 5-2 | ERP 성과 측정방법

재무		고객		내부적 요건		혁신과 학습	
측정방법	중간값	측정방법	중간값	측정방법	중간값	측정방법	중간값
조달비용	3.71	만족도	3.96	재고기록 정확도	4.21	서비스 오류비율	3.98
매출채권 거래회전율	3.68	정시제품 생산	3.93	주문형 재무보고	4.12	방출횟수/년	3.98
재고순이익	3.65	고객유지도	3.91	주문 처리 반응시간	4.06	컴퓨터 사용빈도	3.86

투자이익	3.61	정시배달도	3.91	평균배달 처리반응시간	4.04	조직적 흐름	3.86
1주당 이익	3.59	고객불만족 빈도	3.85	구입시간	3.99	종업원 훈련시간	3.86
매출액 증가율	3.54	회사평판	3.85	견적서처리 유효성	3.99	업무 복잡성	3.85
		고객반응 시간	3.84	긴급주문처리 반응시간	3.98	1인당 생산성	3.72
				ERP시스템 유효성	3.93	종업원 충성도	3.52
				주문과정에서 응급대응시간	3.87		
				ERP시스템 유용성	3.81		

앞서 말했듯이 정보시스템 성공모형에 근간을 두고 ERP의 성과를 평가하는 경우, 시스템 품질, 정보 품질, 서비스 품질, 개인에 미치는 효과, 조직에 미치는 효과의 측면에서 성과를 평가한다([표 5-3] 참조). 예를 들어, 시스템 품질 측면에서는 데이터

표 5-3 | 정보시스템 성공모형 관점에서의 ERP 평가기준

시스템 특성 • 데이터 정확도 • 데이터베이스 내용 • 데이터 통용성 • 시스템 정확도 • 반응시간	사용자 만족도 • 정보 만족도 • 소프트웨어 만족도 • 인터페이스 만족도 • 전반적 만족도 • ERP 프로젝트 만족도	조직의 영향 • 재정 - 재고수준 - 구입비용 - 재고회전율
정보 특성 • 출력물의 신뢰성 • 출력물의 시기적절성 • 출력물의 유용성 • 출력물의 이해성 • 출력물의 적절성	개별적 영향 • 직무 수행능력 • 개인 생산성 • 의사결정의 질 • 정보에 대한 인식 • 정확한 해석	• 고객 - 정시 배달 - 고객 불만족 반응시간 - 정시 메일 배달빈도 • 내부 업무과정 - 부서 간 데이터 이동시간 - 산업 간 상호작용의 빈도 - 필요수량 예측능력
시스템 사용 • 의사결정에 기여하는 ERP 사용도 • ERP시스템 사용요금 • 보고요청의 빈도 • 사용의 자발성 • 접속시간의 양		• 학습과 성장 - 업무 흐름의 이해 정도 - 고용인 성취도 - 시장 타이밍에 맞는 제품 개발

▌그림 5-8▌ 그래프를 활용한 ERP 평가 결과

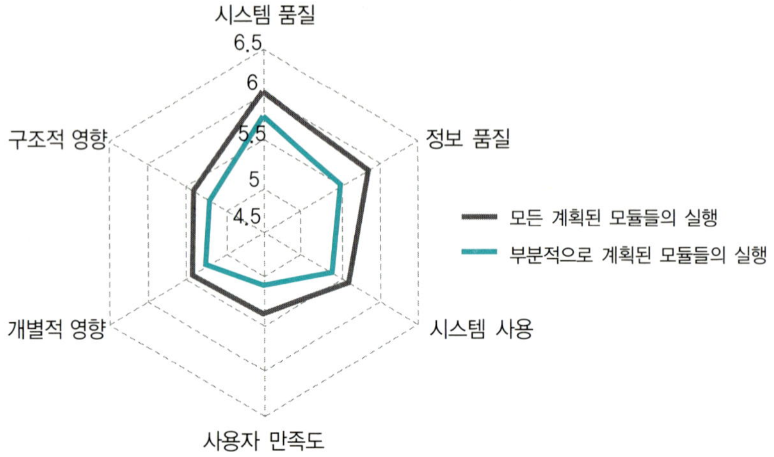

자료: Tsai et al., 286 large companies in Taiwan, First Workshop on Knowledge Economy and Electronic Commerce.

표 5-4 | 표를 이용한 ERP 평가 결과

ERP시스템 근원	시스템 품질	정보 품질	시스템 사용	사용자 만족도	개별적 영향	구조적 영향	혼성 수행	빈도
원천시스템부터의 평가	6.043	5.931	5.683	5.467	5.634	5.582	5.7138	41
자체 개발	6.287	6.049	5.865	5.811	5.688	5.709	5.9089	25
외주	5.941	5.875	5.630	5.469	5.564	5.497	5.6845	40
ERP패키지	5.803	5.570	5.405	5.090	5.087	5.142	5.3585	119
ERP패키지와 다른 시스템	5.685	5.523	5.262	4.994	5.229	5.084	5.3653	54

정확성, 데이터베이스 내용, 데이터 현재성, 시스템 정확성, 응답시간 등을 기준으로 성과를 평가할 수 있으며, 정보 품질 측면에서는 산출의 신뢰성, 산출의 적시성, 산출의 유용성, 산출의 이해가능성, 산출의 관련성 등을 기준으로 성과를 평가할 수 있다. [그림 5-8]과 [표 5-4]는 정보시스템 성공모형에 근간을 둔 ERP 평가의 예시이다.

다음 [그림 5-9]는 호주 500대 기업을 대상으로 10여 년간의 ERP 성과를 나타낸 그림이다. 보이는 바와 같이 ERP 도입의 효과는 처음에는 주춤하다가 가파르게 성과가 나타나고 시간이 더 지나면 안정화되는 모습을 보이고 있다. 처음에 성과가 기대한 만큼 나타나지 않는 이유는 새로운 정보시스템을 사용하는 것에 대한 학습의 덜 되었거나 데이터 입력에 대한 부담, 조직의 저항, ERP 활용 미숙 등이 원인일 것이다. 그리고 성숙되면서 ERP 사용기간에 비해 기업 성과가 둔화될 때에는 ERP에 대한 유지보수가 필요한 단계일 것이다.

이러한 성과 곡선은 한국 300개 기업을 대상으로 한 정보시스템 성과곡선과 거의 일치한다.

그림 5-9 ERP가 기업성과에 미치는 영향

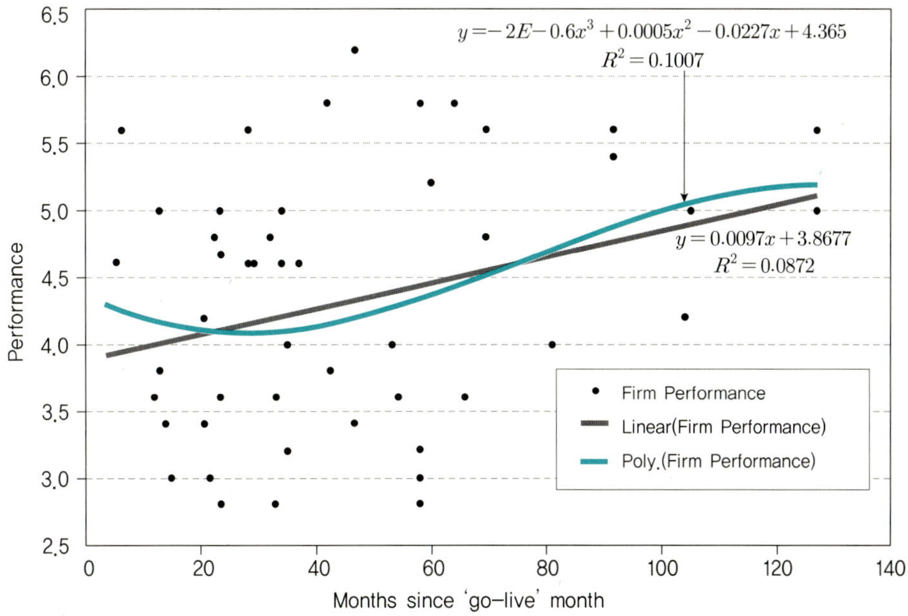

자료: 호주 500대 기업 대상 Wieder et al.의 조사(https://faculty.biu.ac.il/~shnaidh/zooloo/lis/The%20impact%20of%20ERP%20systems%20on%20firm%20and%20business%20process%20performance.pdf)

(8) ERP 유지 및 보수

ERP 도입이 성숙 단계로 들어가면서 도입효과가 둔화되는 시기가 올 수 있다. 이때 ERP시스템의 효과를 지속하기 위해서는 정기적인 유지보수가 필요하다. ERP 유지보수 행동으로는 기능/옵션 추가, 업그레이드, 공급자/솔루션 교체, 활용 취소 등이 있다. 2004년 미국의 104개 기업을 대상으로 조사한 결과, ERP 유지보수 행동 중 기능/옵션 추가 148건, 업그레이드 15건, 공급자/솔루션 교체 11건, 활용 취소 8건으로 기능/옵션 추가 행동이 압도적으로 많았다. 기능/옵션 추가 행동은 주로 ERP시스템이 기준으로 하는 모범 사례의 업무 프로세스의 변경 때문에 발생한다.

(9) 모바일 ERP

모바일 ERP는 ERP시스템을 통해 관리되는 개인의 성과, 업무정보와 같은 기업 내의 정보들을 언제 어디서나 실시간으로 파악할 수 있도록 도와주는 모바일 솔루션이다. 스마트폰, 태블릿 PC를 통해 모바일 ERP를 이용하면 개인의 성과나 과업정보를 포함한 전반적인 회사 현황을 실시간으로 파악할 수 있으며, 의사결정을 신속하게 내릴 수 있다.

[그림 5-10]과 [그림 5-11]은 모바일 ERP의 한 종류인 SAP의 Watch Portal Solution의 사용 화면을 보여주는 그림이다.

그림 5-10 모바일 ERP

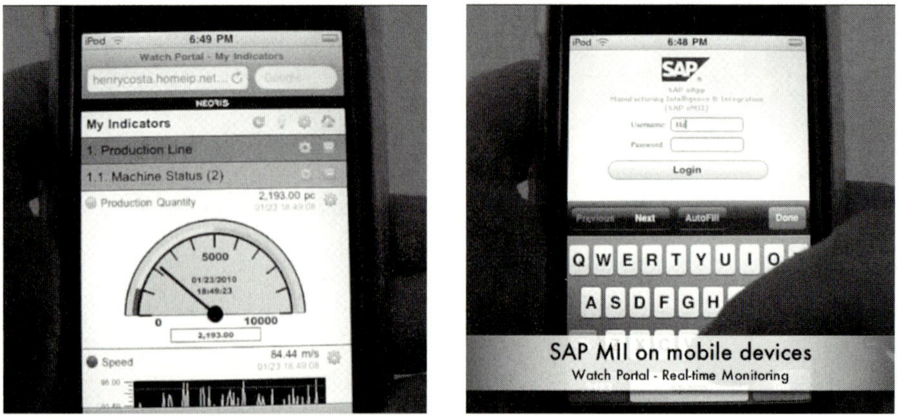

▌그림 5-11▌ SAP의 Watch Portal Solution 사용 화면

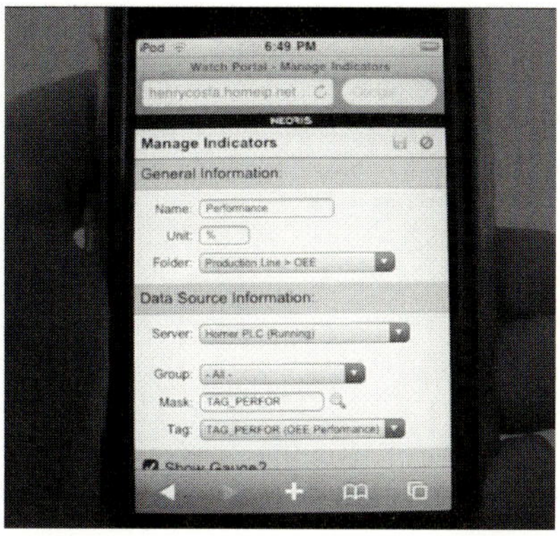

(10) SaaS ERP

자체적인 ERP시스템을 구축하기 위해서는 많은 비용이 소요된다. 따라서 과거에는 규모가 작은 중소기업의 경우 ERP시스템을 엄두도 낼 수 없었다. 하지만 SaaS(Software as a Service) 기반의 ERP 솔루션이 등장하면서 저렴한 비용으로 ERP시스템을 도입하는 것이 가능하게 되었다. SaaS ERP는 공급 업체가 관리하고 유지하는 클라우드 인프라를 통해 인터넷 기반의 플랫폼에서 실행되는 ERP시스템을 말한다. 클라우드 인프라는 네트워크, 서버, 운영체제, 저장영역(storage) 등을 포함한다.

SaaS ERP는 어떤 장점이 있을까? SaaS ERP는 불특정 다수를 대상으로 하는 시장에서 소프트웨어가 거래되기 때문에 SaaS ERP를 이용하는 비용이 자체적인 ERP시스템을 구축하는 비용보다 일반적으로 저렴하다. 시장에서 거래되는 다양한 형태의 소프트웨어 중에서 원하는 소프트웨어를 선택하여 사용할 수도 있으며, 모범 사례의 업무 프로세스를 시스템화해 놓은 표준화된 모듈을 찾을 수도 있다. 또한 비용이 상대적으로 저렴하므로 전략적으로 덜 중요한 소프트웨어를 일시적으로 사용할 때 SaaS ERP를 사용하는 것이 좋다. 그리고 유지보수에 대한 부담감이 최소화된다.

반면에 SaaS ERP의 단점으로는 소프트웨어의 커스터마이즈(customize)가 제한되어 사용자 고유의 애플리케이션을 구성하는 기능이 약하다는 점과, 클라우드 서비스를 이용하는 사용자의 개인정보가 노출되어 프라이버시가 침해될 가능성이 있거나 기업의 기밀이 새어나가는 안전상의 우려가 있다는 점 등이다.

참고 SaaS, PaaS, IaaS

• **SaaS(Software as a Service, 서비스로서의 소프트웨어)**

SaaS란 소프트웨어의 여러 기능 중에서 사용자가 필요로 하는 기능만을 서비스로 배포하는 소프트웨어의 배포 형태이다. 일반 소프트웨어는 사용자들에게 필요한 모든 기능을 소프트웨어에 탑재해서, 모든 사용자들에게 이 기능을 똑같이 제공한다. 따라서 소프트웨어의 일부 기능만 필요하고 상당수의 기능은 필요하지 않은 사용자라도 소프트웨어의 모든 기능에 대해서 요금을 지불해야만 한다. 이와는 달리, SaaS의 경우 각각의 사용자가 자신에게 필요한 기능만을 이용하고, 그 기능에 대해서만 요금을 지불한다.

전통적인 소프트웨어 비즈니스모델과 SaaS의 가장 큰 차이점은 제품 소유의 여부이다. 전통적인 소프트웨어의 경우 고객이 제품의 소유권을 가지며, 기업 내부의 서버 등에 소프트웨어를 저장해서 이용한다. 반면에 SaaS는 공급업체가 하나의 플랫폼을 통해 다수의 고객에게 소프트웨어 서비스를 제공하고, 고객은 제품을 구매하는 것이 아니라, 서비스를 빌려 쓰는 형태이다. SaaS를 이용하면 기업은 새로운 소프트웨어 기능을 구매하는 데 필요한 비용을 대폭 줄일 수 있다. 또한 일정 기간 동안의 소프트웨어 서비스 사용량을 기반으로 비용을 지급함으로써 인프라 투자와 관리 부담을 피할 수 있다.

• **PaaS(Platform as a Service, 서비스로서의 플랫폼)**

SaaS의 개념을 개발 플랫폼에 확장한 개념으로, 개발을 위한 플랫폼 구축을 할 필요 없이, 필요한 개발요소들을 웹에서 빌려 쓸 수 있도록 표준화된 플랫폼을 제공하는 서비스이다. 모든 개발과 관련된 환경 및 프로세스를 제공하며, 필요에 따라 가상화된 하드웨어나 소프트웨어 등도 제공한다.

• **IaaS(Infrastructure as a Service, 서비스로서의 인프라스트럭처)**

IaaS는 서버, 스토리지, 네트워크를 가상화 환경으로 만들어, 필요에 따라 인프라 자원을 사용할 수 있도록 제공하는 서비스이다.

자료: 위키피디아

연습문제

1. ERP는 공급자 중심의 SW인가 아니면 수요자 중심의 SW인가 당신의 주장을 제시하시오.

2. SAP와 ORACLE사의 ERP를 비교해 보시오.

3. ERP 평가기준은 어떤 것인지 정리해 보시오.

4. 기업의 ERP 획득 단계는 일반적인 MIS 획득 단계와 어떤 차이가 있는지 정리해 보시오.

5. 일반적으로 기업 현업에서는 새로운 정보기술 도입에 대해 저항하기 쉽다. 이러한 저항을 최소화할 수 있는 방법을 제안해 보시오.

2 공급사슬관리(SCM)와 고객관계관리(CRM)

(1) 관계를 관리하는 정보시스템

SCM(Supply Chain Management, 공급사슬관리)은 공급자, 제조업자, 소매업자 간에 존재하는 정보를 전산화하는 시스템이고, CRM(Customer Relationship Management, 고객관계관리)은 소매업자와 고객 간에 존재하는 정보를 전산화하는 시스템이라고 볼 수 있다.

[그림 5-12]를 보면 SCM과 CRM의 공통점은 경제주체 간 관계와 관련된 정보를 관리하는 시스템이라는 것이다. SCM과 CRM을 이용하면 공급사슬 안의 모든 회사가 시장의 변화에 대해 거의 제로타임으로 파악할 수 있고, 이를 통해 스스로 업무에 관련된 정보를 파악하여 준비할 수 있다는 이점이 있다.

[그림 5-12]의 네 주체가 모두 연결되는 조직을 가상조직이라고 부른다. 가상조직은 조직활동을 정보 네트워크를 통해 수행하므로 의사결정 단계가 축소되어 환경 변화에 보다 신속하고 유동적으로 대응할 수 있는 가장 이상적인 상태의 조직이다. 하지만 아직까지 구현되지 못하고 있다. EU에서는 가상조직을 디지털에코시스템(digital eco system)이라고 부르기도 한다.

그림 5-12 SCM과 CRM의 범위

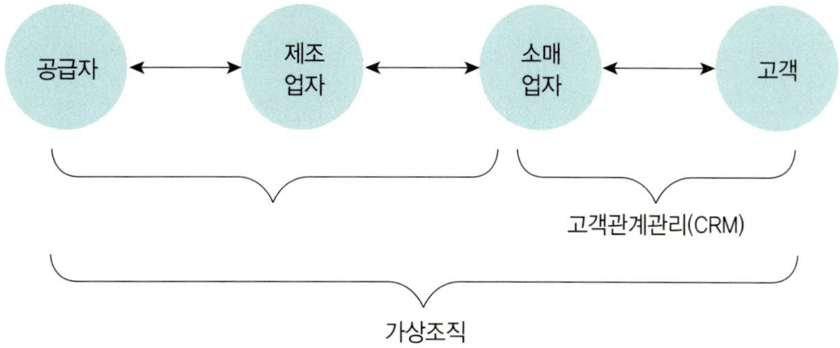

(2) SCM

SCM(Supply Chain Management, 공급사슬관리)은 공급사슬에 묶여져 있는 업체들의 데이터를 전산화하여 공유함으로써 제품의 생산과 유통과정을 하나의 통합망으로 관리하는 시스템이다. 일반적으로 SCM은 제품의 공급과정에서 재화, 정보, 현금의 흐름을 통합적으로 관리하는 것을 뜻한다.[2] SCM을 이용하면 소위 채찍효과를 최소화하게 된다. 채찍효과란 제품에 대한 주문량의 정보가 공급사슬상의 참여주체를 거쳐서 상부 단계로 전달될수록 주문량의 변동이 심해지는 현상을 일컫는다. 즉, 주문에 대한 불확실성이 공급사슬의 후방으로 갈수록 점점 커지는 것이다. 결국 채찍효과는 공급사슬 내에 소비자 시장 현황에 대한 정보가 제대로 공유되지 않아 생기는 현상이고 불확실성에 따른 비용 증가를 야기한다. 그러나 SCM을 통하여 공급사슬 내에 있는 기업 사이에 소비자 정보가 공유되면 생산과 유통과정의 모든 단계를 최적화하여 소비자가 원하는 제품을 원하는 시간과 장소에 제공할 수 있다. 결국 업체들 간의 실시간 정보공유를 통해 시장과 소비자의 요구에 기민하게 대응할 수 있다.

SCM의 목적에는 고객이 원하는 제품을 적기에 공급하여 재고비용을 줄이고, 실시간 정보공유를 통해 경영의사결정의 속도를 높이는 것 등이 있다. 재고비용은 가까운 장래에 어느 정도의 주문이 들어올지에 대한 불확실성 때문에 발생한다. 불확실성의 원인에는 부정확한 수요(주문량) 예측, 늦은 납품, 불완전한 배달, 가격의 변동 등이 있으며, 불확실성은 주문의 부정확성, 납품 시일의 지체, 비용 증가 등을 야기시킨다. 수주잔량비용(backlog cost)을 줄이는 것도 SCM의 목적 중 하나이다. 수주잔량이란 주문은 받았지만 공급이 아직 완료되지 않은 수주의 양이다.

참고 채찍효과

채찍효과(bullwhip effect)는 소를 몰 때 긴 채찍을 사용하면 손잡이 부분에 작은 힘을 가해서 채찍을 움직여도 채찍의 끝부분에서는 큰 파동이 생기는 것에서 착안하여 붙여진 이름이다. 제품에 대한 주문량의 정보가 공급사슬상의 참여주체를 거쳐서 상부 단계로 전달될수록 주문량의 변동이 심해지는 현상을 일컫는다. 즉, 주문에 대한 불확실성이 공급사슬의 후방으로 갈수록 점점 커지는 것이다.

2 LG경제연구원, "그린 SCM이 지속가능 기업의 경쟁력," 에너지신문, 2011. 8. 16.

채찍효과는 공급사슬상의 참여주체들이 주문량, 즉 수요의 변동에 대해 각각의 입장에서 만약을 대비할 수 있을 정도로 충분한 재고를 축적하기 때문에 발생한다. 소비자 수요가 작게 변동하더라도 공급망을 통해 제조업체에 전달될 때는 변동이 확대되므로, 제조업체 입장에서는 수요의 변동이 매우 불확실하게 보이고, 더 많은 재고를 축적하게 된다. [그림 5-13]은 수요 변동이 발생했을 때 공급사슬의 단계별로 주문량과 재고량의 변동을 보여주는 예이다.

채찍효과는 재고 증가, 고객 서비스 수준의 저하, 생산계획 차질, 수익의 감소 등의 문제를 야기한다. 채찍효과는 공급사슬상의 모든 구성원이 실시간 정보공유를 통해 수요 및 공급에 관한 불확실성을 감소시켜야 줄어든다. 공급사슬의 모든 구성원이 SCM과 같은 시스템으로 재고수준, 일정, 예측, 배송 등에 관한 정보를 실시간으로 공유한다면, 조달, 생산, 유통에 관한 의사결정을 보다 정확하게 할 수 있을 것이다.

▌그림 5-13▌ 채찍효과

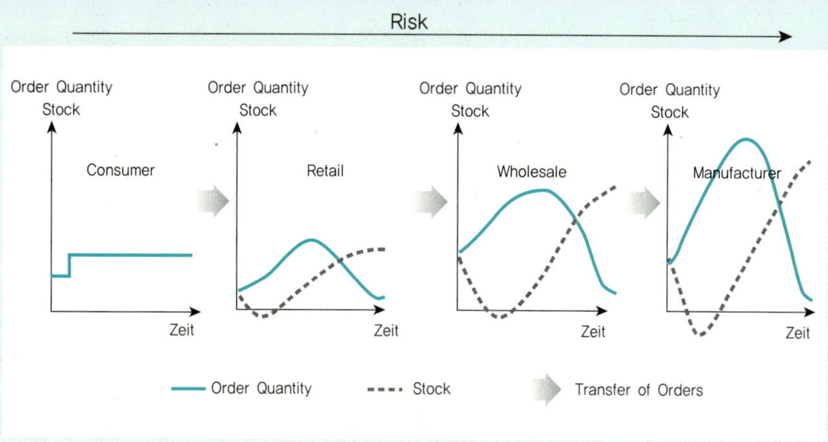

자료: http://en.wikipedia.org/wiki/File:Bulwhip_efect.jpg

(3) SCM 성과 평가

SCM의 성과는 IT 인프라 수준 측면, 프로세스 통합 수준 측면, 지식 통합 수준 측면, 기업 성과 측면, 기업군 성과 측면에서 평가할 수 있다. 각 측면에서의 성과 평가 항목들은 [그림 5-14]에 정리되어 있다. [그림 5-14]에서 화살표는 영향력의 방향을 의미한다. 예를 들어, IT 인프라 수준은 프로세스 통합 수준과 지식 통합 수준에 영향을 준다.

▌그림 5-14▌ SCM 성과 평가 항목

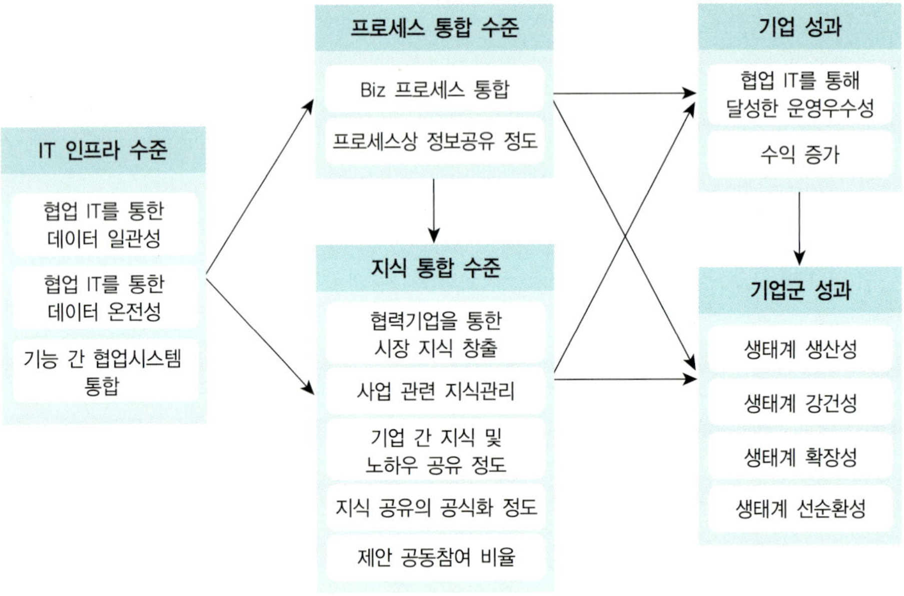

(4) SCM의 장점

SCM의 장점으로는 고효율성, 중간 단계 생략, 응답시간 감소, 기업 정보 가시성 제고, 고객 이해도 제고를 들 수 있다. SCM을 통해 데이터를 실시간으로 공유하여 재고비용이나 유통비용을 절감하고 가격을 인하할 수 있으며, 유통과정을 최적화하여 중간 단계를 줄이거나 생략할 수 있다. 또한 공급사슬 내의 주체 간의 응답시간과 거래시간을 단축할 수 있으며, 기업정보의 가시성을 제고하여 기업 정보의 빠른 이해를 가능하게 할 수도 있다.

일부 SCM 애플리케이션은 기업의 내부와 공급자, 생산자, 유통업자뿐만 아니라 최종 소비자까지 데이터를 공유할 수 있도록 하는 개방형 데이터모델에 기반을 두고 있다. 이 경우, 고객에게 더 많은 정보를 제공하여 고객의 이해도를 제고할 수 있다.

(5) RFID와 SCM

RFID(Radio-Frequency Identification)는 IC칩에 정보를 저장하고 전파를 이용해서

무선으로 정보를 관리하는 차세대 인식 기술이다. RFID로 정보를 관리하기 위해서는 RFID 태그와 RFID 판독기가 필요하다. RFID 태그는 제품에 부착되며, 안테나와 직접 회로로 이루어진다. 직접회로 안에 정보를 기록하고 안테나로 RFID 판독기에 정보를 송신한다.

RFID 판독기에 송신된 정보는 RFID 태그가 부착된 대상을 식별하는 데 이용되는데, 이 점에서 RFID는 바코드와 비슷한 기능을 한다. 바코드시스템과 다른 점은 바코드시스템은 빛을 이용해서 바코드를 판독하는 대신 RFID는 전파를 이용한다는 것이다. 따라서 RFID는 먼 거리에서도 정보를 인식할 수 있다. 뿐만 아니라 바코드시스템보다 저장용량이 훨씬 크고, 실시간 정보 파악이 가능하다. RFID 기술은 출입 통제시스템이나 전자 요금 지불시스템에 많이 이용된다.

그림 5-15 RFID의 원리

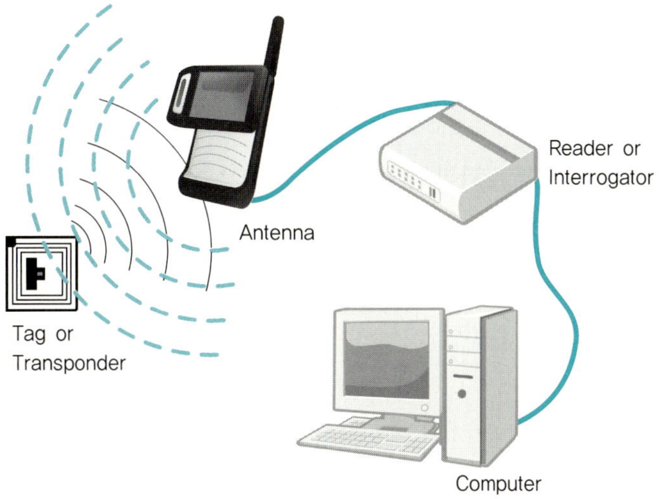

자료: http://www.epc-rfid.info/rfid

이러한 RFID 기술은 SCM 성과 향상에도 커다란 기여를 하였다. RFID를 통해 재고를 자동적으로 전수조사할 수 있게 됨으로써 재고관리에 소요되는 인건비를 절감하고 정확성이 제고되어 결국 관리비용이 절감된다. 그리고 RFID 기술 덕분에 보다 정확한 생산수준 의사결정이 가능하게 되었다.

그림 5-16 RFID를 이용한 자동물류관리

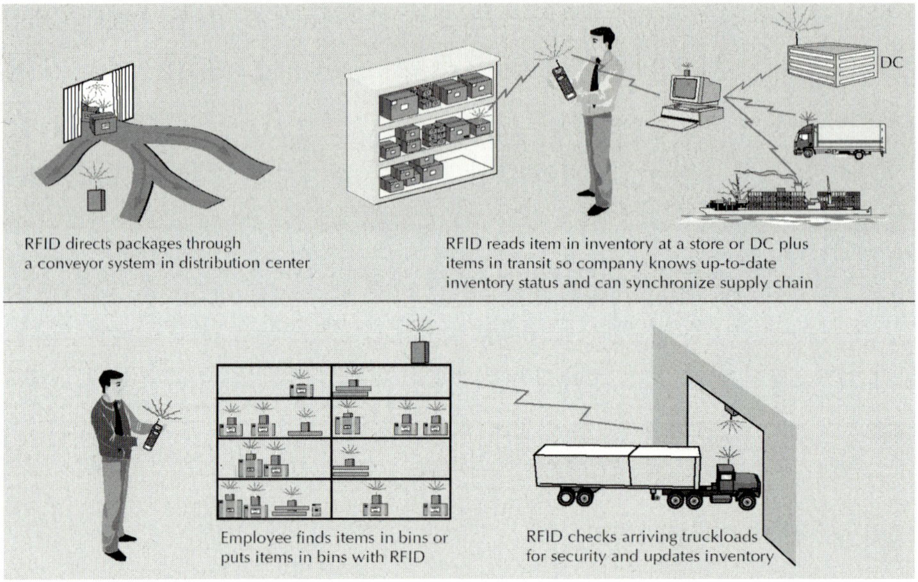

(6) 그린 SCM

최근 전 세계적으로 환경규제가 강화되고 소비자들의 의식수준이 높아지면서 많은 기업들이 친환경적인 성장방식을 모색하고 있다. 제품, 서비스, 생산공정을 넘어 전체 시스템 관점에서 친환경적인 성장방식을 모색하는 기업들이 증가하고 있으며, 특히 SCM 부문에서 친환경 개념을 도입하는, 즉 그린 SCM을 구축하는 기업들이 늘고 있다.

그린 SCM은 관리 범위를 제품을 폐기하고 재활용하는 완제품 처리 단계까지 확대해서 환경오염을 최소화한다. 또한 그린 SCM은 공급망을 설계하고 운영하는 데 가격, 품질, 민첩성, 유연성과 같은 가치뿐만 아니라 친환경재료 사용, 온실가스 감축, 물 사용 절감, 폐기물 최소화, 유해물질 제거와 같은 친환경적인 가치도 중시한다.[3] [그림 5-17]은 그린 SCM을 간단하게 보여준다.

3 LG경제연구원, "그린 SCM이 지속가능 기업의 경쟁력," 에너지신문, 2011. 8. 16.

그림 5-17 그린 SCM

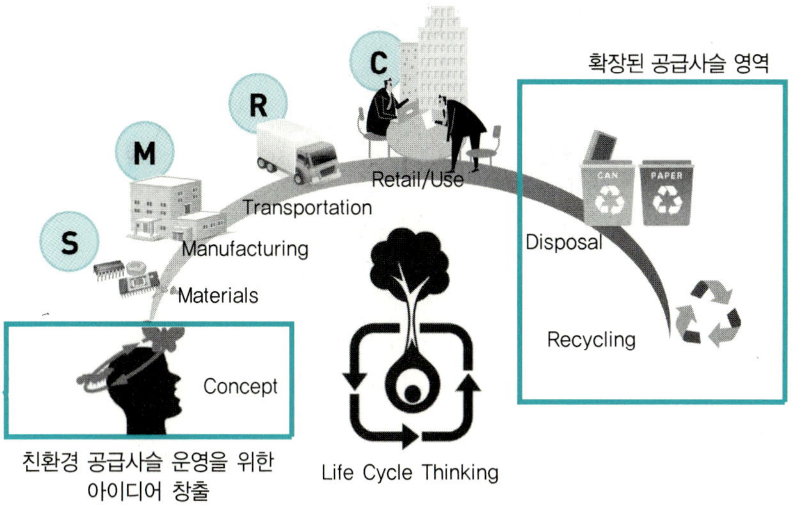

자료: http://www.dlinkgreen.com

(7) SRM

SRM(Supplier Relationship Management, 공급자관계관리)이란 기업의 수익성 극대화에 영향을 미치는 외부 파트너인 공급자와의 관계를 개선하여 기업 경쟁력을 높이기 위한 정보시스템이다. 발주, 응답, 이상 유무, 반응과 결과보고 등을 관리하여 협력 네트워크를 투명하게 운영하는 것, 공급업체와 관련된 구매나 설계, 외주 등의 프로세스를 최적화하는 것, 구매물품을 효과적으로 관리하여 구매비용을 절감하는 것 등을 목적으로 한다.[4] SRM은 이전에 개발된 ERP, SCM과 마찬가지로 프로세스를 혁신하기 위한 정보시스템이며, CRM의 고객가치평가 기능 등 일부 기능을 차용하여 개발되었다.

(8) CRM

CRM(Customer Relationship Management, 고객관계관리)은 기업이 고객과 관련된 내·외부자료를 분석·통합해서 고객에 대해 보다 정확하게 이해하고, 이를 토대로

4 대한금융신문, "삼성전자 전자구매시스템 추진," 2002. 9. 23.

고객 특성에 맞게 마케팅활동을 함으로써 지속적인 고객 관계를 유지하기 위한 고객 관계관리 프로세스이다. CRM은 단순히 정보시스템에 그치는 것이 아니라, 고객관리 프로세스와 노하우들의 총체라고 할 수 있다.

그림 5-18 고객관계관리 프로세스와 노하우들의 총체인 CRM

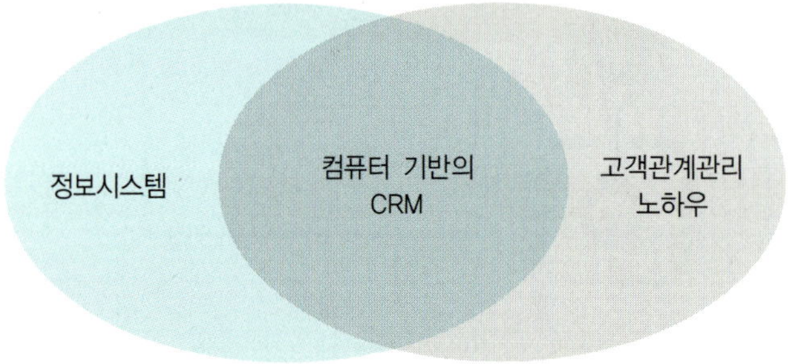

기업은 신규고객을 유치하는 것보다 기존의 고객을 유지함으로써 비교적 저렴하게 매출을 증대시킬 수 있다. 따라서 신규고객 창출보다는 기존고객의 관리에 초점을 맞추고 있는 CRM을 통해 기존고객을 잘 관리하여 고객들의 욕구를 수용하고, 이들로부터 기업이 원하는 수익을 얻을 수 있다.

CRM은 고객 선별, 고객 획득, 고객 개발, 고객 유지의 단계로 이루어져 있다. 첫 번째 단계는 고객 선별의 단계로, 기업에게 가치가 있는 고객을 선별하는 과정이다. 현재의 시장환경에서는 모든 사람들을 고객으로 획득하고 유지할 수 없다. 따라서 모든 사람을 목표고객으로 선정하는 것이나 다른 기업의 고객을 유치하는 것보다 기업에게 가치가 있는 고객을 유지(retention)하는 것이 훨씬 이득이 된다. 이때 가치고객을 선별하기 위해 데이터마이닝 등을 활용할 수 있다.

두 번째 단계인 고객 획득의 단계에서는 고객관계에서 최고의 잠재적 수익성과 영향력을 지닌 고객군에 기업자원을 할당한다. 예를 들면, 판매 및 서비스에 대한 정확한 채널을 설정하거나 신규고객 유치, 고객 재유치, 교차판매, 고객 유지 등을 위한 캠페인을 진행한다.

세 번째 단계는 고객 개발의 단계로, 이 단계에서 기업은 고객이 원하는 것을, 원하는 시간에, 원하는 방법으로 제공할 수 있어야 한다. 이를 위해서는 고객의 요구사항 및 기대수준에 대해 정확히 알고 있어야 한다.

마지막으로 네 번째 단계는 고객 유지의 단계이다. 기업은 고객이 원하는 제품과 서비스를 지속적으로 제공해야 고객을 유지할 수 있다. 이를 위해서 기업은 고객에 대한 피드백관리를 필수로 해야 한다. 기업은 다양한 채널을 통해 고객과 계속 대화를 해야 하며, 최신 고객정보 및 시장정보를 획득해야 한다. 기업이 고객들에게 그들 개개인의 기호, 가치, 요구사항, 문제점 등에 대하여 적절하고 차별화된 서비스를 지속적으로 제공한다면, 높은 고객 만족도와 고객 충성도를 이끌어 낼 수 있을 것이다. 그리고 충성고객은 시간이 지날수록 더 많은 이익을 가져다줄 것이다.

한편 CRM을 활용한 주요 고객관계방법으로는 교차판매(cross-selling), 상향판매(up-selling), 재판매(re-selling) 등이 있다. 교차판매란 고객이 이미 구매한 품목 이외에 새로운 품목을 구매하도록 유도하는 판매전술이다. 예를 들어, 아마존에서 빅데이터 관련서적을 구매한 고객에게 새로 출간된 텍스트마이닝 사용법 관련 서적을 구매할 것을 권유하는 판매전술이 교차판매에 해당한다.

상향판매란 특정 카테고리 내에서 상품 구매액을 늘리도록 유도하는 판매전술이다. 예를 들어, 두 개의 백화점 카드를 사용하는 고객에게 한 백화점에서 포인트 프로그램 등의 방법으로 자사의 신용카드 사용액을 늘리기 위한 노력을 하는 것은 상향판매의 사례로 들 수 있다.

재판매란 고객이 한 번이라도 구매한 품목을 다시 구매하도록 유도하는 활동이다. 신규고객이 재구매를 하게 되면, 이 고객이 그 기업과의 관계를 유지할 가능성이 높아진다.

연습문제

1. 채찍효과의 문제점을 나열하고, 문제를 해결하기 위한 방법을 제시하시오.
2. SCM, CRM 등을 클라우드 컴퓨팅기술로 구축할 경우의 장점과 단점을 논의하시오.

3 빅데이터 분석시스템

최근 들어서 데이터의 폭증, 온라인 검색 서비스, 소셜 미디어(트위터, 페이스북) 등 엄청난 양의 비정형 데이터 및 기업 내 정형 데이터가 누적되는 중이다. 또한 온라인 검색의 로그데이터, 트위터, 페이스북, 블로그, 카카오톡, 기업 내부자료, CRM 등 각각의 범주에는 미래 예측을 위한 어떤 유의미한 정보가 있을지 예측할 수 없을 정도가 되었다. 즉, 한두 개의 범주를 대상으로 진행된 대용량 데이터 분석만으로는 적시성과 신뢰성의 결여로, 올바른 의사결정을 할 수 없다. 이러한 시기에 빅데이터에 대한 관심이 커질 수밖에 없다.

빅데이터는 단순히 다량의 데이터(large scaled data)를 말하는 것이 아닌, 미래의 예측 또는 의사결정에 추천을 하기 위한 실효성 있는 통계, 추세, 패턴을 제공하는 다양한 디지털 데이터의 합을 의미한다. 빅데이터의 요건으로는 일반적으로 4Vs를 언급한다. 첫째로 관리할 용량이 테라급 혹은 기가급 이상으로 매우 방대하며(Volume), 소셜 미디어 데이터나 문서와 같이 데이터의 형식이 비정형적이고(Variety),[5] 데이터 스트리밍 혹은 변경속도가 매우 빠르며(Velocity), 데이터를 이용하려는 개인이나 조직에게 가치가 있는(Value) 데이터를 빅데이터라 한다. 물론 이 모든 것을 다 만족해야만 빅데이터로 부르지는 않지만, 마지막 V인 가치가 있는 데이터여야 하는 것은 분명한 것 같다.

빅데이터 분석은 자칫 데이터마이닝과 혼동되는 경우가 있다. 데이터마이닝은 데이터로부터 의미 있는 의사결정이 가능한 정보를 추출하는 것에 집중하는 데 비해, 빅데이터는 데이터마이닝을 포함하여, 좋은 데이터의 원천을 찾아내고(discover), 그 데이터에 접근하는(access) 기술까지를 모두 포괄하는 기술군이다.

빅데이터 분석시스템은 구글이나 아마존 등 데이터 보유기관이 자신이 분석할 자료의 복잡함과 방대함으로 IBM이나 오라클 등 전문 데이터 분석기관에 의뢰하는 비용이 폭증하면서 스스로 빅데이터를 분석해야겠다는 동기에서 개발되기 시작했다. 이러한 동기에서 관계형 데이터베이스(RDBMS)의 대안격인 NoSQL 계열의 다양한 데이

5 분석이 가능한 공개된 비정형정보는 휴대전화, 이메일, 논문이나 특허 문서, 뉴스, 블로그, 인터넷 카페, 트위터, 페이스북, 포스퀘어 등 다양한 곳에 존재한다.

터 분석도구들이 개발되기 시작했다.

빅데이터 분석의 출발점은 개방된 자료원천으로부터 자료를 받아오는 것이다. 예를 들어서 어떤 URL로부터 문서를 가져오는 작업을 자바언어로 프로그래밍한다면 [그림 5-19]와 같을 것이다. 그리고 저장된 자료를 각 단어 단위로 분리하려면 [그림 5-20]과 같은 작업이 필요하다. 한편 전치사 등 분석에 의미 없어 보이는 단어를 제외하는 단순한 방법은 [그림 5-21]과 같다.

| 그림 5-19 | URL의 페이지를 읽어서 'bigdata.txt'라고 하는 파일에 저장하기

```
import java.net.*;
import java.io.*;
public class ReadURL
{
 public static void main(String arg[]) {
  URL url = null;
  try {
   url = new URL(arg[0]);
  } catch (MalformedURLException el) {
   System.out.println("잘못된 URL 형식!!");
   System.out.println(el);
   System.exit(1);
  }

  FileOutputStream fos = null;

  try {
   URLConnection urlcon = url.openConnection();
   // URL 클래스의 openConnection()을 이용하여 URLConnection 객체를 얻는다.

   String contentType = urlcon.getContentType();
   // 웹 문서의 헤드에서 contentType를 읽어 온다.
   InputStream in = urlcon.getInputStream();
   //  URL 문서의 input stream을 불러온다.
   fos = new FileOutputStream("bigdata.txt");

   byte[] buffer = new byte[512];
   int readcount = 0;

   System.out.println("Reading.....");
   while ((readcount = in.read(buffer)) != -1) {
```

```
    fos.write(buffer, 0, readcount);
   }

   System.out.println("bigdata.txt" + "SAVE Finish");
  } catch   (Exception e)   {
   System.out.println(e);
  }  finally  {
   try {
    if(fos != null) fos.close();
   }  catch   (Exception e)  {}
  } } }
```

그림 5-20 'bigdata.txt'라고 하는 파일을 열어서 토큰 단위로 분리한 다음 화면에 프린트하기

```
import java.io.File;
import java.io.FileNotFoundException;
import java.lang.IllegalStateException;
import java.util.NoSuchElementException;
import java.util.Scanner;
public class Test5
{
    public static void main(String[] args)
    {
      String it = "";
      try
      {
         Scanner input = new Scanner( new File( "bigdata.txt" ) );
                    do
                    {
                              it = input.next();
                              System.out.println(it);
                    }
                    while (it.compareTo("")!=0);
      } // end try
      catch ( FileNotFoundException fileNotFoundException )
      {
         System.err.println( "Error opening file." );
         System.exit( 1 );
      } // end catch
      }
}
```

그림 5-21 파일에서 특수 단어들이 들어간 것은 제외하고 단어 읽기

```
import java.io.File;
import java.io.FileNotFoundException;
import java.lang.IllegalStateException;
import java.util.NoSuchElementException;
import java.util.Scanner;
public class Test6
{
          public static void main(String[] args)
          {
            String it = "";
            int count = 0;
      try
      {
         Scanner input = new Scanner( new File( "bigdata.txt" ) );
                  do
                  {
                           it = input.next();
                           if ((it.substring(0,1).compareTo(" < ") != 0)
                                    && (it.indexOf(' > ') < 0)
                                    && (it.indexOf("of") < 0)
                                    && (it.indexOf("for") < 0)
                                    && (it.indexOf("of") < 0)
                                    && (it.indexOf("et") < 0)
                                    && (it.indexOf("al.") < 0)
                                    && (it.indexOf("an") < 0))
                           {
                                    count++; System.out.println(count+" "+it);
                           }
                  }
                  while (it.compareTo("")!=0);
      } // end try
      catch ( FileNotFoundException fileNotFoundException )
      {
         System.err.println( "Error opening file." );
         System.exit( 1 );
      } // end catch
          }
}
```

이렇게 하여 저장된 빅데이터 분석의 출발점은 가시화(visualization)이다. 빅데이터의 가시화는 정보 소비자들에게 흥미를 유발할뿐더러 직관을 제공하여 본인을 위한 빠른 진단과 의사결정을 유도할 수 있다.

가시화를 위해서는 마이크로소프트 엑셀을 사용할 수도 있으나 보다 전문적인 그래프를 제작할 수 있고 쉽게 구할 수 있는 도구는 R이며 'http://cran.cnr.berkeley.edu' 등에서 무료 라이선스를 확보할 수 있다. 한편 R과 마이크로소프트 엑셀을 같이 사용하려면 마이크로소프트 엑셀에 애드온 되는 RExcel(http://rcom.univie.ac.at/download.html#RExcel)을 사용해도 좋다. [그림 5-22]는 R을 이용한 그래프 작성의 예이다.

[그림 5-22] 가시화 도구를 이용한 다양한 그래프 작성 예

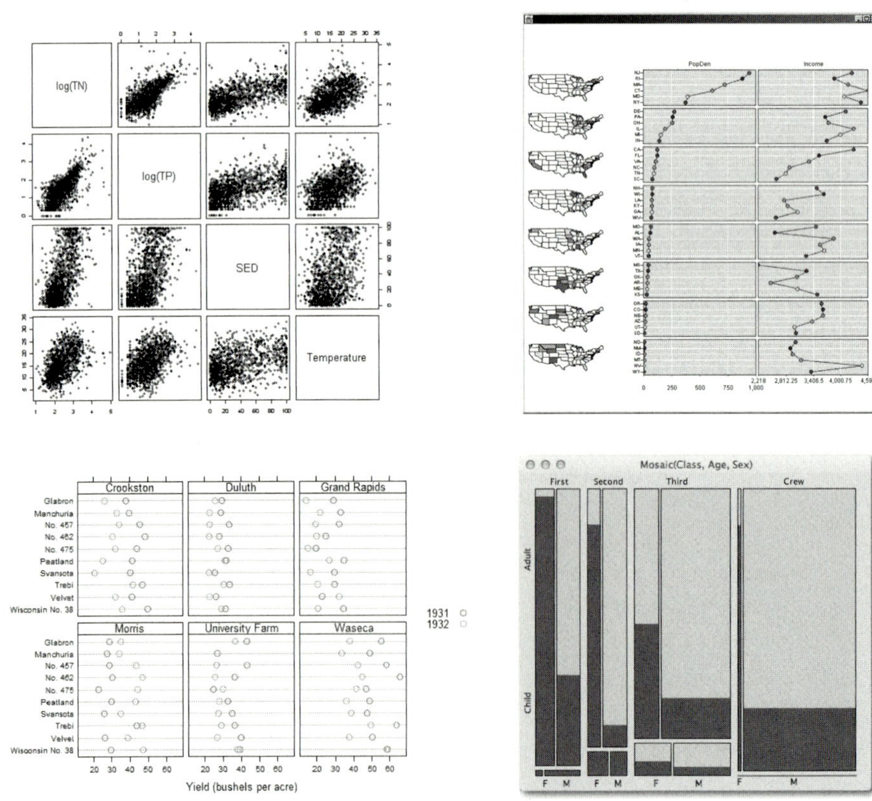

그러면 빅데이터는 기업경영에 어떻게 기여하는가. 빅데이터는 기업으로 하여금 사실 기반의 경영을 하도록 돕는다. 경영자는 조직원에게 끊임없이 사실에 기반한 원인분석을 지시할 수 있다. 빅데이터를 활용한 사실 기반의 경영은 문제 인식, 빅데이터를 활용한 근본원인분석, 미래에 대한 예측(to-be 그림 그리기) 수행, 예측치에 대한 대책 강구(should-be 그림 만들기), 사실 기반 대책의 효과 체험으로 사실 기반 경영에 대한 동기유발, 그리고 유발된 동기로 좀 더 정교한 근본원인분석과 예측모델의 업그레이드, 그리고 다시 문제를 재인식하는 단계를 순환적으로 수행하는 것이다. 따라서 빅데이터 프로젝트는 정보기술 부서만의 프로젝트가 되어서는 안 되며 최고경영자 또는 기획본부하에서 경영진, 빅데이터 분석전문가, 현업 부서가 같이 참여하는 별도의 팀으로 추진되어야 한다.

연습문제

1. 빅데이터 분석이 일반 데이터 분석에 비해 어떤 특징이 있는지 서술하시오.
2. 트위터나 페이스북에서 비정형 텍스트를 수집하여 어떤 단어가 몇 회 등장하는지 계산하는 컴퓨터 프로그램을 작성하시오.

e-business system

6

Chapter

웹 서버 구축하기

1. 웹 서버 구축 준비
2. 웹 페이지 만들기
3. HTML 연습

1 웹 서버 구축 준비

(1) 서버의 IP 주소를 확인할 수 있는 세 가지 방법

지금부터는 윈도우 운영체제를 기준으로 웹 서버를 구축하는 방법을 알아보도록 하자. 웹 서버를 구축하기 위해서는 먼저 서버의 IP 주소를 확인해야 한다. 서버의 IP 주소는 여러 가지 방법을 통해 확인할 수 있다. 그중 세 가지 방법을 소개하고자 한다. 먼저 내 컴퓨터의 IP 주소를 확인할 수 있는 방법이다. 윈도우 7에서는 내 컴퓨터의 IP 주소를 [제어판]-[네트워크 및 공유 센터]-[로컬 영역 연결]-[자세히]-[네트워크 연결 세부 정보]를 통해 확인할 수 있다.

그림 6-1 IP주소 확인방법 1

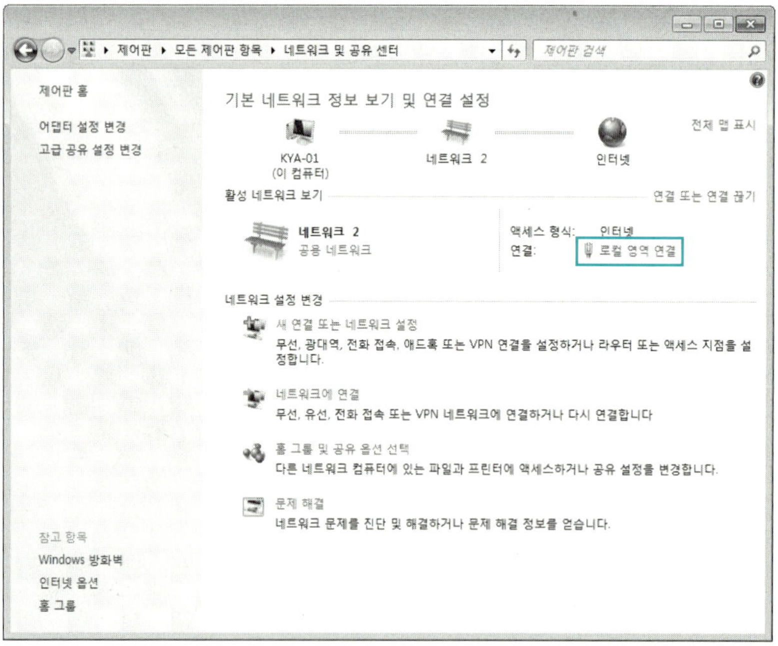

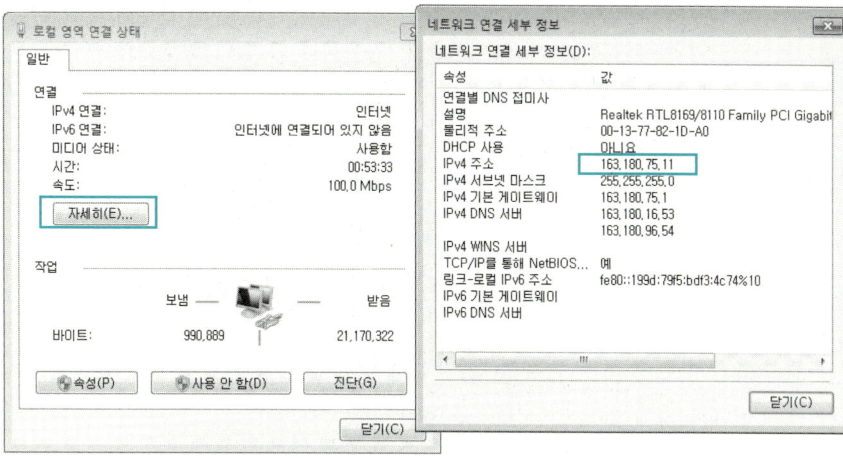

한편 명령프롬프트를 이용해서 내 컴퓨터의 IP 주소를 확인할 수도 있다. 왼쪽 하단의 시작 메뉴를 클릭한 후, '프로그램 및 파일 검색'을 할 수 있는 실행 창에서 'cmd'를 입력해서 명령프롬프트 화면을 실행시킨다. 이때 명령프롬프트 화면에 'ipconfig -all'이라는 명령어를 입력하면 내 컴퓨터의 IP 주소를 확인할 수 있다.

| 그림 6-2 | IP주소 확인방법 2

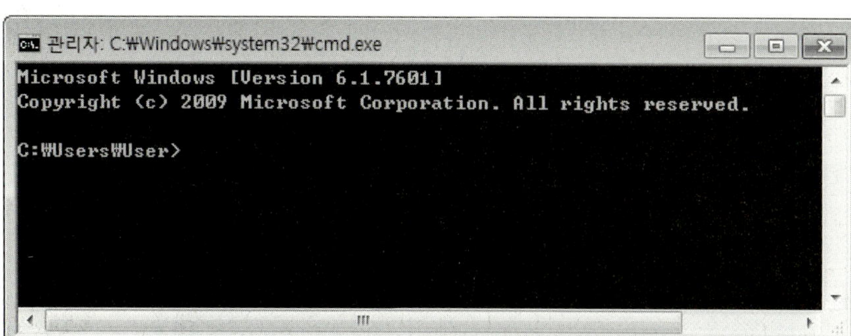

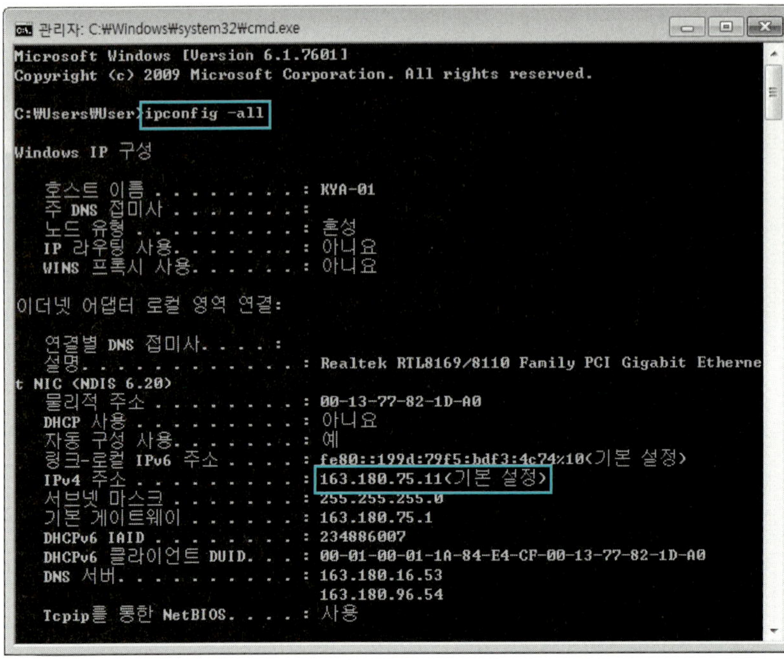

또한 명령프롬프트 화면에 'ping'이라는 명령어를 입력하고, 그 옆에 도메인 주소를 입력하면 도메인의 IP 주소도 확인할 수 있다.

| 그림 6-3 | IP주소 확인방법 3

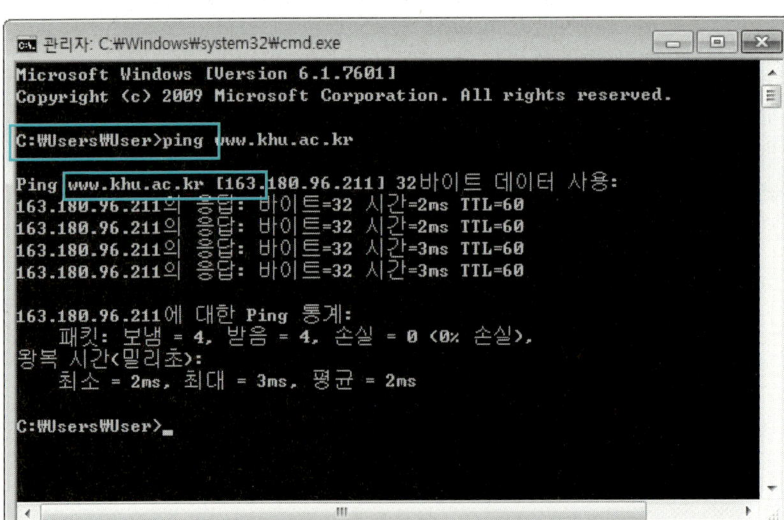

(2) JVM 설치하기

이 책에서는 아파치 톰캣(Apache Tomcat)으로 웹 서버를 구축한다고 가정하였다. 아파치 톰캣은 자바 기반의 도구이기 때문에 서버로 사용할 컴퓨터에 먼저 자바가 설치되어 있어야 하며 이는 자바가상머신(Java Virtual Machine, JVM)이 이미 존재해야 함을 의미한다. 이때 JVM 하드웨어나 운영체제에 상관 없이(즉, 하드웨어 독립적으로) 자바 프로그래밍 언어를 사용해서 프로그램을 개발하고 실행할 수 있도록 해주는 개념이다.

JVM을 설치하기 위해서 'http://www.oracle.com/technetwork/java/archive-139210.html'을 통해 오라클 자바 아카이브에 접속한다. 위의 URL에 접속하면 지금까지 개발된 다양한 버전의 JVM 소프트웨어 목록이 보여진다. 이 중 다운받고자 하는 JVM 버전을 선택해서 다운받으면 된다. 이 책에서는 Java SE 1.4 'Java SE Development Kit 1.4.2_17'을 다운받도록 하자.

'Java SE 1.4'를 선택한 후, 'Java SE Development Kit 1.4.2_17'을 선택한다. 그리고 여러 다운로드 실행 파일 중에서 'j2sdk-1_4_2_17-windows-i586-p.exe'를 다운받는다.

그림 6-4 설치 위치 확인 및 변경

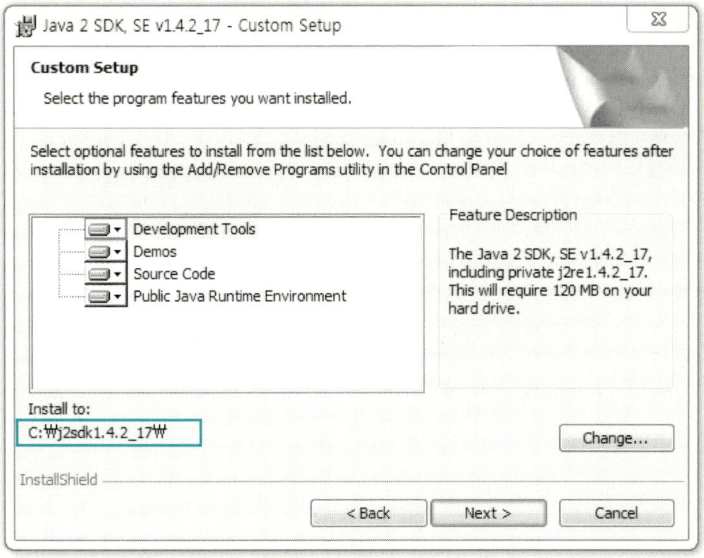

다운로드된 응용 프로그램을 실행시키면 설치 마법사를 통해 JVM을 설치할 수 있다. 설치마법사에 기본으로 정해져 있는 값들을 변경하지 않고 그대로 설치를 진행하면 된다. 원래 저장 위치는 아무 위치나 지정해도 되지만, 이 책에서는 C 드라이브 밑에 저장하도록 하겠다. 저장 위치 또한 기본적으로 C 드라이브로 지정되어 있으므로 변경하지 않아도 된다.

JVM을 설치한 후에는 환경변수를 설정해 줘야 한다. 환경변수를 설정하는 이유는 컴퓨터 어떠한 곳이라도 Java 프로그램을 접근할 수 있도록 해주기 위함이다. 따라서 별도의 환경변수를 추가적으로 설정해서 작업 위치를 지정해야 한다.

윈도우 7에서는 [제어판]-[시스템]-[고급 시스템 설정]-[고급 탭]-[환경변수]에서 Path와 CLASSPATH를 지정할 수 있다.

그림 6-5 CLASSPATH 설정 찾기

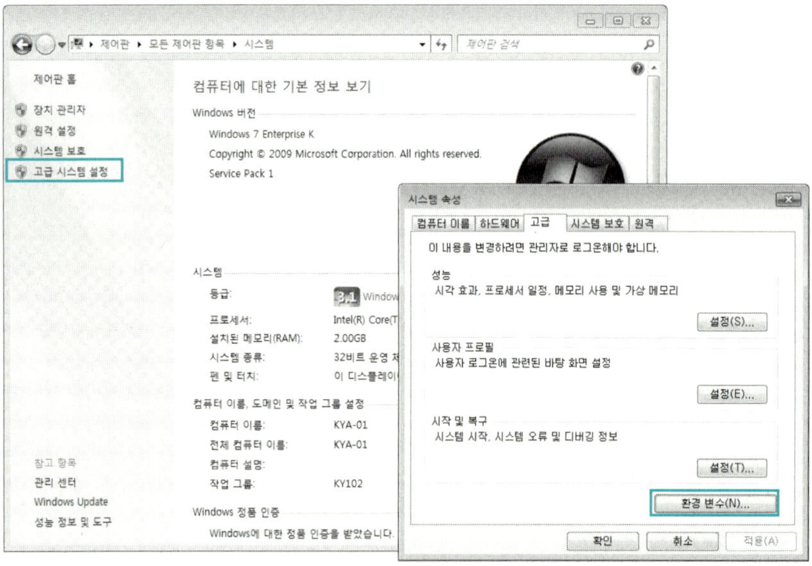

환경변수로 들어가서 시스템변수에서 새로 만들기 기능을 통해 'JAVA_HOME'이라는 변수를 추가한다. JAVA_HOME은 자바의 경로를 알려주는 것이다. 자바의 경로는 C 드라이브의 'j2sdk1.4.2_17' 폴더로 들어가서 주소 창을 클릭한 후 복사해서 얻을 수 있다. 이 책의 경우, 자바의 경로는 'C:\j2sdk1.4.2_17'이다.

그림 6-6 CLASSPATH 설정

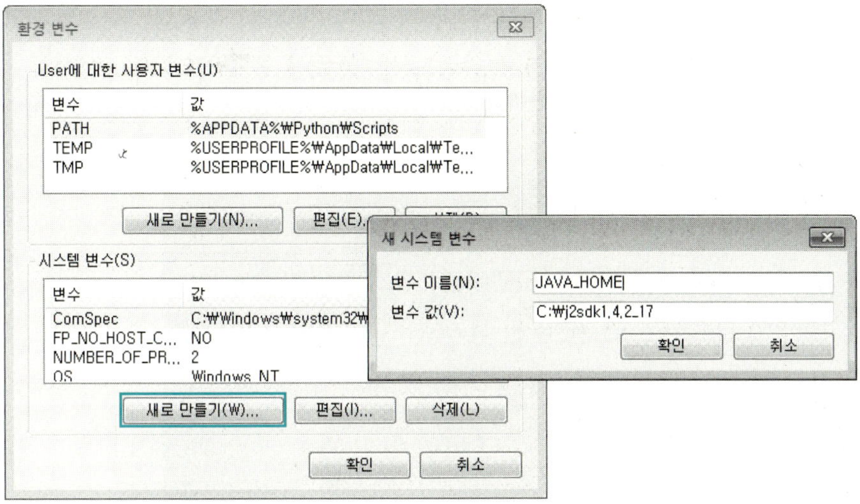

이제 Path를 지정해야 한다. Path에서 'javac.exe' 및 'java.exe'가 있는 위치를 지정해 주면 컴퓨터의 어느 위치에서도 자바 프로그램을 컴파일하고 실행할 수 있다. 시스템변수에서 [Path]를 클릭하고 편집을 누르거나, [Path]를 더블클릭을 하면 Path변수 이름과 변수값을 편집할 수 있다. 변수값 부분에 'j2sdk1.4.2_17'의 'bin'폴더의 경로를 입력하고, 경로의 뒤에 세미콜론(;)을 붙여준다. 이 책의 경우, Path의 변수값은 'C:\j2sdk1.4.2_17\bin'이다.

그림 6-7 Path 설정

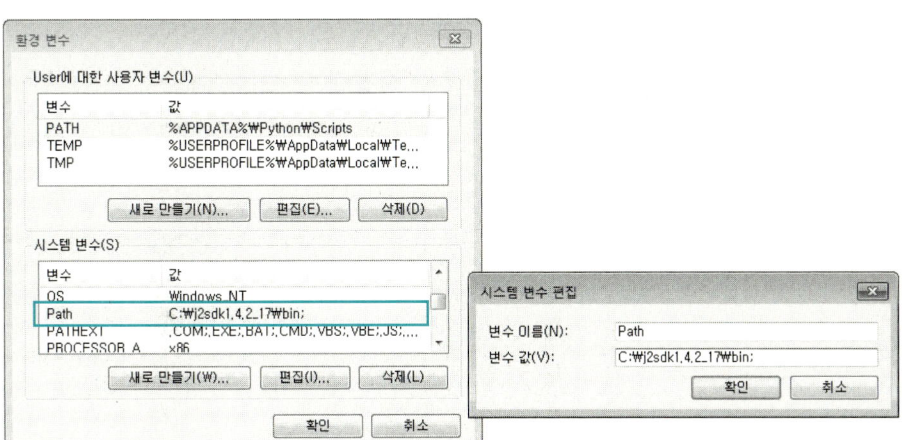

명령 프롬프트(cmd) 화면에서 'javac'를 명령했을 때 다음과 같은 화면이 나온다면 환경변수가 성공적으로 설정된 것이다.

|그림 6-8| Path가 제대로 설정되었는지 확인

```
관리자: C:\Windows\system32\cmd.exe
Microsoft Windows [Version 6.1.7601]
Copyright (c) 2009 Microsoft Corporation. All rights reserved.

C:\Users\User>javac
Usage: javac <options> <source files>
where possible options include:
  -g                         Generate all debugging info
  -g:none                    Generate no debugging info
  -g:{lines,vars,source}     Generate only some debugging info
  -nowarn                    Generate no warnings
  -verbose                   Output messages about what the compiler is doing
  -deprecation               Output source locations where deprecated APIs are us
ed
  -classpath <path>          Specify where to find user class files
  -sourcepath <path>         Specify where to find input source files
  -bootclasspath <path>      Override location of bootstrap class files
  -extdirs <dirs>            Override location of installed extensions
  -d <directory>             Specify where to place generated class files
  -encoding <encoding>       Specify character encoding used by source files
  -source <release>          Provide source compatibility with specified release
  -target <release>          Generate class files for specific VM version
  -help                      Print a synopsis of standard options


C:\Users\User>
```

CLASSPATH는 'jar' 파일 있는 곳을 지정해 주는 것이다. CLASSPATH를 설정하는 이유는 다른 경로에 존재하는 자바패키지를 프로그램에서 사용하려고 할 때 필요하기 때문이다. CLASSPATH가 제대로 설치되어 있지 않으면 자바 프로그램을 실행할 때 해당 클래스가 없다는 에러 메시지를 받는다.

CLASSPATH가 이미 존재한다면 경로를 추가 편집하면 되고, 존재하지 않는다면 시스템변수를 새로 만들어서 변수 이름과 변수값을 지정해 주면 된다. 변수 이름은 'CLASSPATH'이고, 변수 값은 '%JAVA_HOME%\lib\tools.jar'이다. 그리고 혹 다른 위치에 있는 패키지를 사용하고 싶다면 그 패키지가 있는 Path를 추가하면 된다. 그리고 Path와 Path 사이에는 ';'을 입력하여 구분한다. 그리고 여기서 한 가지, CLASSPATH에 '.'을 추가하는 것을 잊지 말자. '.'은 현재 디렉토리를 의미한다.

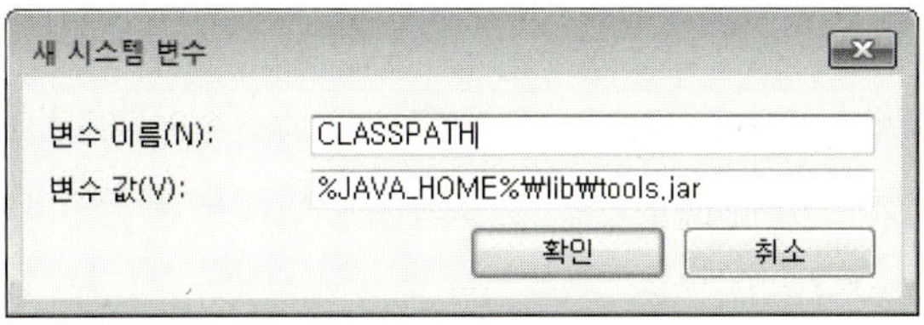

(3) 아파치 톰캣 설치하기

이제 JVM이 준비되었으면 아파치 톰캣을 설치하면 된다. 아파치 톰캣(Apache Tomcat)이란 아파치 소프트웨어 재단에서 개발한 웹 애플리케이션 서버이다. 아파치 톰캣을 사용하면 자바 코드로 쓰여진 소스를 웹 서버에서 실행할 수 있다. 아파치 톰캣을 설치하기 위해서 'http://jakarta.apache.org/tomcat'을 통해 아파치 톰캣 웹 페이지에 접속한다. 화면의 왼쪽에 보여지는 다양한 버전의 아파치 톰캣 중 다운받고자 하는 버전을 선택해서 다운받으면 된다. 이 책에서는 'jarkarta-tomcat-4.1.37'을 다운받도록 하겠다. 'jarkarta-tomcat-4.1.37.exe'는 [Archives]–[tomcat-4]–[v4.1.37]–[bin]에서 'jarkarta-tomcat-4.1.37.exe' 파일을 다운받으면 된다. 다운로드된 응용 프로그램을 실행시키면 설치 마법사를 통해 아파치 톰캣을 설치할 수 있다. 설치마법사에 기본으로 정해져 있는 값들을 변경하지 않고 그대로 설치를 진행하면 된다. 단, 저장 위치는 변경한다. 원래 저장 위치는 아무 위치나 지정해도 되지만, 이 책에서는 C 드라이브 밑에 저장하도록 하겠다.

(4) 아파치 톰캣 설치 완료 확인하기

아파치 톰캣이 제대로 설치되었는지 확인하기 위해서는 먼저 아파치 톰캣을 실행해야 한다. [컴퓨터]–[로컬 디스크 (C:)]–[Tomcat 4.1]–[bin]에서 'startup' 배치파일을 더블클릭하여 아파치 톰캣을 실행한다. 도스 창이 뜨면서 아파치 톰캣이 구동되는 것을 확인할 수 있다.

아파치 톰캣이 제대로 실행되고 있는지 확인하기 위해서, 기본적으로 저장되어 있는 'index.jsp'라는 자바 서버 페이지(JSP, 자바 소스로 구성되어 있음)가 웹 서버에서 실행되는지 확인한다. 아파치 톰캣이 실행되는 동안에만 자바 코드로 쓰여진 소스를 웹 서버에서 실행할 수 있기 때문이다.

'http://IP 주소:8080/index.jsp' 또는 'http://localhost:8080/index.jsp'로 접속했을 때, 다음과 같은 웹 페이지로 접속되면 아파치 톰캣이 제대로 실행되고 있는 것이다. 만약 다음과 같은 화면이 나오지 않는다면 'startup' 프로그램을 실행하지는 않았는지, Path 또는 CLASSPATH 지정이 잘못되었는지 점검해 본다.

그림 6-9 Apache Tomcat 설치 확인

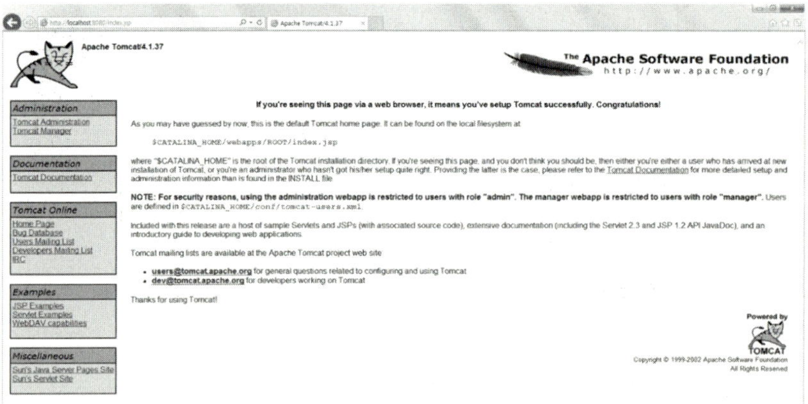

'http://IP 주소:8080/index.jsp'에서 IP 주소 자리에 내 IP 주소가 아닌 다른 IP 주소를 입력하면 다른 사람의 서버용 컴퓨터에서 아파치 톰캣이 실행되고 있는지도 확인할 수 있다. 다만, 'http://localhost:8080/index.jsp'는 내 컴퓨터에서 아파치 톰캣이 실행되는지 확인하고 싶을 때에만 사용 가능하다.

Index.jsp 파일은 [컴퓨터]-[로컬 디스크 (C:)]-[Tomcat 4.1]-[webapps]-[ROOT]에 존재하며, 앞으로 아파치 톰캣을 통해 웹 페이지로 변경하고자 하는 'html', 'jsp', 'pdf', 'ppt' 등의 파일은 ROOT 폴더에 저장하면 된다. 한편 ROOT 밑의 'dir1'이라고 하는 하위디렉토리에 있는 'test.html'이라는 파일을 보고 싶을 땐 'http://IP 주소:8080/dir1/test.html'이나 'http://localhost:8080/dir1/test.html'로 접속하면 된다.

연습문제

1. 아파치 톰캣을 활용하여 자신의 컴퓨터를 웹 서버로 만들어 보시오.
2. 'Ipconfig-all' 명령에서 나오는 정보를 해석해 보시오.

2 웹 페이지 만들기

(1) HTML이란

이제 본격적으로 웹 페이지를 만드는 방법을 알아보도록 하자. 웹 페이지는 'HTML'이라는 프로그래밍 언어를 사용해서 만든다. HTML은 'Hyper Text Markup Language'의 약자로서 하이퍼텍스트(Hyper Text)는 문서와 문서가 링크로 연결되어 있는 형식의 문서시스템을 의미한다. 즉, 링크를 클릭하면 원래 문서에서 다른 문서로 곧바로 이동할 수 있다는 것이다. 인터넷 문서는 하이퍼텍스트의 원리를 이용하여 여러 문서를 링크시켜 다양한 정보를 손쉽게 검색할 수 있도록 해준다. Markup은 명령어가 태그(tag)로 이루어져 있다는 것을 의미한다. 즉, 태그들을 사용하여 원하는 형태의 하이퍼텍스트를 만들 수 있다. 그리고 Language는 단어 뜻 그대로 프로그래밍 언어를 뜻한다. 언어가 사람들 간의 의사소통을 가능하게 하듯이, 프로그래밍 언어는 사람과 컴퓨터 또는 시스템 간의 의사소통을 가능하게 해준다.

(2) HTML 문서 작성

HTML 문서는 일반 텍스트 에디터나 전용 에디터를 사용해서 누구나 쉽게 작성할 수 있다. 이 책에서는 아직도 무료 평가판을 제공하고 있는 EditPlus라는 텍스트 에디터를 사용하도록 하겠다. 'editplus.com'에서 EditPlus의 평가판을 다운받을 수 있다.

그리고 HTML 문서를 작성한 후, 저장할 때 확장자를 ' *.html'로 저장해야 한다. 그래야 브라우저가 인터넷 문서라고 인식하고 HTML 문서를 브라우저 화면에 보여준다.

(3) HTML 문서의 기본 형식

HTML 문서의 기본적인 골격은 다음과 같다.

```
<html>
    <head>
            <title> 문서의 제목 </title>
    </head>
    <body>
        문서의 본문내용
    </body>
</html>
```

<html>, <head>와 같이 꺾쇠와 명령어로 이루어진 것을 '태그(tag)'라고 한다. 태그에 대해서는 나중에 설명하도록 하겠다. 최상위 태그로는 <html>을 사용한다. <html> 태그는 인터넷 문서의 시작을 알리고, </html> 태그는 인터넷 문서의 끝을 알리는 역할을 한다. HTML 문서는 항상 <html>로 시작해서 </html>로 끝나야 한다. </html> 태그 이후에 작성한 문서는 웹상에 나타나지 않는다.

<html> 태그의 하위에는 <head> 태그와 <body> 태그가 존재한다. <head> 태그는 문서 서문의 시작을 알리는 역할을 하며, </head> 태그는 문서 서문의 끝을 알리는 역할을 한다. <head>와 </head> 태그 사이에 <title> 태그를 사용하여 문서의 제목을 기입할 수 있다. 문서의 제목은 브라우저의 제목 표시줄에 나타난다. <body>와 </body> 태그 사이에는 본문의 내용이 위치한다.

(4) 태그

태그는 HTML 문서와 브라우저의 대화 매개체 역할을 한다. HTML 문서를 작성할 때 태그를 이용해서 콘텐츠의 성격과 의미를 정의하는데, 태그 명령어를 제대로 입력해야 웹 페이지에 글, 이미지, 동영상, 소리 등의 콘텐츠를 의도한 대로 나타낼 수 있다. 태그의 형태는 다음과 같다.

```
<태그 명령어> 명령어가 적용되는 내용 </태그 명령어>
```

위에서 볼 수 있듯이, 태그를 사용할 때는 꺾쇠(< >)를 사용하여 명령어를 실행시키고 슬래시(/)를 사용해서 명령어를 해제해야 한다. 대부분의 태그는 시작 태그(<태그 명령어>)와 종료 태그(</태그 명령어>)가 한 쌍으로 이루어져 있으나, 단독으로 사용되는 것도 있다.

또한 태그 명령어 옆에 속성을 표기해서 태그의 부가적인 정보를 설정할 수도 있다. **<태그명령어 속성명1="속성값1" 속성명2="속성값2"> 콘텐츠 </태그명령어>** 형식으로 작성하며, 두 가지 이상의 속성을 함께 표기할 수 있다.

교재에서 태그를 표기할 때 대부분 대문자로 하는데 이것은 개인적인 취향일 뿐이다. 태그 명령어나 태그 안의 속성 이름은 대문자와 소문자를 구분하지 않는다. 예를 들어 <FONT> 대신 <font>로, 심지어 <fOnT>라고 표기해도 무관하다.

(5) 웹 페이지 만들기

앞에서 배운 내용을 바탕으로 실제 웹 페이지(홈페이지)를 만들어 보도록 하자. EditPlus와 같은 편집기를 이용해서 새 문서를 만든 후, 다음과 같이 작성한다.[1]

```
<html>
    <head> <title> 홈페이지 만들기 </title> </head>
    <body>
        안녕하세요. 홈페이지 만들기 연습 중입니다.
    </body>
</html>
```

작성이 끝나면, 이 문서를 저장해야 한다. 저장할 때 확장자를 '*.html'로 설정해야 HTML 문서로 저장된다. 앞서 말했듯이, HTML 문서를 [컴퓨터]-[로컬 디스크(C:)]-[Tomcat 4.1]-[webapps]-[ROOT]에 저장해야 아파치 톰캣을 통해 웹 페이지로 변경이 가능하다. HTML 문서를 저장하면 ROOT 폴더에서 다음과 같이 새로운 파일이 생긴다.

1 'http://home.everywow.com'에 풍부한 예제들이 있다.

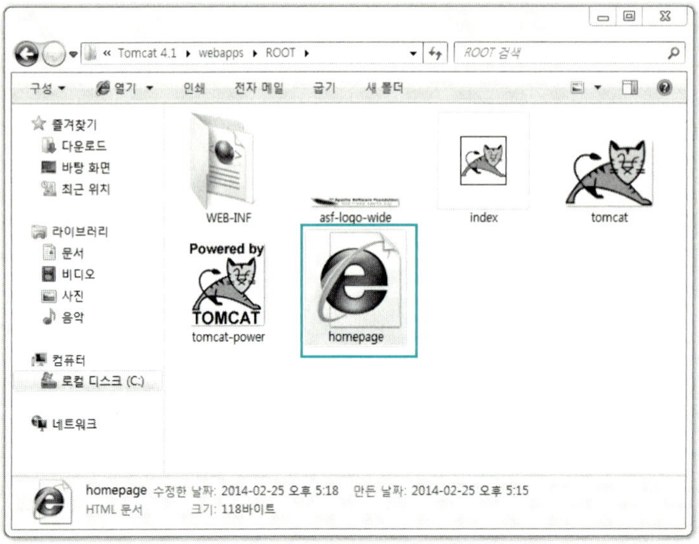

이 파일을 더블클릭하면 다음과 같은 화면을 확인할 수 있다.

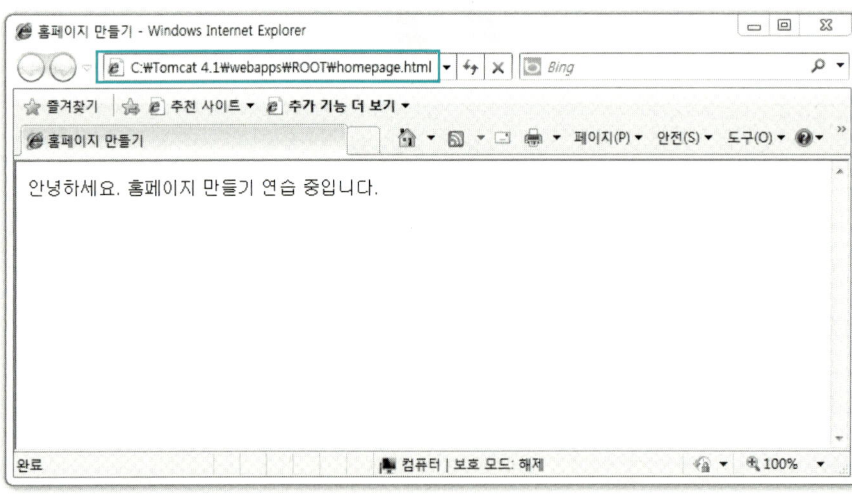

주소창의 경로를 통해 알 수 있듯이, 이 화면은 ROOT 폴더를 통해 실행되었다. 이제 이 HTML 문서가 아파치 톰캣을 통해 웹 페이지로 만들어졌는지 확인해야 한다. 아파치 톰캣이 실행되고 있을 때만 웹 페이지가 표시된다는 점을 주의해야 한다([컴퓨터]−[로컬 디스크 (C:)]−[Tomcat 4.1]−[bin] 에서 'startup' 배치파일을 더블클릭하여 아파치 톰캣을 실행할 수 있음). 웹 브라우저에서 'http://내 컴퓨터의 IP 주소:8080/test.html' 또는 'http://localhost:8080/test.html'로 접속하였을 때 같은 화면이 보여진다면 웹 페이지가 생성된 것이다.

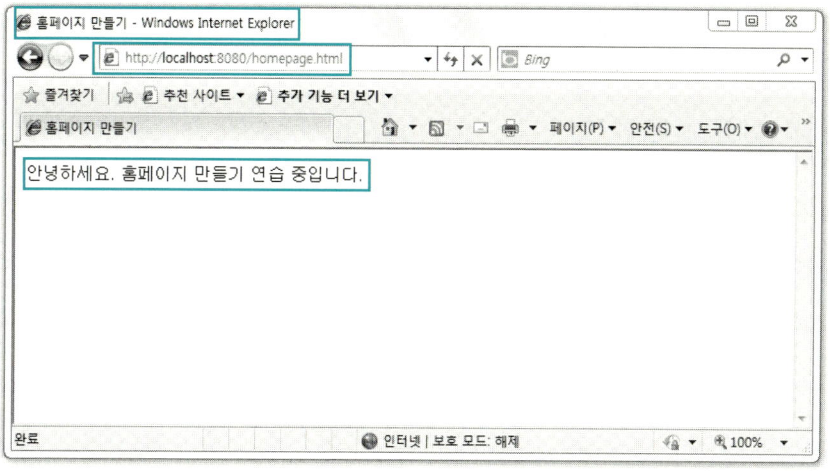

<title> 태그를 통해 설정한 문서의 제목이 브라우저 창의 제목 표시줄에 표시되었고, 본문의 내용은 내용 표시 창에 표시된 것을 확인할 수 있다.

연습문제

1. Java를 설치한 후 CLASSPATH를 수정하지 않으면 어떤 문제가 생기는지 논의하시오.
2. Apache Tomcat이 설치된 컴퓨터에 자신의 홈페이지를 구축한 후, 그 홈페이지를 스마트폰에서도 보이시오.
3. 잘 알려진 포털사이트의 IP 주소를 Ping명령어로 확인하고, 만약 같은 사이트의 IP 주소가 두 개 이상 존재한다면, 그 이유는 무엇일지 생각해 보시오.

3 HTML 연습

이제 본격적으로 HTML 문서를 작성하는 방법을 배워 보도록 하자. 앞으로의 내용은 'http://home.everywow.com'을 참고하여 작성한 것이다.

(1) 배경과 글꼴 설정하기

이제부터는 본문을 구성하는 태그들을 설명할 것이다. 간단한 설명을 위해 <HTML>, <HEAD>, <TITLE> 태그는 생략하고 설명하도록 하겠다. 하지만 HTML 문서에는 <HTML>, <HEAD>, <TITLE> 태그가 반드시 존재해야 한다는 것을 잊지 않도록 주의하자.

먼저 글자와 배경, 이미지, 링크, 선 긋기 등의 기본적인 태그들을 설명하도록 하겠다. 'test.html'이라는 HTML 문서를 만든 후, 이 문서를 변경하면서 하나하나 설명하려고 한다. HTML 문서를 변경할 때마다 꼭 저장하고, 그 후 브라우저의 '새로고침(또는 F5 누르기)' 버튼을 누르도록 하자. EditPlus에 다음과 같은 HTML 문서를 작성하고 '*.html' 형식으로 ROOT 폴더에 저장해 보자.

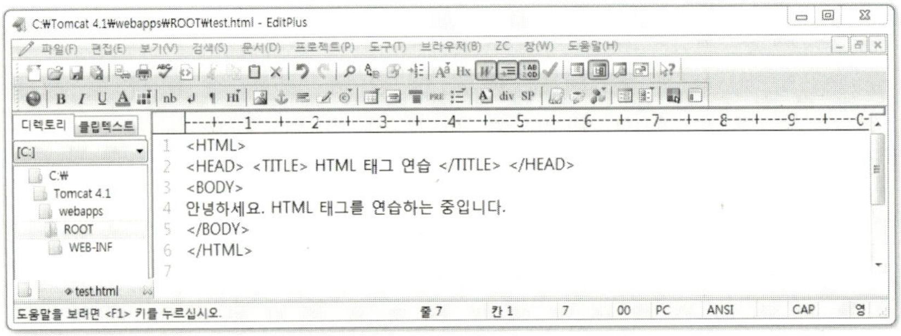

'http://내 컴퓨터의 IP 주소:8080/test.html' 또는 'http://localhost:8080/test.html'로 접속하면 다음과 같은 웹 페이지가 보여진다.

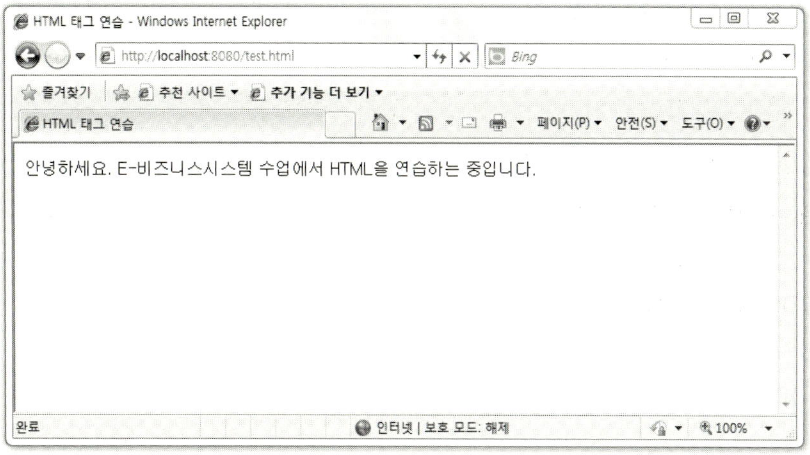

배경색을 바꾸기 위해서는 본문의 태그를 다음과 같이 변경한다.

```
<BODY BGCOLOR=#"ffff00">
    안녕하세요. HTML 태그를 연습하는 중입니다.
</BODY>
```

변경된 HTML 문서를 저장하고, 브라우저를 새로고침(F5 누르기)하면 웹 페이지의 배경이 노란색으로 변경된 것을 확인할 수 있다.

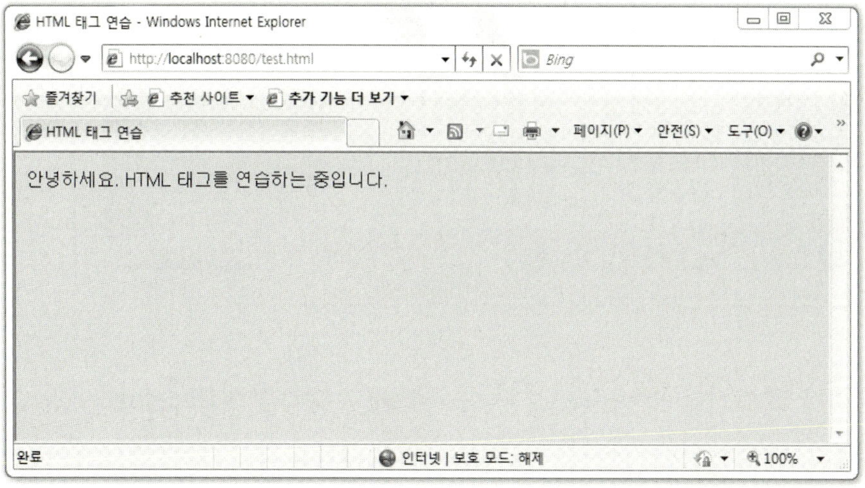

'#ffff00'은 노란색 계열에 해당하는 컴퓨터 용어이다. 'home.everywow.com' 왼쪽 메뉴의 칼라코드 표에서 색상의 코드를 확인할 수 있다.

배경색 대신 배경그림을 지정할 수도 있다. 먼저 ROOT 폴더 밑에 'IMG'라는 하위 폴더를 만들고, IMG 폴더 안에 배경에 넣을 그림 파일을 저장한다. 파일 이름은 영어로 저장해야 한다. 이미지 파일을 저장한 후, 본문의 태그를 다음과 같이 변경한다.

```
<BODY BACKGROUND="IMG/khu.jpg">
    안녕하세요. HTML 태그를 연습하는 중입니다.
</BODY>
```

변경된 HTML 문서를 저장하고, 브라우저를 새로고침(F5 누르기)하면 웹 페이지에 배경그림이 넣어진 것을 확인할 수 있다.

글자를 굵게 하거나(boldface), 기울이거나(italic), 밑줄을 쳐서(underline) 강조할 수도 있다. <B></B> 태그를 이용하면 글자를 진하게 할 수 있고, <I></I> 태그를 이용하면 이탤릭체가 적용되며, <U></U> 태그를 이용하면 밑줄을 적용할

수 있다. 글자의 속성을 변경하기 위해서 본문의 태그를 다음과 같이 변경해 보자.

```
<BODY>
    <B>안녕하세요</B> <I>HTML 태그를</I> <U>연습하는</U> 중입니다.
</BODY>
```

변경된 HTML 문서를 저장하고, 브라우저를 새로고침(F5 누르기)하면 웹 페이지가 다음과 같이 변경된 것을 확인할 수 있다.

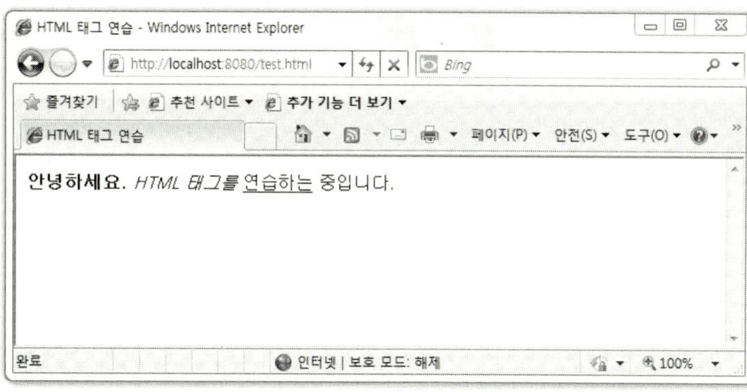

필요하다면 이 태그들을 조합해서 사용할 수도 있다.

```
<BODY>
    안녕하세요<B><I><U>HTML 태그를</U></I></B>연습하는 중입니다.
</BODY>
```

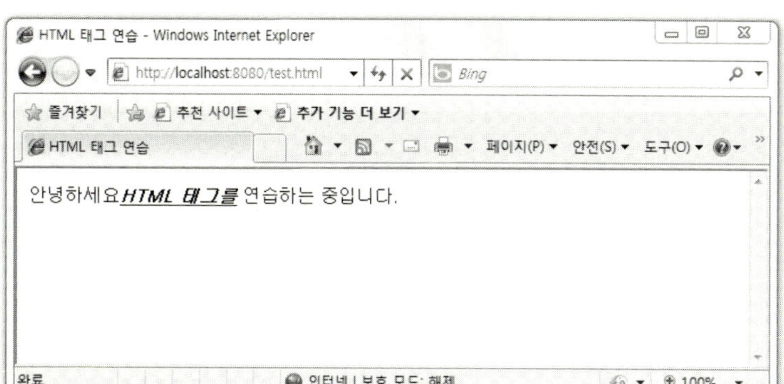

태그를 조합해서 사용할 때, 태그는 꼭 원통형이 되어야 한다. 즉, 다중 태그는 다음과 같이 사용해야 한다.

```
<TAG3> <TAG2> <TAG1> 콘텐츠 </TAG1> </TAG2> </TAG3>
```

만약 태그를 겹쳐서 쓴다면(즉, <TAG2><TAG1></TAG2></TAG1>과 같이 태그가 원통형을 이루지 않는다면), 브라우저가 혼란을 일으킬 수 있다.

글자의 크기나 색, 서체는 <FONT> 태그를 사용해서 변경할 수 있다. 우선 속성을 변경하고자 하는 글자에 <FONT> 태그를 추가한다.

```
<BODY>
    안녕하세요. <FONT>HTML 태그를 연습하는 중입니다.
</BODY>
```

글자의 크기를 변경하기 위해서는 'SIZE' 속성을 지정한다.

```
<BODY>
    안녕하세요. <FONT SIZE=6>HTML 태그를</FONT> 연습하는 중입니다.
</BODY>
```

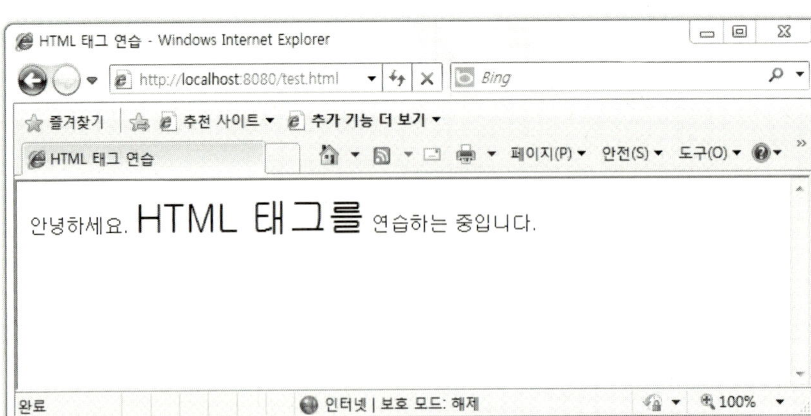

서체나 글자의 색깔을 변경할 수도 있다. <FONT> 태그에 두 가지 속성을 함께 지정해 보도록 하자.

```
<BODY>
    안녕하세요. <FONT FACE='궁서' COLOR="red">HTML 태그를</FONT>
    연습하는 중입니다.
</BODY>
```

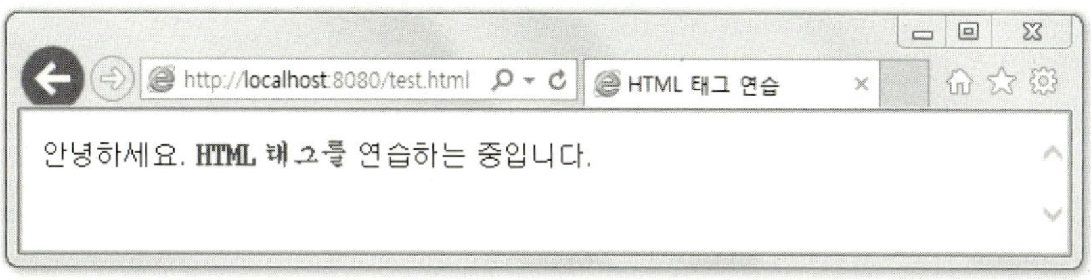

위의 예제에서처럼 <태그명령어 속성명1="속성값1" 속성명2="속성값2"> 콘텐츠 </태그명령어>의 형식으로 두 가지 이상의 속성을 지정하면 된다. 글꼴 색은 위와 같이 색깔의 이름을 직접 입력해도 되고, 색상코드를 입력해도 된다. 예를 들어, <FONT COLOR="#CE0021"></FONT> 태그를 이용하면 빨간색 계열의 글꼴 색을 설정할 수 있다.

좀 더 기교를 부린다면 다음과 같은 HTML 문서를 작성할 수 있다.

```
<BODY>
    안녕하세요. <U><I><B><FONT FACE='궁서' COLOR="#CE0021" SIZE=
    "7" >HTML 태그를</FONT></B></I></U> 연습하는 중입니다.
</BODY>
```

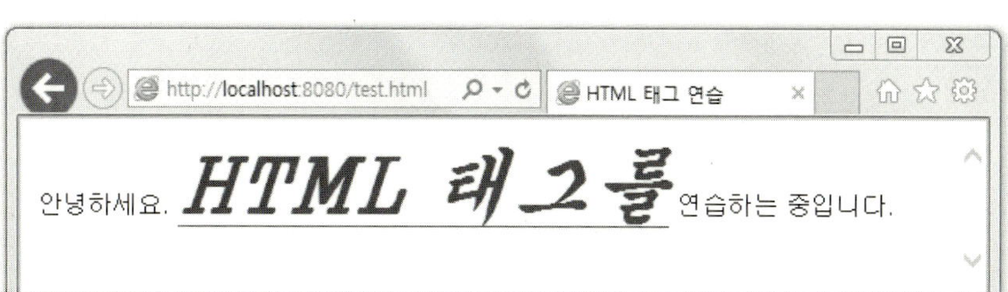

HTML 문서를 작성할 때, 태그 속성의 기본값을 달리 지정하지 않으면 브라우저가 임의로 처리한다. 예를 들어, 글꼴의 기본 크기는 3이다. 따라서 속성값을 변경하지 않으면 브라우저는 글자 크기를 3으로 처리한다.

폰트를 설정할 때, 브라우저는 자신의 컴퓨터에 설치된 서체만을 출력한다는 사실을 기억해야 한다. 컴퓨터에 설치되어 있지 않은 서체를 지정할 경우, 브라우저는 기본값으로 지정되어 있는 서체를 출력한다. 또한 태그 안에 하나 이상의 서체를 지정할 수도 있다. <FONT FACE="굴림, 돋움, 명조">콘텐츠</FONT>라고 쓴 경우, 브라우저는 먼저 굴림 서체를 찾는다. 컴퓨터에서 서체를 찾으면 굴림 서체로 콘텐츠를 출력하고, 굴림 서체를 찾지 못한다면 돋움 서체로 넘어간다. 마찬가지로 돋움 서체를 찾지 못한다면 명조 서체로 넘어간다. 심지어 태그 안에 지정되어 있는 서체들을 다 찾지 못한다면 기본 서체로 출력을 하게 된다.

따라서 내 컴퓨터에 어떤 서체를 가지고 있는지 미리 확인하는 것이 바람직하다. 참고로, 홈페이지를 꾸미는 과정에서 다양한 서체를 사용할 필요는 없다. 다양한 서체를 사용하더라도 홈페이지 방문자의 컴퓨터에 해당 서체가 없으면 기본 글꼴이 출력되기 때문이다.

브라우저에는 기본적으로 글자 색(text color)은 검정색, 링크 색(link color)은 파란색, 'active link'는 빨간색 그리고 방문한 링크(visited link)는 보라색으로 세팅되어 있다. 물론 사용자가 원한다면 변경할 수 있지만, 링크 색으로는 파란색을 전 세계에서 사용한다. 기본값을 변경할 때, <BODY> 태그에서 문서 전체의 기본값을 변경할 수도 있다. 예를 들면 다음과 같이 기본값을 변경하면 된다.

```
<BODY BGCOLOR="#00000" TEXT="#00FF00" LINK="#FF0000" VLINK="#800000"
ALINK="#008000">
콘텐츠
</BODY>
```

(2) 띄어쓰기, 줄 바꾸기, 문단 정렬

HTML 문서를 작성할 때, 스페이스 바를 여러 번 눌러서 띄어쓰기를 많이 하더라도 브라우저는 여백을 한 칸으로밖에 인식하지 못한다.

```
<BODY>
    안녕하세요.          HTML  태그를      연습하는 중입니다.
</BODY>
```

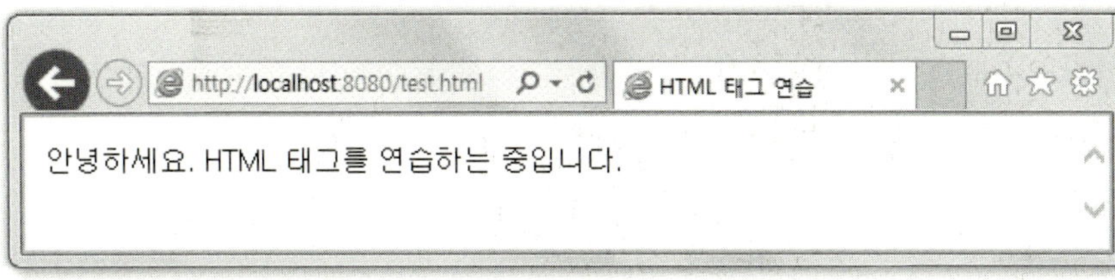

이처럼 브라우저는 HTML 문서의 포맷을 인식하지 못한다. 브라우저에서 띄어쓰기를 하기 위해서는 ' '라는 코드를 사용해야 한다.

```
<BODY>
    안녕하세요.      HTML  태그를   
       연습하는 중입니다.    
</BODY>
```

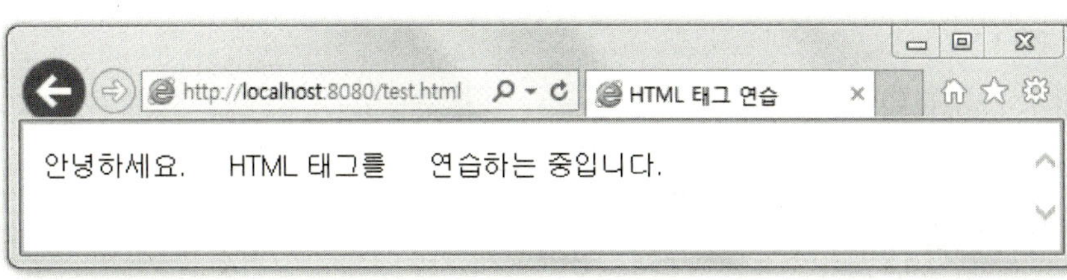

앞의 '&'는 특수문자의 시작을 의미하고 뒤의 ';'은 특수문자의 종료를 말하며, 그 사이의 문자는 코드의 기능을 의미하는 약자이다. 특수문자들을 항상 사용할 필요는 없다. 문자가 브라우저와 혼동될 때 사용하면 된다. 다른 특수문자도 있다. 쓸 기회는 많이 없겠지만, 이런 것이 있다는 것 정도는 알아두면 좋다. 특수문자는 항상 소문자로 쓰여져야 한다는 점을 주의해야 한다.

-   (non-breaking space)
- < (< less-than symbol)
- > (> greater-than symbol)
- & (& ampersand)
- " (“ ” quotation mark)
- (soft hyphen)

마찬가지로, HTML 문서를 작성할 때 엔터키를 통해 줄을 바꾸더라도 브라우저는 그 사실을 인식하지 못한다.

```
<BODY>
    안녕하세요.
    HTML 태그를
    연습하는 중입니다.
</BODY>
```

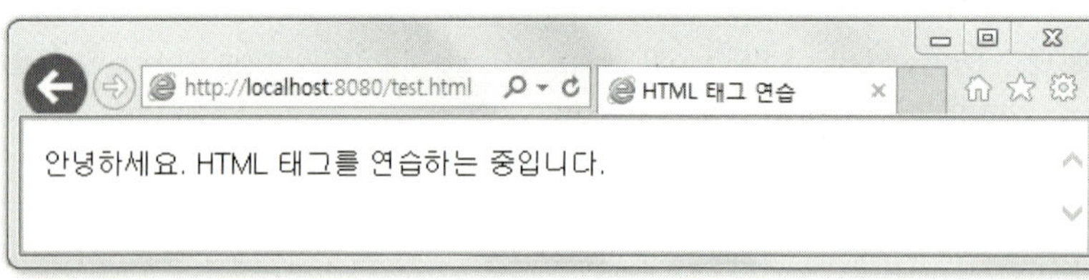

브라우저에서 새로운 행을 시작하기 위해서는 라인 브레이크
을 사용해야 한다.

```
<BODY>
    안녕하세요.<BR>
    HTML 태그를<BR>
    연습하는 중입니다.
</BODY>
```

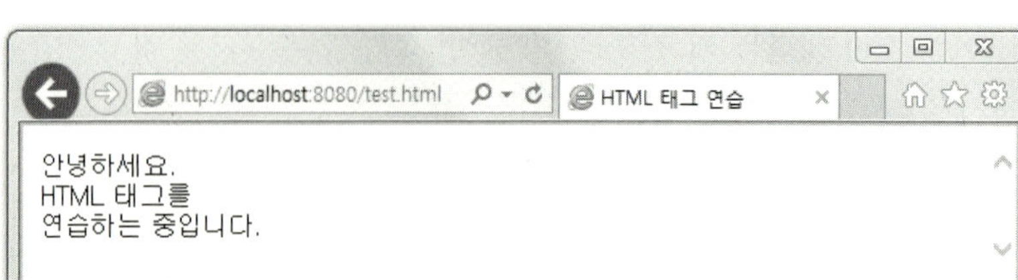

은 새로운 줄의 시작을 알려준다.
과 비슷한 태그로는 <P>가 있다. <P>도 라인 브레이크의 역할을 하지만
과는 다르게 한 줄 건너뛰고 그 다음 줄부터 문자를 출력한다. <P>는 보통 문단을 구별할 때 사용한다.

```
<BODY>
    안녕하세요.<P>
    HTML 태그를<P>
    연습하는 중입니다.
</BODY>
```

과 <P>는 독립된 태그로서, 종료 태그(</BR>, </P>)가 필요 없다.

브라우저에서 텍스트와 이미지 등은 왼쪽 정렬을 기본으로 한다. 만약 텍스트나 이미지를 중앙에 정렬시키려면 <CENTER> 태그를 이용하면 된다.

```
<BODY>
    안녕하세요.<BR>
    <CENTER>HTML 태그를 연습하는 중입니다.</CENTER>
</BODY>
```

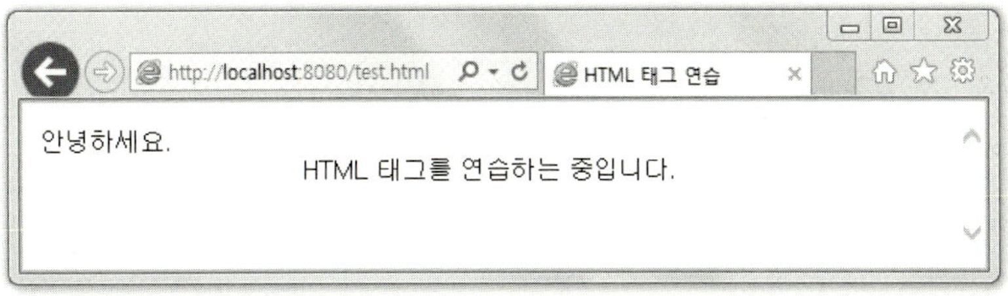

종료 태그(</CENTER>)를 작성하지 않으면 시작 태그 이하의 모든 것들은 문서 중앙에 정렬됨을 주의하자.

(3) 이미지 파일 삽입

먼저 HTML 문서에 삽입할 이미지 파일을 ROOT 폴더 밑에 만들어 둔 'IMG' 폴더에 저장한다. 파일 이름은 영어로 저장하는 것이 좋다. 그림 파일을 삽입하기 위해서는 <IMG> 태그를 사용하면 된다.

```
<BODY>
    <IMG SRC="IMG/khulogo.gif">
</BODY>
```

또한 폭과 높이를 지정해서 그림 파일의 크기를 원하는 대로 조절할 수도 있다.

```
<BODY>
    <IMG SRC="IMG/khulogo.gif" WIDTH=300 HEIGHT=100>
</BODY>
```

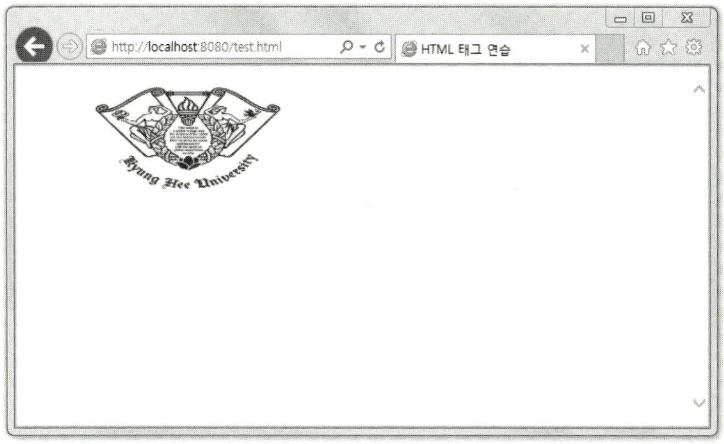

(4) 링크 태그

다른 문서 혹은 다른 사이트를 하이퍼링크하기 위해서는 링크 태그를 사용한다. 링크 태그는 <A></A>이다. 링크 태그 안에 URL을 지정해 두면 링크 태그의 시작 태그와 종료 태그 사이의 콘텐츠를 클릭했을 때 해당 URL로 연결된다.

```
<BODY>
    Go to <A HREF="http://www.khu.ac.kr">www.khu.ac.kr</A>
</BODY>
```

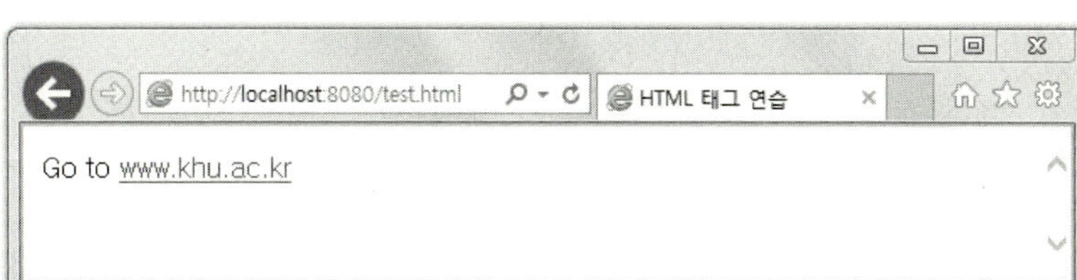

앞서 설명한 것처럼 링크 색은 기본적으로 파란색으로 설정되어 있다. 링크를 눌러서 링크가 연결해 주는 웹 페이지에 방문하게 되면 브라우저는 해당 링크를 방문한 링크로 인식한다. 그리고 링크의 색은 기본적으로 설정되어 있는 대로 보라색으로 변한다.

이메일 링크도 마찬가지로 작동한다. 다만 페이지 URL 대신 이메일 URL을 사용하면 된다.

```
<BODY>
    <A HREF="mailto: khu@khu.ac.kr">이메일 보내기</A>
</BODY>
```

문자 대신 그림으로 링크를 시킬 수도 있다. 단, 페이지에 그림을 포함하면 그림의 데이터 크기가 크기 때문에 속도가 떨어질 수 있다는 점을 명심해야 한다. 그림의 크기, 즉 폭과 너비의 치수를 줄여서 데이터 크기를 줄일 수 있다. 그림의 폭과 너비를 절반으로 줄이면, 그림의 데이터 크기는 원래 크기의 1/4밖에 되지 않는다.

```
<BODY>
    Go to KHU <A HREF="http://www.khu.ac.kr"><IMG SRC="IMG/khulogo.gif"
    WIDTH=200 HEIGHT=100></A>
</BODY>
```

그림으로 링크를 시킬 때, 그림 주위의 파란색 테두리는 없애기 위해서는 <IMG> 태그에 'BORDER' 속성을 추가하여 0으로 지정하면 된다.

```
<BODY>
    Go to KHU <A HREF="http://www.khu.ac.kr"><IMG SRC="IMG/khulogo.gif"
    WIDTH=200 HEIGHT=100 BORDER=0></A>
</BODY>
```

(5) 선 긋기

웹 페이지를 꾸밀 때, 선(horizontal rule)을 사용할 일이 종종 있을 것이다. 선은 <HR> 태그를 이용해서 만들 수 있으며, WIDTH, ALIGN, SIZE, NOSHADE 속성을 통해 선의 속성을 바꿀 수 있다.

```
<BODY>
    <HR>
</BODY>
```

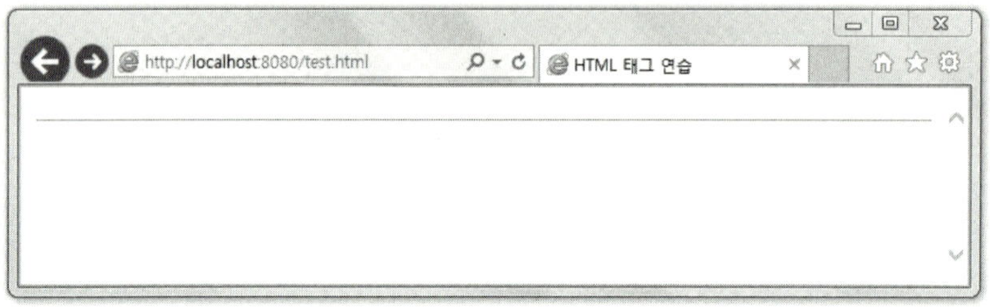


```
<BODY>
    <HR  WIDTH=20%>
    <HR  WIDTH=50%>
    <HR  WIDTH=100%>
    <HR  WIDTH=20>
    <HR  WIDTH=50>
    <HR  WIDTH=100>
</BODY>
```

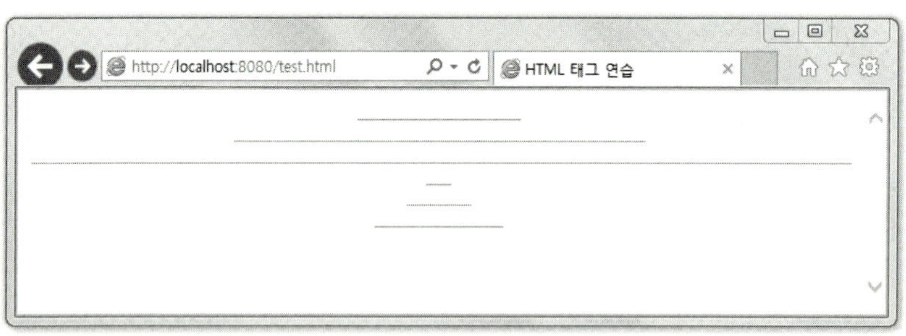


```
<BODY>
    <HR  WIDTH=60%  ALIGN=LEFT>
    <HR  WIDTH=60%  ALIGN=RIGHT>
    <HR  WIDTH=60%  ALIGN=CENTER>
</BODY>
```

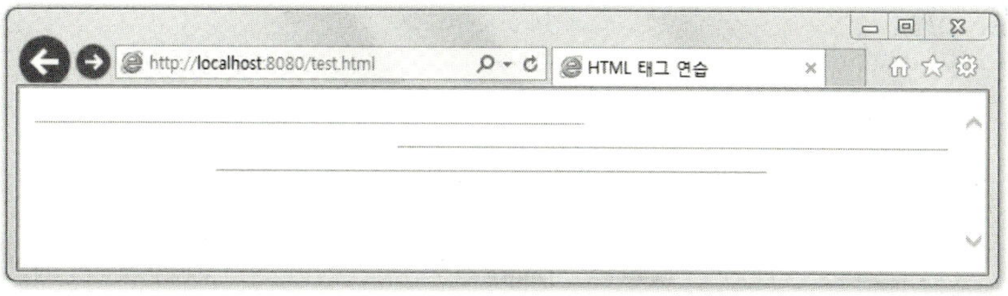


```
<BODY>
    <HR WIDTH=60% SIZE=1>
    <HR WIDTH=60% SIZE=3>
    <HR WIDTH=60% SIZE=8>
    <HR WIDTH=60% SIZE=15>
</BODY>
```

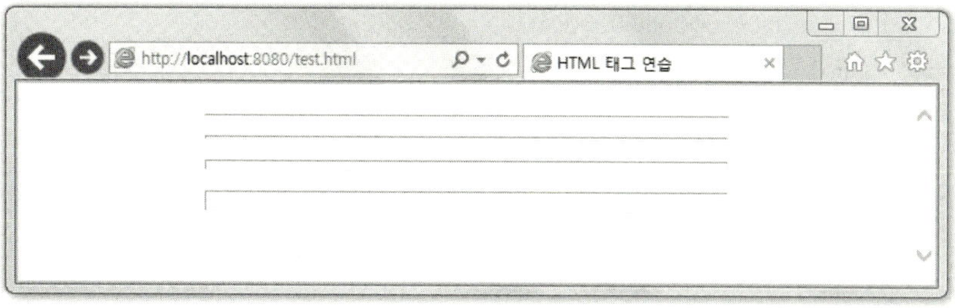


```
<BODY>
    <HR WIDTH=60% SIZE=1 NOSHADE>
    <HR WIDTH=60% SIZE=3 NOSHADE>
    <HR WIDTH=60% SIZE=8 NOSHADE>
    <HR WIDTH=60% SIZE=15 NOSHADE>
</BODY>
```

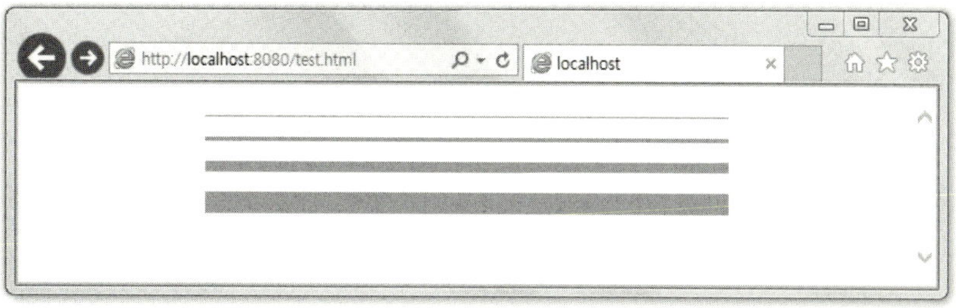

(6) 프레임 만들기

프레임을 잘 사용하면 웹 페이지를 깔끔하게 만들 수 있다. 한 페이지를 프레임으로 나누는 것은 사실 아주 간단하다. 각각의 프레임은 하나의 완전한 HTML 문서이다. 만약 페이지를 둘로 나누고 싶다면 하나의 완전한 HTML 문서를 왼쪽에 두고, 또 다른 두 번째 완벽한 HTML 문서를 오른쪽에 두면 된다. 그런데 세 번째 HTML 문서가 필요하다. 이 세 번째 HTML 문서는 메인 페이지로, 무엇이 어디로 가야 하는지를 지정한 <FRAME>을 포함하고 있다. 메인 프레임의 기능은 오직 이 기능 하나이다. 따라서 메인 프레임은 <FRAMESET>와 <FRAME>, 두 개의 프레임 태그로만 이루어져 있다.

예제를 통해 페이지를 나눠 보도록 하자. 먼저 웹 페이지에 보여질 네 개의 HTML 문서를 작성한다. HTML 문서는 각각 'frame1.html', 'frame2.html', 'frame3.html', 'frame4.html'로 ROOT 파일 밑에 저장한다.

```
<HTML>
    <HEAD> <TITLE> 프레임1 </TITLE> </HEAD>
    <BODY BGCOLOR="YELLOW">
        첫 번째 프레임입니다.
    </BODY>
</HTML>

<HTML>
    <HEAD> <TITLE> 프레임2 </TITLE> </HEAD>
    <BODY BGCOLOR="RED">
        두 번째 프레임입니다.
    </BODY>
</HTML>

<HTML>
    <HEAD> <TITLE> 프레임3 </TITLE> </HEAD>
    <BODY BGCOLOR="WHITE">
```

```
        세 번째 프레임입니다.
    </BODY>
</HTML>

<HTML>
    <HEAD> <TITLE> 프레임4 </TITLE> </HEAD>
    <BODY BGCOLOR="BLUE">
        네 번째 프레임입니다.
    </BODY>
</HTML>
```

이제 위의 HTML 문서들이 웹 페이지에서 어느 위치로 가야 하는지를 지정하는 마스터 페이지를 만든다. 마스터 페이지는 <BODY></BODY> 대신에 <FRAMESET> </FRAMESET> 태그를 이용한다. <FRAMESET> 태그는 창을 분할하는 역할을 한다. 마스터 페이지는 'master.html'로 저장한다.

```
<HTML>
    <HEAD> <TITLE> 마스터 페이지 </TITLE> </HEAD>
    <FRAMESET>
    </FRAMESET>
</HTML>
```

지금부터는 <HTML>, <HEAD> 그리고 <TITLE> 태그를 생략하고 설명하도록 하겠다. 앞에서 만든 'master.html' 문서를 브라우저에서 열면 내용 표시 창은 아무것도 없는 공백일 것이다. 이제 앞에서 만든 프레임 HTML 문서들이 마스터 페이지에 보이도록 설정해 보자. 우선 마스터 페이지를 2개의 칼럼으로 분리해서 각각의 프레임에 'frame1.html'과 'frame2.html'을 넣어 보자.

```
<FRAMESET COLS="50%,50%">
    <FRAME SRC="frame1.html">
    <FRAME SRC="frame2.html">
</FRAMESET>
```

<FRAMESET COLS="50%, 50%">는 마스터 페이지를 2개의 칼럼으로 나눌 때 좌우 50%로 나눈다는 것을 뜻한다. 좌측에는 'frame1.html'이 들어가고 우측에는 'frame2.html'이 들어간다. 브라우저에서 이 문서를 열면 다음과 같은 화면을 볼 수 있다.

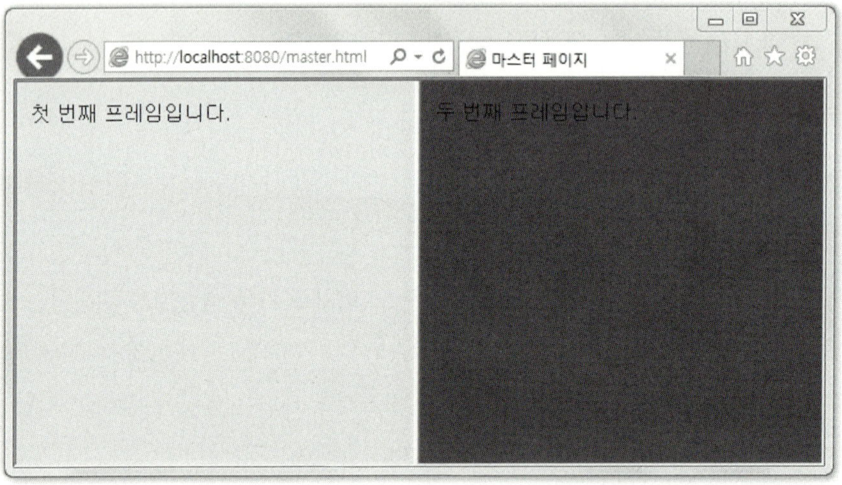

브라우저 화면을 2개 이상으로 나눌 수도 있다. 각 페이지의 각 부분을 명확히 지정해야 브라우저가 혼돈을 일으키지 않는다. 5개의 프레임은 왼쪽부터 순서대로 배치된다.

```
<FRAMESET COLS="20%,20%,20%,20%,20%">
    <FRAME SRC="frame1.html">
    <FRAME SRC="frame2.html">
    <FRAME SRC="frame3.html">
    <FRAME SRC="frame4.html">
    <FRAME SRC="frame5.html">
</FRAMESET>
```

프레임을 각각 다른 크기로 나눌 수도 있다. 프레임을 나누는 비율은 정확히 계산해야 한다. 그렇지 않으면 브라우저가 자기 마음대로 결정해 버린다.

```
<FRAMESET COLS="10%,20%,30%,15%,25%">
    <FRAME SRC="frame1.html">
    <FRAME SRC="frame2.html">
    <FRAME SRC="frame3.html">
    <FRAME SRC="frame4.html">
    <FRAME SRC="frame5.html">
</FRAMESET>
```

COLS 대신 ROWS로 화면을 분할할 경우 브라우저 화면이 가로 단으로 나뉜다. 마찬가지로 5개의 프레임은 위에서부터 순서대로 배치된다.

```
<FRAMESET ROWS="10%,20%,30%,15%,25%">
    <FRAME SRC="frame1.html">
    <FRAME SRC="frame2.html">
    <FRAME SRC="frame3.html">
    <FRAME SRC="frame4.html">
    <FRAME SRC="frame5.html">
</FRAMESET>
```

화면을 나눌 때, 비율로 나누지 않고 픽셀을 직접 지정할 수도 있다. 숫자를 입력해서 절대 치수를 지정하는 것이다. <FRAMESET> 태그에 절대치수를 사용하면, 대부분 적어도 하나 이상의 '*'을 이용하여 프레임을 탄력적으로 설정한다.

```
<FRAMESET COLS="50,*">
    <FRAME SRC="frame1.html">
    <FRAME SRC="frame2.html">
</FRAMESET>
```

프레임을 탄력적으로 설정하는 이유는 나와 다른 해상도의 화면을 가진 사람이 내 홈페이지에 방문할 수 있기 때문이다.

예를 들어, <FRAMESET COLS="15%,85%">와 같이 비율을 사용해서 창을 분할했다고 생각해 보자. 내 컴퓨터의 해상도가 800 * 600일 경우, 브라우저 화면은 120 * 600픽셀과 680 * 600픽셀로 나뉠 것이다. 그런데 1600 * 900 해상도 화면을 가진 사람이 이 화면을 볼 경우, 브라우저 화면은 240 * 900픽셀과 1360 * 900픽셀로 나뉠 것이고, 화면이 이상하게 보일 수도 있을 것이다. 이 현상을 교정하기 위해서는 <FRAMESET COLS=="120, * ">와 같이 왼쪽 프레임에 절대 치수를 사용하고 오른쪽 프레임을 탄력적으로 만들어 주면 된다.

두 개 이상의 별표(*)를 사용하여 두 개 이상의 탄력적인 프레임을 만들 수 있고, 그들 사이의 크기 관계도 지정해 줄 수 있다.

```
<FRAMESET COLS="50,*,2*">
    <FRAME SRC="frame1.html">
    <FRAME SRC="frame2.html">
    <FRAME SRC="frame3.html">
</FRAMESET>
```

이때, 모든 것이 순차적으로 이루어진다는 것을 명심해야 한다. 첫째 프레임의 크기는 <FRAMESET> 태그의 첫 번째 크기 속성에 따라 50픽셀로 지정되고, 두 번째 프레임의 크기는 별표(*) 하나로, 세 번째 프레임의 크기는 '2*'로 지정된다.

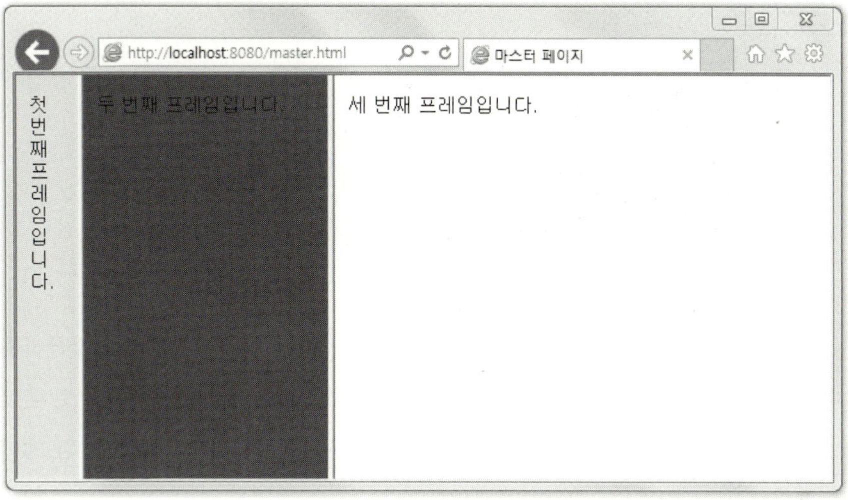

세 번째 프레임을 수평으로 나누고 싶다면 세 번째 <FRAME> 태그를 <FRAMESET> 태그로 바꾸고 수평으로 나눈 후, 각각의 자리에 들어갈 HTML 문서를 지정해 주면 된다.

```
<FRAMESET COLS="50,*,2*">
    <FRAME SRC="frame1.html">
    <FRAME SRC="frame2.html">
    <FRAMESET ROWS="50%,50%">
        <FRAME SRC="frame3.html">
        <FRAME SRC="frame4.html">
    </FRAMESET>
</FRAMESET>
```

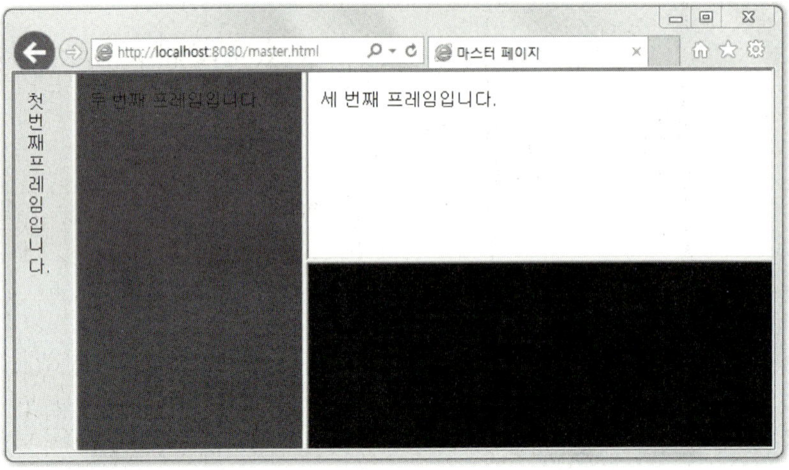

대부분의 웹 페이지들은 프레임을 사용하여 웹 페이지상의 콘텐츠들을 깔끔하게 정돈한다. 일반적인 프레임의 레이아웃은 왼쪽에 좁은 창을, 오른쪽에는 더 큰 주요한 창을 배치하는 것이다. 위쪽과 왼쪽에 좁은 창을 배치하고 오른쪽에 메인 프레임을 두는 레이아웃도 흔히 볼 수 있다.

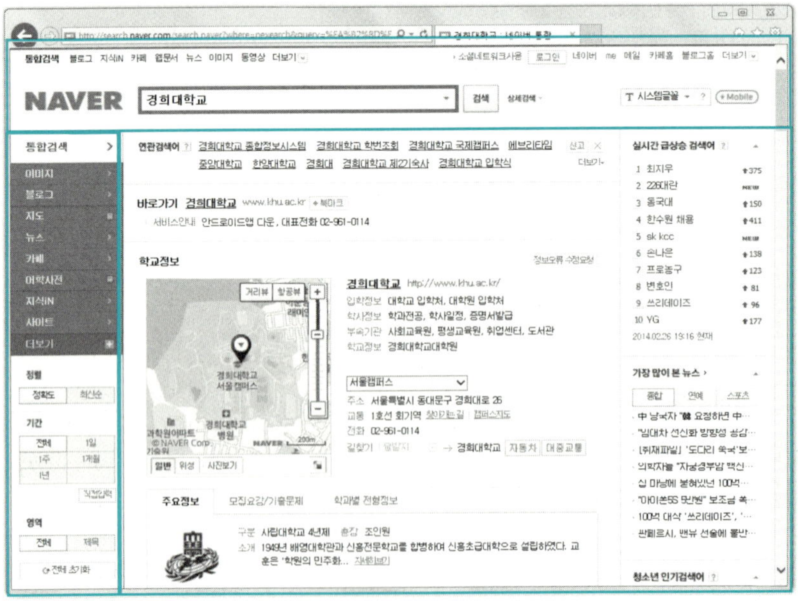

지금까지 배운 프레임 태그를 이용해서 위의 웹 페이지와 같은 레이아웃을 가지는 HTML 문서를 만들어 보도록 하겠다. 먼저 위, 왼쪽, 오른쪽에 삽입할 각각의 HTML 문서를 만든다.

```
<HTML>
    <HEAD> <TITLE> 위쪽 프레임 </TITLE> </HEAD>
    <BODY BGCOLOR="RED">
        위쪽 프레임입니다.
    </BODY>
</HTML>

<HTML>
    <HEAD> <TITLE> 왼쪽 프레임 </TITLE> </HEAD>
    <BODY BGCOLOR="ORANGE">
        왼쪽 프레임입니다.
    </BODY>
</HTML>

<HTML>
    <HEAD> <TITLE> 메인 프레임 </TITLE> </HEAD>
    <BODY BGCOLOR="YELLOW">
        메인 프레임입니다.
    </BODY>
</HTML>
```

그 다음 위의 세 HTML 문서를 한곳에 모아 줄 프레임 페이지를 만든다.

```
< HTML >
<HEAD> <TITLE> 마스터 페이지 </TITLE> </HEAD>
    <FRAMESET ROWS ="50,*">
        <FRAME SRC="top.html">
        <FRAMESET COLS="50,*">
```

```
            <FRAME SRC="left.html">
            <FRAME SRC ="main.html">
        </FRAMESET>
    </FRAMESET>
</HTML>
```

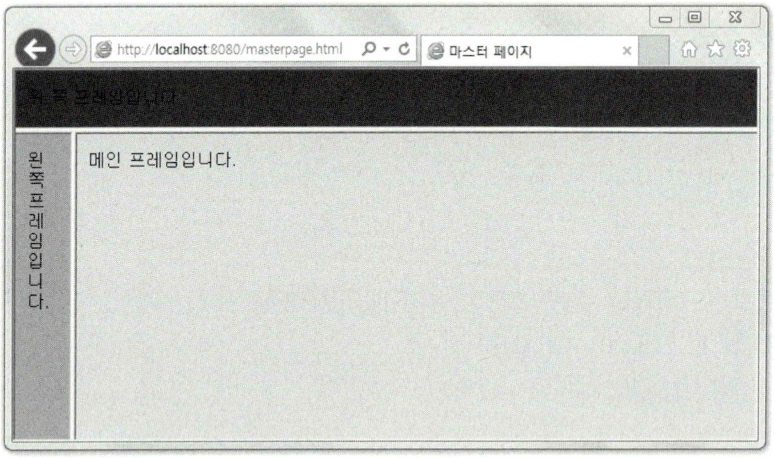

프레임에 대한 옵션 속성으로는 다음과 같은 것들이 있다.

- name: 해당 프레임의 고유 이름을 설정한다.
- frameborder: 프레임의 경계선을 나타낸다.
- marginwidth: 가로 방향으로 프레임 내부의 여백을 설정한다.
- marginheight: 세로 방향으로 프레임 내부의 여백을 설정한다.
- scrolling: 'yes', 'no', 'auto'의 속성값을 이용하여 스크롤 바를 사용할지 말지를 선택한다.

위의 속성들을 종합해서 웹 페이지의 레이아웃을 설정해 보도록 하자.

```
<FRAMESET ROWS ="50,*">
    <FRAME SRC="top.html" NAME="top" FRAMEBORDER="0" MARGINWIDTH
    ="0" MARGINHEIGHT="0" SCROLLING="auto" >
    <FRAMESET COLS="50,*">
```

```
        <FRAME SRC="left.html" NAME="left" FRAMEBORDER="0"
        MARGINWIDTH="10" MARGINHEIGHT="0" SCROLLING="yes">
        <FRAME SRC ="main.html" NAME="main" FRAMEBORDER="0"
        MARGINWIDTH="10" MARGINHEIGHT="10" SCROLLING="no">
    </FRAMESET>
</FRAMESET>
```

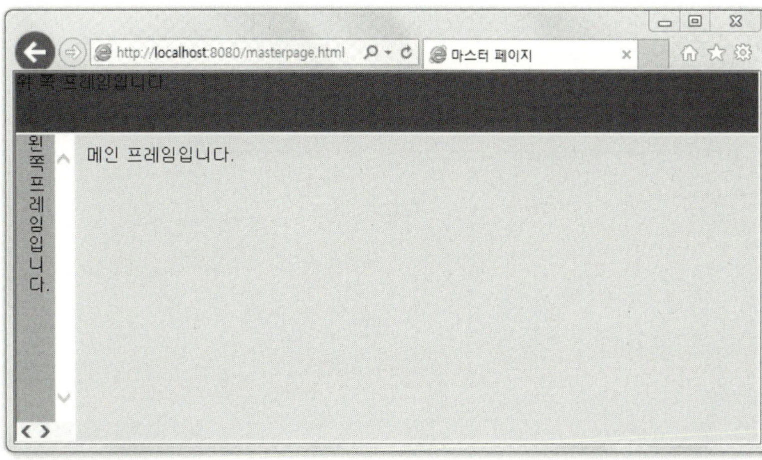

HTML 문서를 작성할 때 위쪽 프레임의 여백은 가로 방향, 세로 방향 모두 0으로 설정했기 때문에, 웹 페이지의 위쪽 프레임 글자는 여백 없이 보여진다. 반면, 왼쪽 프레임에서는 가로 방향의 여백은 10으로 설정하고 세로 방향의 여백은 0으로 설정했기 때문에 가로 방향으로만 프레임 내부에 여백이 생겼다. 메인 프레임에서는 가로 방향과 세로 방향의 여백을 모두 10으로 설정했기 때문에 가로 방향과 세로 방향 모두 프레임 내부에 여백이 생긴 것을 확인할 수 있다.

'SCROLLING' 속성의 값은 위쪽 프레임에서는 'auto'로, 왼쪽 프레임에서는 'yes'로, 메인 프레임에서는 'no'로 설정했다. 따라서 왼쪽 프레임에는 스크롤 바가 생겼고, 메인 프레임에서는 스크롤 바가 생기지 않았다. 위쪽 프레임은 안의 콘텐츠가 스크롤 바가 필요할 만큼 많지 않기 때문에 스크롤 바가 생기지 않았다. 만약 위쪽 프레임 안에 많은 양의 콘텐츠가 들어간다면 다음과 같이 스크롤 바가 생길 것이다.

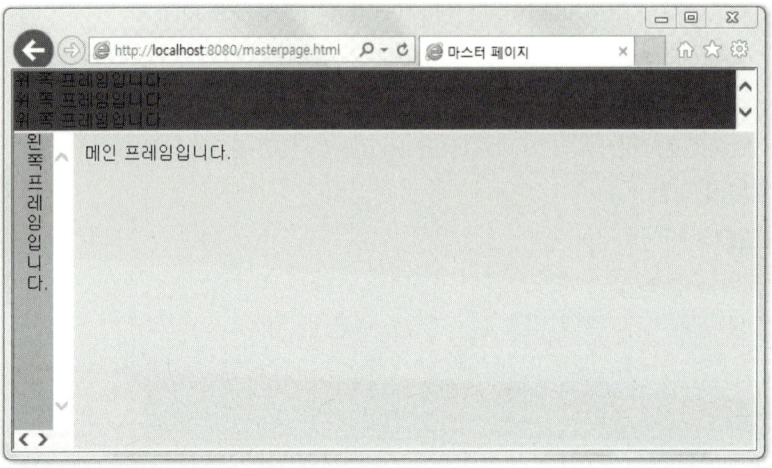

연습문제

1. 'http://home.everywow.com' 사이트를 방문하여 그곳에 제시된 예제를 참조하여 HTML 문서를 만들어 자신의 웹 서버에 저장하고 클라이언트 컴퓨터의 웹 브라우저에서 확인하시오.

e-business system

7
Chapter

스마크 컴퓨팅과 e-비즈니스

1. 웹 2.0
2. 유비쿼터스 컴퓨팅 관련 기술

1 웹 2.0

(1) 웹 2.0이란 무엇인가

웹 2.0이란 데이터의 소유자나 독점자 없이 누구나 손쉽게 데이터를 생산하고 공유할 수 있는 사용자 참여 중심의 인터넷 환경을 뜻한다. 즉, 웹 2.0은 기술만을 뜻하는 용어가 아니라 웹이 곧 플랫폼이라는 의미를 가진 용어이기도 하다. 웹 1.0이라고 불리는 기존 웹에서의 사용자는 서비스 업자가 제공하는 정보와 서비스를 일방적으로 수신만 하는 형태였으나, 웹 2.0 환경에서는 제공되는 응용 프로그램과 데이터를 이용해서 사용자 스스로 각종 콘텐츠를 만들어 자유롭게 올릴 수 있다. 이러한 기능은 서비스 업체들에게 효율성과 효과성을 제고한다.

먼저 효율성 측면으로 보면, 서비스 업자들은 일정 수준의 웹 사이트를 운영하기 위해 필요한 콘텐츠를 매우 효율적으로 확보할 수 있게 된다. 그리고 효과성 측면에서 보면, 사용자가 스스로 올린 콘텐츠를 통해 사용자가 직접 인터넷 서비스를 창출하거나 또는 서비스 업자가 새로운 인터넷 서비스를 창출할 수 있다. 다른 사람들과 의사소통을 하기 위해 사용자들이 의견이나 정보를 게시하는 SNS(Social Network Service), 사용자가 직접 만들어 가는 미디어인 블로그(Blog)와 위키피디아(Wikipedia), 사용자가 동영상을 업로드하거나, 보거나, 공유할 수 있는 유튜브(Youtube) 등의 동영상 공유 사이트 등은 웹 2.0 사상으로 새로운 인터넷 서비스를 창출한 좋은 예이다.

기업들이 웹 2.0 사상에 열광하게 된 원인으로는 롱테일 법칙과 집단 지성을 들 수 있다. 롱테일 법칙(Long-tail's law)은 파레토 법칙(Pareto's law)에 배치되는 개념으로, 80%의 '사소한 다수'가 20%의 '핵심 소수'보다 뛰어난 가치를 창출한다는 이론이다. 파레토 법칙이란 많은 분야에서 쓰이곤 하는데, 핵심은 노력, 투입량, 원인의 20%가 성과, 산출량, 결과의 80%를 이루어 내는 것을 의미한다. 주로 마케팅에서 많이 쓰인다. 이 이론에 의하면 하위 80%는 포기하고 상위 20%만 집중적으로 관리하면 된다. 하지만 인터넷이 본격적으로 활성화된 2000년대부터, 즉 e-비즈니스라는 개념이 생기면서부터는 롱테일 법칙이 새롭게 각광받기 시작했다.

이전까지 기업들은 전체의 20%가 수익을 내서 나머지 80%의 손실을 만회하는 전략을 써왔지만 e-비즈니스에서 적용되는 롱테일 법칙은 이를 부정하고, 상위 20%도 중요하지만 하위 80%도 중요하다고 말한다. 즉, 하위 80%에 들어가는 고객관리 비용과 수익을 따졌을 때, 하위 80%에 대한 수익도 중요한 부분을 차지한다는 것이다.

하지만 하위 80%에게 상위 20%와 동일한 형태의 마케팅 활동을 한다면 고객관리 비용이 수익을 넘어서서 적자가 발생할 수 있다. 따라서 하위 80%에 해당하는 사람들에게 좀 더 값싼 형태의 마케팅을 할 필요가 있고, 웹 2.0의 개념을 적용하여 수요자가 직접 웹 사이트에 콘텐츠를 만들어서 공유하는 방식으로 하위 80%의 고객을 관리하도록 하자는 발상이 대두되었다. 고객관리 비용의 대부분을 콘텐츠를 제공하는 비용이 차지하는데, 콘텐츠를 수요자가 직접 제공하게 함으로써 그 비용을 줄일 수 있기 때문이다. 이러한 고객관리 방식을 통해 기업은 고객관리의 비용을 혁신적으로 줄일 수 있으므로, 기업들은 웹 2.0 사상에 열광하게 되었다.

또한 웹 2.0 사상 기반의 고객관리를 통해 기업들은 집단 지성의 이점을 취할 수도 있다. 수요자들은 자신이 올리는 콘텐츠에 대한 경제적인 보상을 받지 못하더라도 존경 욕구, 관계 욕구, 사회적 욕구 등을 채우기 위해 스스로 콘텐츠를 생산하고 공유하게 된다. 따라서 보다 많은 수요자들이 콘텐츠를 올릴 것이고, 공급자 혼자 올리는 지식보다는 여러 사람들이 함께 올리는 것이 지식의 질이 더 좋을 수 있으므로 기업들은 집단 지성의 이점을 취할 수 있다.

(2) 인터넷 기술의 발달

웹 1.0과 웹 2.0은 기술적으로는 똑같으나, 웹에 올라가 있는 콘텐츠를 공급자가 아니라 수요자가 본인의 동기부여에 의해 올리는 사상이라는 차이점이 있다. 통신 기술의 발달은 다음과 같다.

표 7-1 | 인터넷 프로토콜의 발전

TCP/IP	Web 1.0	Web 2.0	Web 3.0
• 원격 페이지들이 연결되어 있지 않음 • 초보자들이 이해하기에는 쉽지 않은 프로토콜	• 하이퍼링크 • 간단한 프로토콜 • 공급자 중심	• 사용자(end user) 중심의 개발 • 쉬운 공유 • 인간 중심	• 지능을 갖춘 웹 • 기계와 기계 • 자동제어

(3) 매시업

매시업(mashup)이란 서로 다른 두 개, 혹은 그 이상의 다양한 소스에서 얻은 데이터, 데이터를 제공하는 방식, 또는 기능(조합, 시각화, 집계 등)을 융합하여 새로운 웹페이지나 애플리케이션을 창출해 내는 것을 말한다. 웹 서비스 업체들이 API[1]를 공개하기 시작하면서, 웹 서비스 업체들이 제공하는 다양한 정보와 서비스를 혼합하여 새로운 서비스나 융합 애플리케이션을 만들어 내는 매시업 기술이 개발되었다. 데이터의 소유자나 독점자 없이 누구나 손쉽게 데이터를 생산하고 공유할 수 있는 웹 2.0 시대로 접어들면서 매시업 개념은 더욱 주목받고 있다.

매시업의 장점은 정보를 제공하는 공급자 측면에서는 기존의 자원을 활용하여 만드는 서비스이기 때문에 새로운 서비스를 구축하기 위해서 필요한 비용이 적다는 점이며, 사용자 측면에서는 정보를 검색하는 데 드는 비용이 적어서 효율성이 높다는 점이다. 반면 매시업 서비스는 다른 서비스에 종속되어 있기 때문에 1차 자원이 되는 서비스의 중단이나 변경 등에 따라 그에 맞춰 매시업 서비스도 중단하거나 변경해야 한다는 단점이 있다.

매시업의 대표적 예인 비즈니스 대시보드는 기업이나 특정 부서, 또는 중요한 사업의 성과를 시각적으로 보여주는 비즈니스 관리도구이다. 대시보드라는 용어는 속도계를 비롯하여 운전자가 운전에 필요한 여러 정보들을 한눈에 파악할 수 있는 계기판을 뜻하는 차량의 대시보드에서 유래했다. 차량의 대시보드와 마찬가지로, 비즈니스 대시보드는 기업의 성과에 관한 다양한 정보들을 게이지, 차트 및 기타 지표 등을 통해 시각화하여 보여준다. 즉, 비즈니스 대시보드는 여러 소스에서 얻은 콘텐츠를 융합해서 하나의 화면으로 제공하므로 매시업의 한 예라고 할 수 있다.

매시업과 유사한 형태는 포털 사이트인데 이 둘은 본질적으로 다르다. 포털 사이트는 서로 다른 사이트가 서로 다른 목적으로 한 브라우저에서 보일 뿐이다. 그리고 포털 사이트는 이 묶음을 한곳에 담아 누구든지 포털 사이트에 방문만 하면 각 사이트를 방문할 수 있도록 하는 일종의 샐러드 바 형태이다. 이에 비해 매시업은 다른 메뉴 혹은 다른 애플리케이션이 하나로 모이지만 완전히 별개의 한 애플리케이션으로 사

1 Application Programming Interface의 약어로, 애플리케이션에서 사용할 수 있도록 운영체제나 프로그래밍 언어가 제공하는 기능을 제어할 수 있게 만든 인터페이스를 의미한다.

그림 7-1 비즈니스 대시보드의 예

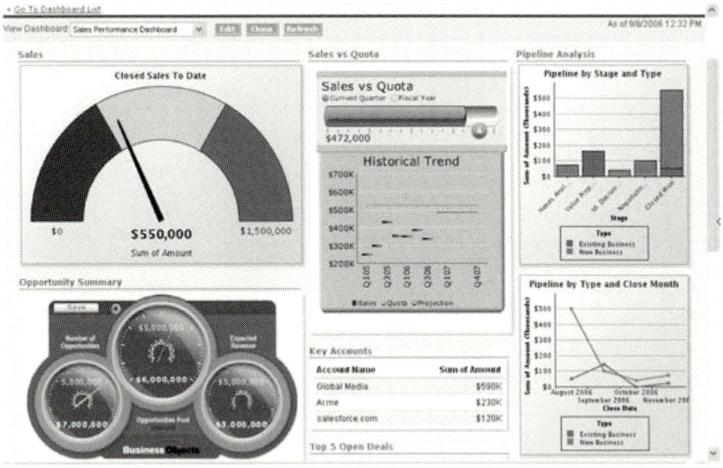

자료: http://www.enterprise-dashboard.com

용자에게 나타나며 각각의 메뉴들이 어떤 사이트에서 온 것인지에 대해서는 알아야 할 이유가 없다. 따라서 매시업은 멜팅팟(melting pot) 형태라고 한다.

또 하나의 예인 구글 하우징맵스는 구글 지도에서 특정 지역을 선택하면 해당 지역의 부동산 매물 정보를 보여주는 서비스로, 구글 지도와 부동산 정보 사이트인 크레이그 리스트(www.craigslist.org)를 결합시킨 것이다. [그림 7-2]는 하우징맵스 사용 화면이다. 매시업 기술을 이용하여 하우징맵스라는 새로운 형태의 서비스를 제공함으로써, 사용자는 좀 더 풍부하고 정확한 정보를 얻을 수 있게 되었고, 부동산 정보 회사는 자신에게 없는 기능인 지도 기능을 보완해서 부동산 정보를 사용자들에게 더 정확하게 전달할 수 있게 되었으며, 구글은 구글 지도를 전략적으로 활용하여 추가 수익을 얻을 수 있게 되었다.

하우징맵스는 구글에서 공개한 API를 이용하여 개발된 것이 아니라, 폴 레이드매처(Paul Rademacher)가 구글 지도 API 코드를 해킹하여 만든 것이다. 하지만 당시 구글은 구글 지도를 확장하여 활용할 수 있는 가능성을 보았고, 폴 레이드매처를 고소하기는커녕 그를 구글 직원으로 채용하였다. 그때부터 구글 지도의 API가 공개적으로 제공되기 시작하였으며, 하우징맵스를 시작으로 다양한 매시업 서비스들이 개발되었다.

그림 7-2 구글 하우징맵스 사용 화면

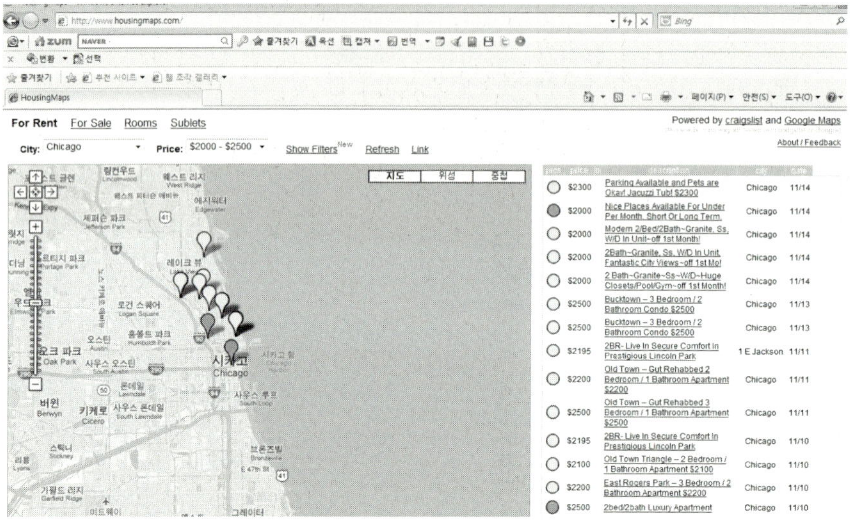

자료: www.housingmaps.com

(4) 구글 애드워즈

구글 애드워즈는 구글에서 제작한 검색광고 프로그램이다. 광고주가 선택한 키워드가 구글 사이트에서 검색되면 검색결과 옆에 광고가 보여진다. 따라서 구글 애드워즈를 이용하면 키워드에 대해서 이미 관심을 가지고 있는, 즉 광고주의 제품이나 서비스에 대한 정보를 원하는 잠재고객을 대상으로 광고를 게재할 수 있다. 구글 애드워즈의 광고주는 광고가 게재될 때 광고비를 지불하지 않고, 사용자가 광고를 클릭했을 때만 광고비를 지불한다. 따라서 최소 지불요건이 없다. 또한 일일 예산과 광고 클릭당 최대비용을 광고주 스스로 설정할 수 있어서 광고주 누구나 쉽게 자신의 광고를 구글에 올릴 수 있다. 즉, 구글 애드워즈는 누구나 손쉽게 광고주가 될 수 있는 플랫폼을 제공하므로 웹 2.0의 대표적인 광고모델이라고 할 수 있다.

구글 애드워즈의 성공사례로는 대한항공의 사례가 있다. 대한항공은 글로벌 네트워크를 확대하여 해외 시장점유율을 높이기 위해 2005년 11월 20일부터 구글 애드워즈를 집행하였다. 광고 집행 5개월 후, 대한항공 글로벌 사이트의 방문자 수는 약 25% 증가하였고, 회원 가입의 수는 광고 집행 전월에 비해 약 90% 증가하였다.

그림 7-3 구글 애드워즈 사용 화면

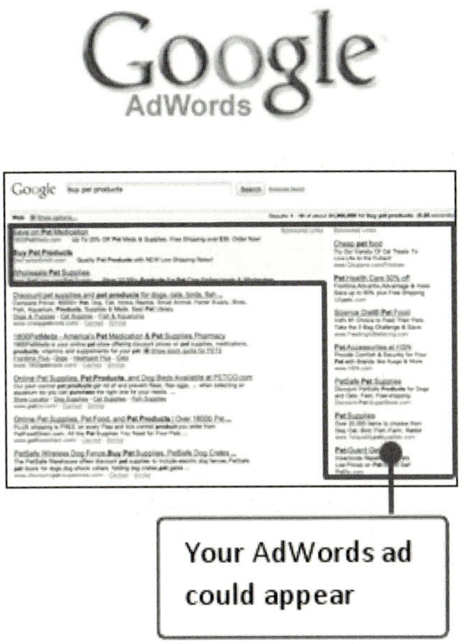

자료: www.google.com

(5) 플리커

플리커(Flickr)는 2004년 2월부터 운영되고 있는 온라인 사진 공유 사이트로 사용자가 직접 사진을 업로드하고 다른 사람들과 공유하는 웹 2.0 사상 기반의 사이트이다. 2008년부터는 동영상 공유 서비스도 제공하고 있다. 누구나 컴퓨터, 휴대폰, 이동 기기 등을 통해 플리커에 사진을 업로드할 수 있다. 트위터나 페이스북처럼 플리커 안에서 친구를 맺어 가족이나 친구들의 사진을 받아볼 수 있으며, 그룹을 만들어서 그룹의 회원들과 사진을 공유할 수도 있다. 또한 태그(tag)라는 기술을 이용하여 비슷한 관심을 가진 사용자끼리 쉽게 사진을 공유할 수도 있다. 플리커 사용자가 사진을 업로드할 때 사진의 키워드를 태그해 두면, 플리커 친구가 아니더라도 키워드 검색을 통해 사진을 볼 수 있기 때문이다. 위치 태그를 통해 사진을 촬영한 위치를 공유하여 그 근처에서 다른 사람이 찍은 사진을 볼 수도 있다.

그림 7-4 플리커 사용 화면 1

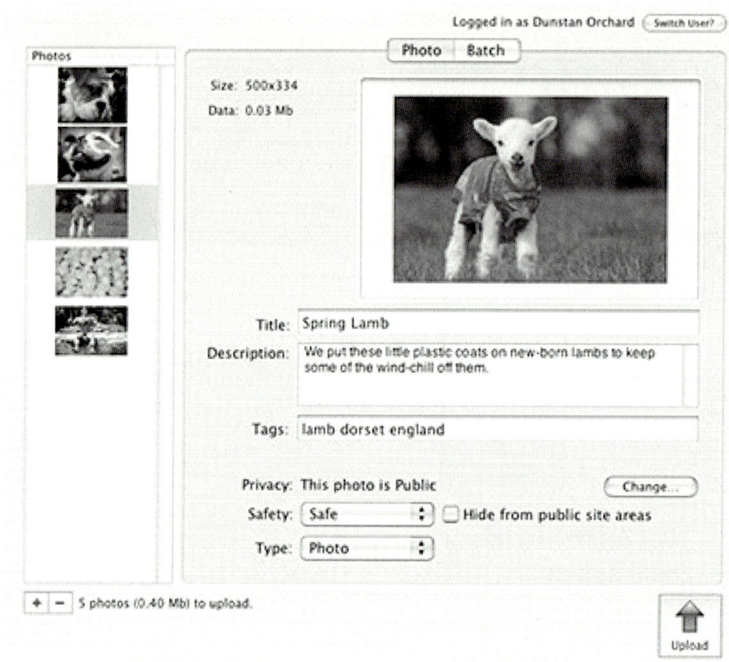

자료: www.flickr.com

그림 7-5 플리커 사용 화면 2

자료: www.flickr.com

| 그림 7-6 | 플리커 사용 화면 3

자료: www.flickr.com

(6) EVDB

EVDB(eventful.com)는 'Events and Venues Database'의 약어로, 이벤트와 이벤트 장소의 데이터베이스를 의미한다. 즉, EVDB는 이벤트와 관련된 정보를 공유하는 웹

| 그림 7-7 | EVDB 사용 화면

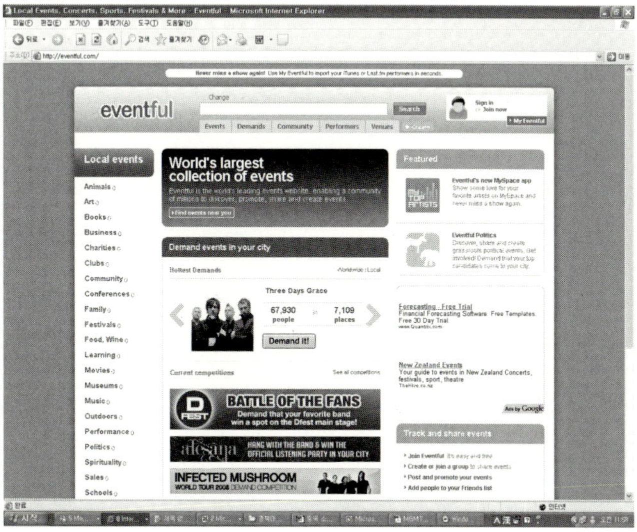

자료: eventful.com

서비스이다. 개인적으로 이벤트를 홍보하기 어려운 사람들을 위해 이벤트를 홍보할 수 있는 플랫폼을 제공하고, 누구나 이벤트에 관련된 정보를 업로드하고 공유할 수 있으므로 대표적인 웹 2.0 사상의 애플리케이션이라고 할 수 있다.

(7) 소셜 미디어

소셜 미디어(social media)는 웹 2.0 사상에 기반하는 애플리케이션으로, 개인의 생각이나 의견, 경험, 정보 등의 콘텐츠를 다른 사람들과 공유할 수 있는 온라인 플랫폼이다. 소셜 미디어는 미디어의 한 종류가 아니라 콘텐츠를 공유하는 장소라는 점에 주목해야 한다. 대표적인 예로는 블로그, 소셜 네트워크 서비스(SNS), 사용자 제작 콘텐츠(UCC), 위키(Wiki) 등이 있으며, 텍스트, 이미지, 오디오, 비디오 등의 다양한 형태로 콘텐츠가 공유된다.

TV, 신문, 잡지, 라디오 등의 전통적인 매체는 일방적으로 콘텐츠를 제공하는 '일대다(one-to-many)'의 형식의 커뮤니케이션인 반면, 소셜 미디어는 다양한 이용자들이 자발적으로 참여하여 다양한 콘텐츠를 생성하고, 쌍방향적으로 공유하는 '다대다(many-to-many)' 형식의 커뮤니케이션이다. 따라서 소셜 미디어에서는 기존의 전통 매체와는 달리 이용자들이 콘텐츠 소비자인 동시에 콘텐츠 생산자가 되므로 정보의 민주화와 개방화가 촉진된다.

(8) 트위터

트위터(twitter)는 140자 이내 단문으로 개인의 의견이나 생각을 공유하고 다른 사람들과 소통하는 소셜 네트워크 서비스이다. 트윗(tweet)이란 작은 새가 지저귀는 소리를 나타내는 영어 단어이다. 즉, 트위터는 일상의 작은 얘기들을 재잘거리듯이 그때그때 짧게 올리는 온라인 공간이다.

트위터는 블로그의 인터페이스와 미니홈피의 '친구 맺기' 기능, 메신저의 신속성을 결합한 형태의 SNS인데, 트위터의 친구 맺기 기능에는 팔로우(follow)라는 독특한 기능이 있다. 팔로우 기능을 통해 상대방이 허락하지 않아도 일방적으로 상대방을 뒤따를 수 있다. 따라서 관심 있는 상대방을 팔로우해서 상대방의 트윗을 볼 수 있다.

그림 7-8 트위터 사용 화면

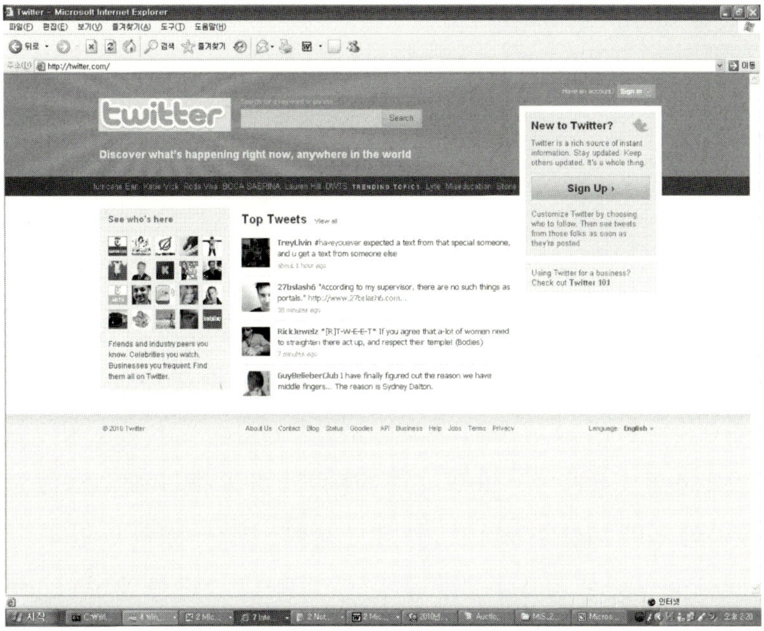

자료: twitter.com

트위터의 매력은 정보가 실시간으로 빠르게 공유되고 확산된다는 점이다. 미국의 첫 흑인 대통령인 버락 오바마가 대통령 선거 운동 당시 트위터를 이용해서 큰 홍보 효과를 얻은 것으로 알려져 있으며, 기업들도 트위터를 홍보나 고객 불만 접수의 수단 등 다양한 방법으로 활용하고 있다.

소셜 미디어의 규모가 커짐에 따라, 점점 더 많은 기업들이 소셜 미디어를 활용하여 비즈니스모델을 구축하고 있다. 소셜 미디어의 한 예인 트위터를 활용한 비즈니스모델에는 어떤 것들이 있을까.

미국 전자제품 유통업체인 베스트바이(Best Buy)는 매장 안에서뿐만 아니라 밖에서도 고객을 지원하고자 트위터를 통해 새로운 커뮤니케이션 채널을 개발했다. 직원이 직접 자신의 실명으로 트위터상에서 고객들과 실시간으로 대화하고, 지식을 공유함으로써 고객과의 거리를 줄이는 데 성공했다. 델 컴퓨터 또한 트위터를 전략적으로 사용했다. 매장에서 잘 팔리지 않는 재고 제품을 트위터상에서 저렴하게 판매하여 매출을 증대시켰고, 트위터 팔로어들에게만 특별 추가 할인을 제공하여 큰 호응을 얻었다. 여행사인 Trippy와 여행정보사이트인 Gogobot도 트위터를 통한 여행 정보 실시간 공유를 통해 크게 성장할 수 있었다.

(9) 페이스북

페이스북(Facebook)은 이용자들이 개인정보와 글, 사진, 동영상 등을 상호 교류할 수 있도록 플랫폼을 제공하는 소셜 네트워크 서비스이다. 2004년 2월, 당시 하버드대학생이었던 마크 주커버그(Mark Zuckerberg)가 개설하였다. 페이스북은 5년이라는 단기간 내에 1억 5천만 명의 이용자를 확보했다. 동일한 이용자 수 확보에 애플 아이팟(iPod)은 7년, 휴대폰은 14년, TV는 38년, 전화는 89년이 걸렸다. 2012년 10월 발표에 따르면, 페이스북의 월 이용자 수는 10억 명에 이른다고 한다. 최근에는 스마트폰의 대중화로 이용자의 절반 이상이 모바일 기기로도 페이스북을 이용하고 있다.

13세 이상이면 누구나 간단한 절차를 통해 페이스북 회원으로 가입할 수 있다. '친구 맺기' 기능을 통해 온라인 인맥을 구축하면, 타임라인을 통해 각종 관심사나 정보 같은 콘텐츠를 공유할 수 있다. 페이스북 친구들이 프로필을 업데이트하거나 타임라인에 콘텐츠를 게재하면 뉴스피드를 통해 실시간으로 이를 공유할 수 있는데, 이는 이용자 간의 상호작용을 촉진한다. 또한 페이스북에서는 자신과 친구로 맺어진 사람들과 반응이나 의견, 정서, 감정 등을 '좋아요' 기능과 답글을 통해 실시간으로 공유할 수 있다.

(10) 링크드인

링크드인(LinkedIn)은 2002년에 개설된 비즈니스 중심의 소셜 네트워크 서비스이다. 페이스북이나 트위터처럼 개인적인 인맥을 구축할 수 있는 플랫폼을 제공하는 기존의 SNS와는 달리, 링크드인은 비즈니스 인맥 구축의 장을 제공한다.

링크드인의 기능과 서비스는 크게 3가지로 설명될 수 있다. 첫 번째로, 링크드인은 이용자에게 과거 혹은 현재의 지인을 쉽게 검색하고 소통할 수 있는 기능을 제공한다. 또한 가입자의 지인 외에도 같은 업종이나 같은 분야에 종사하는 전문가의 프로필 정보를 제공하고 연계를 지원하여 인맥을 넓힐 수 있는 기회를 제공한다. 두 번째 기능은 링크드인의 핵심 기능인 구직 및 구인 활동을 지원하는 기능이다. 개인 회원이 구직을 할 때 관련 있는 기업의 정보를 제공한다. 기업 회원에게는 채용 공고 게시, 기업에게 필요한 인력 추천, 지원자에 대한 주변인들의 평가정보 제공 등의 채용 서비스를 제공한다. 세 번째로, 링크드인은 이용자들의 그룹 활동을 지원함으로써 회원들 간의 지식 교류의 장을 제공한다. 그룹 활동은 주로 그룹 게시판에서 Q&A 형태로 진행되며, 이용자는 답변을 통해 자신의 전문성과 협동심 등을 관련 기업 인사 담당자 혹은 미래 사업 파트너에게 어필할 수 있다. 이 외에도 링크드인은 이용자가 속해 있는 분야와 조직, 업무, 관심 분야를 기반으로 개인화된 뉴스 서비스를 제공하고 있다.

링크드인의 수익 구조는 채용 솔루션, 마케팅 솔루션, 유료 회원제로 나눌 수 있다. 채용 솔루션은 크게 기업 솔루션과 채용 상품으로 나뉜다. 기업 솔루션은 기업이 산업, 직무, 지역, 이력, 교육 수준 등의 항목을 이용해 지원자를 검색하는 프로그램이며, 채용 상품은 기업들에게 특정 기간 동안 채용 공고를 게시할 수 있는 웹 사이트상의 공간을 판매하는 서비스를 말한다. 마케팅 솔루션은 링크드인 웹 사이트를 활용한 온라인 광고 서비스를 의미한다. 즉, 웹 사이트상에 게재되는 광고를 통해 수익을 얻는다. 유료 회원제는 링크드인이 제공하는 다양한 기능과 정보를 차별화하고, 등급별로 이용요금을 부과해서 수익을 얻는 유료 서비스를 의미한다.

| 그림 7-9 | 링크드인의 기능과 서비스

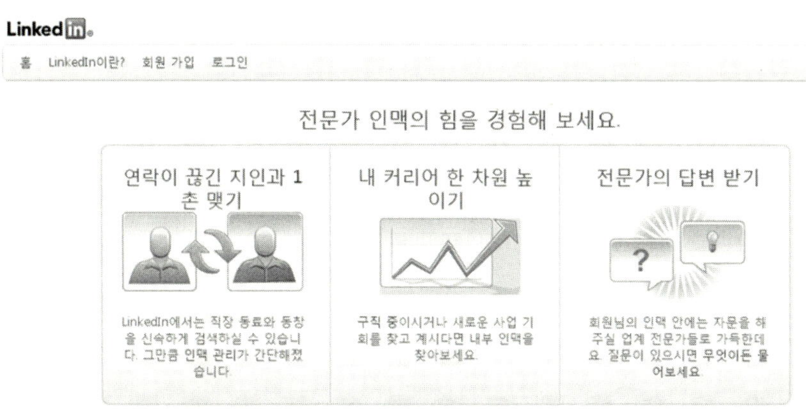

자료: www.linkedin.com

링크드인 수익구조의 특징은 수익원이 특정 사업 부문에 크게 쏠리지 않고 상당히 안정적인 구조를 유지하고 있다는 점이다. 2010년을 기준으로 링크드인의 수익 중 채용 솔루션은 42%를 차지했고, 마케팅 솔루션은 33%를, 유료 회원제는 25%의 비중을 차지했다. 반면 페이스북의 경우 대부분의 수익을 광고 수익에 의존하고 있다. 링크드인의 안정적인 수익구조는 링크드인의 큰 장점이라고 할 수 있다.[2]

(11) 소셜 미디어 마케팅의 주요 성공요인

소셜 미디어 마케팅의 주요 성공요인으로 다음의 10가지 요인들이 중요하다.

첫째, 소셜 미디어 마케팅전략을 수립하라. 소셜 미디어 마케팅전략을 잘 수립하면, 소셜 미디어 이용자들이 브랜드와 관련된 정보를 그들의 소셜 네트워크를 통해 퍼뜨리고 싶어 하게 된다. 소셜 네트워크를 통해 브랜드와 관련된 정보가 퍼질 경우, 더욱 많은 잠재고객들과 커뮤니케이션을 할 수 있는 기회가 주어진다.

둘째, 소셜 미디어 마케팅전략을 전사적인 마케팅전략과 통합하라. 소셜 미디어 마케팅전략은 전사적인 마케팅전략과 통합되지 않을 경우, 소셜 미디어상의 마케팅 메시지는 다른 마케팅 메시지와 일관되지 않을 것이고, 마케팅효과를 극대화할 수 없을 것이다.

셋째, 소셜 미디어를 최적화하라. 소셜 미디어 최적화는 기업이 운영하는 블로그, SNS, 온라인 커뮤니티와 같은 소셜 미디어들을 관리해서 소셜 미디어 이용자들이 그들이 찾는 정보에 쉽게 접근할 수 있고, 즐거운 구매 경험을 할 수 있도록 지원하는 것이다. 소셜 미디어 최적화를 통해 소셜 미디어 이용자들은 더 풍부하고, 질 좋고, 신뢰할 수 있는 정보를 얻을 수 있다.

넷째, 커뮤니티를 운영하라. 커뮤니티를 통해 커뮤니티 이용자들은 해당 브랜드에 관해 솔직하게 커뮤니케이션할 수 있고, 그 브랜드에 더 몰입할 수 있게 된다.

다섯째, 커뮤니티 이용자들 스스로 콘텐츠와 피드백을 창출할 수 있도록 유도하라. 커뮤니티 이용자들이 자신이 제작한 콘텐츠를 자유롭게 게시하게 하거나 노출된 콘텐츠에 대한 적극적인 피드백을 유도해서, 결과적으로 브랜드에 대한 그들의 충성도

2 정보통신정책연구원(2011), 링크드인(LinkedIn)의 사업구조 분석과 시사점.

를 높일 수 있다. 또한 사람들은 보통 마케터보다는 다른 고객들의 조언을 더 신뢰하는 경향이 있어서, 상품을 이용해 본 사람들의 솔직한 리뷰와 조언이 긍정적일 경우, 판매 증가로까지 이어질 수 있다. 최근에는 부정적인 조언이라고 하더라도 그것은 브랜드에 대한 애정을 의미하는 것이기 때문에 적절히 관리만 하면 부정적인 조언이 오히려 매출 증대를 가져다준다는 연구결과도 있다.

여섯째, 투명한 소셜 미디어 마케팅을 하라. 개방과 정직은 소셜 미디어 마케팅을 할 때 중요한 특성이다. 정직성의 부족은 브랜드 명성에 해를 끼칠 수 있다. 따라서 대중의 신뢰를 얻기 위해서 소셜 미디어 마케팅은 언제나 투명하게 진행되어야 한다.

일곱째, 가치 있는 콘텐츠를 제공하라. 소셜 미디어 마케팅을 통해 이용자들에게 제공되는 콘텐츠는 최신정보여야 하며, 그들에게 유의미한 정보여야 한다. 소셜 미디어를 통해 이용자들에게 가치가 없는 콘텐츠를 제공할 경우, 그들은 해당 브랜드가 자신들을 고려하지 않는다고 느낄 것이다.

여덟째, 소셜 미디어 이용자들이 특별하게 느낄 수 있도록 하라. 소셜 미디어 이용자들이 특별한 느낌을 받도록 하는 것은 소셜 미디어를 통해 고객을 확보하고 유지할 수 있는 효과적인 마케팅전략이다.

아홉째, 사회공헌 캠페인을 통해 긍정적인 이미지를 구축하라. 소셜 미디어를 통해 사회에 도움을 주는 사회공헌 캠페인을 펼쳐서 대중에게 브랜드의 긍정적인 이미지를 구축할 수 있다. 사회공헌 캠페인을 통해 해당 브랜드는 소셜 미디어 이용자들과 감정적 유대관계를 구축할 수 있다.

열째, 소셜 미디어 마케팅의 성과를 지속적으로 측정하라. 성과 측정은 기업의 현재 상태를 파악하는 데 중요하다. 따라서 소셜 미디어 마케팅의 성과를 지속적으로 측정하여 소셜 미디어 마케팅의 현 상태를 지속적으로 파악해야 한다.

연습문제

1. 웹 3.0과 사물인터넷 기술과의 관련성을 설명하시오.
2. 매시업과 포털사이트의 차이점을 기술하되 예를 들어 설명해 보시오.
3. 구글 애드워즈가 왜 웹 2.0 사상인지 설명하시오.
4. 플리커는 정적인 사진을 공유하는 것으로, 동적인 동영상을 마음껏 볼 수 있는 유튜브에 비해 점유율이 떨어진다는 평을 받고 있다. 이에 대해 당신은 동의하는가? 이유를 기술하시오.
5. EVDB의 비즈니스모델은 무엇인지 설명하시오.
6. 한 기업이 페이스북에 올려져 있는 글에 대한 고객 반응을 통해 마케팅을 수행하려고 한다. 고객 반응이 긍정적인지 부정적인지 파악하기 위해서 어떤 분석을 하겠는가?
7. 페이스북과 링크드인의 수익모델을 상호 비교하시오.

2 유비쿼터스 컴퓨팅 관련 기술

(1) 사용자 인터페이스 기술

사용자 인터페이스(User Interface, UI)는 사용자와 컴퓨터 간의 의사소통을 가능하게 해주는 매개체이다. 사용자 인터페이스는 디스플레이 모양, 키보드 배열 등의 물리적 매개체와 키보드나 마우스, 디스플레이 등을 통한 입출력 방식을 의미하는 소프트웨어적 매개체를 포함하는데, 일반적으로는 소프트웨어적 매개체를 지칭한다.[3]

사용자 인터페이스의 수단은 크게 입력과 출력으로 나눌 수 있다. 입력을 통해 사용자는 시스템을 조작할 수 있고, 시스템은 출력을 통해 사용자가 이용한 것에 대한 결과를 표시한다.[4]

인터페이스 기술이 키보드, 텍스트, 아이콘 등의 전통적인 사용자 인터페이스 방식에서 지능적 사용자 인터페이스(Intelligent User Interface), 상황 인식 인터페이스(Context-aware Interface), 멀티모달 인터페이스(Multimodal Interface) 등의 방식으로 발전하면서, 사용자들은 보다 더 쉽고 편리한 방법으로 컴퓨터와 의사소통 할 수 있게 되었다.

사용자 인터페이스 기술이 필요한 이유는 사용자 인터페이스의 위기에서 찾을 수 있다. 사용자 인터페이스의 위기는 시간이 지날수록 미디어의 복잡도가 높아지고 컴퓨터의 기능은 좋아지지만, 사용자 인터페이스 개발 수준이나 생산성은 낮은 속도로 개선되고 있어 둘 사이의 차이가 점점 커지고 있는 것이다. 이런 현상이 지속된다면 소비자의 불만이 커질 것이다. 따라서 사용자 인터페이스 기술을 적극적으로 개발하여 둘 사이의 차이를 줄이도록 노력해야 한다.

최근 추세 중 하나인 멀티모달 인터페이스에 대해서 좀 더 알아보자. 멀티모달 인터페이스(Multimodal Interface)란 유니모달 인터페이스(Unimodal Interface)와 반대되는 개념으로, 적어도 두 개 이상의 입력 수단을 동시에 사용하는 인터페이스 방식을 뜻한다. 예를 들어 유니모달 인터페이스 방식에서는 마우스 클릭과 키보드 입력을 순차적으로 해야 하지만, 멀티모달 인터페이스 방식에서는 마우스, 키보드, 음성 인식,

3 전산용어사전편찬위원회(2011), 컴퓨터 인터넷 IT용어 대사전, 일진사.
4 위키백과, "사용자 인터페이스," 2014년 4월 16일(http://ko.wikipedia.org/wiki/사용자_인터페이스).

그림 8-1 사용자 인터페이스의 위기

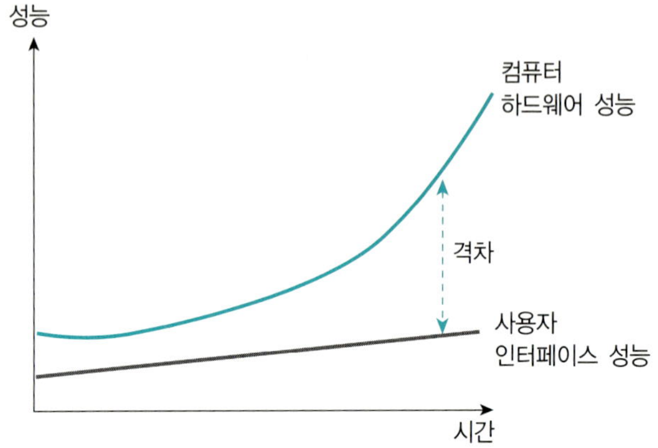

눈동자 인식 등의 입력 수단을 동시에 활용할 수 있다. 참고로 스크린, 오디오, 텍스트, 모션 등의 출력수단을 동시에 두 개 이상 사용하여 정보를 출력하는 것을 멀티미디어라고 한다.

[그림 8-2]는 하인리히-헤르쯔 연구소(Heinrich-Hertz-Institut, HHI)[5]가 2001년 베를린 국제가전박람회(Internationale Funkausstellung, IFA)[6]에서 발표한 멀티모달 인터페이스 방식을 활용하는 미래의 컴퓨터 워크스테이션이다.

이 워크스테이션의 특징은 안경이 필요 없는 3D 디스플레이 방식을 활용한다는 점과 사용자 편의성을 극대화하기 위해 다양한 입력 수단을 활용한다는 것이다. 전통적인 입력 방식인 마우스, 키보드뿐만 아니라 음성 인식, 눈동자 인식, 손동작 인식 기술을 통한 입력 방식도 활용된다. 예를 들어, 사용자가 단순히 프로그램 시작 버튼을 바라보며 음성으로 실행을 명령하면 프로그램이 시작된다. 또한, 손동작 인식 기술을 통해 가상의 3D 미디어 물체를 터치하고, 조작할 수도 있다. 이처럼 멀티모달 인터페이스 방식을 활용하면 사용자는 보다 더 쉽고 편리하게 컴퓨터와 의사소통을 할 수 있다.

5 독일 프라운호프 연구회 산하의 정부 출연 연구기관이다.
6 매년 9월에 독일 베를린에서 열리는 전시회이다.

| 그림 8-2 | 멀티모달 인터페이스 기술을 활용한 미래의 컴퓨터 워크스테이션

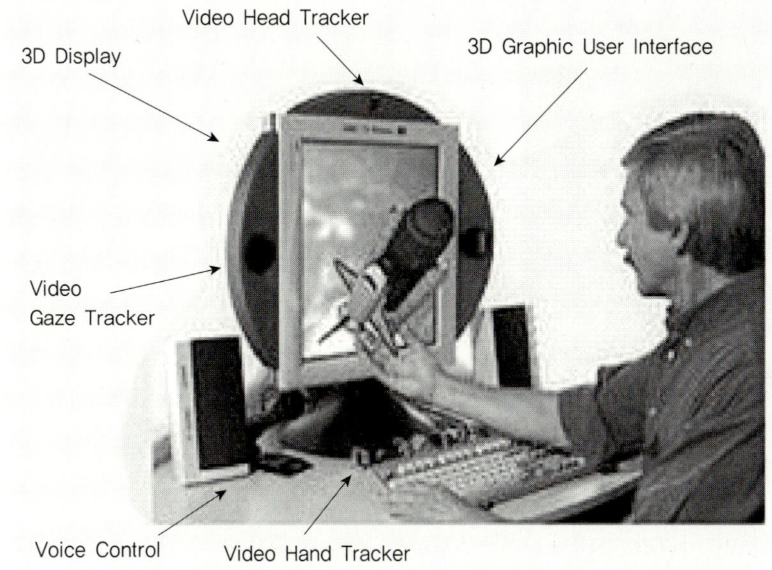

자료: Stereoscopy.com – 3d-News(2001), "The 3D PC – New Ways of Communicating with Computers," August 29(http://www.stereoscopy.com/news/news-archive-8-2001.html).

(2) 증강현실

증강현실(Augmented Reality, AR)은 여러 가지 사용자 인터페이스 기술 중 하나로, 사용자가 눈으로 보는 현실세계에 문자나 그래픽 같은 가상정보를 겹쳐 보여주는 기술이다. 현실세계에 가상물체들로 이루어진 가상세계를 합성하여 한 영상 화면으로 보여주므로 혼합현실(Mixed Reality, MR)이라고도 한다.

가상현실(Virtual Reality, VR) 기술을 활용한 인터페이스 방식에서 사용자는 컴퓨터 그래픽이 만든 가상환경에 몰입하게 되고, 실제환경을 볼 수 없다. 반면, 증강현실 기술을 활용한 인터페이스 방식에서 사용자는 실제환경에 가상의 객체가 혼합된 영상 화면을 통해 실제환경에 대한 부가정보를 보다 실감나게 제공받을 수 있다.[7] 예를 들어 길을 걷다 IT기기로 건물을 스캔하면, 그 건물에 대한 정보가 실제환경 위에 겹쳐서 디스플레이에 보여진다.

---

7 두산백과사전, "증강현실"(http://www.doopedia.co.kr/doopedia/master/master.do?_method=view&MAS_IDX=101013000799500).

그림 8-3 멀티모달 증강현실 기술 활용의 예 1

자료: 김지현(oojoo), "[디지털을 말한다. By oojoo] AR(증강현실)의 미래," 2009년 4월 30일(http://oojoo.tistory.com/327).

그리고 문자뿐만 아니라 그래픽 또한 증강현실 기술에 활용될 수 있다. 예를 들어 HMD[8]를 통해 과거의 추억과 각 객체에 기록되어 있는 정보를 불러내는 애플리케이션이 가능하다.

그림 8-4 멀티모달 증강현실 기술 활용의 예 2

자료: 김지현(oojoo), "[디지털을 말한다. By oojoo] AR(증강현실)의 미래," 2009년 4월 30일(http://oojoo.tistory.com/327).

8 Head-mounted display, 안경처럼 머리에 착용하는 영상출력기구.

증강현실 기술은 우리의 생활을 더욱 편리하게 만들어 줄 것이다. 예를 들어, 낯선 곳에 갈 때에도 우리는 증강현실 기술을 통해 그 장소에 대한 다양한 실시간 정보를 보다 손쉽게 얻을 수 있을 것이다.

| 그림 8-5 | 멀티모달 증강현실 기술 활용의 예 3

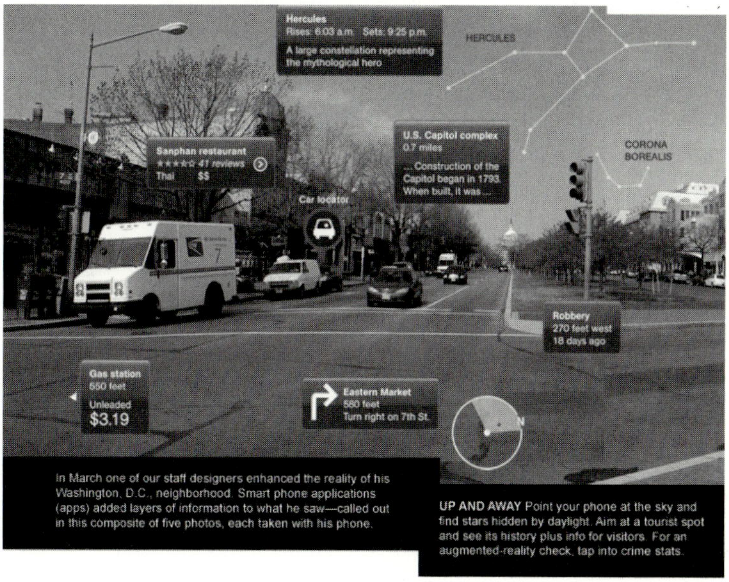

자료: Vagabondish, "'Augmented Reality' Travel Is Coming Very, Very Soon," August 26, 2010(http://www.vagabondish.com/augmented-reality-travel).

또한 미국 컬럼비아 대학에서 증강현실 기술을 활용하여 개발된 'Mobile Journalist Workstation'이라는 컴퓨터시스템은 기자들의 기사 작성에 도움을 주기 위해 개발되었으며, 기자들이 등에 배낭처럼 메고 다닐 수 있도록 모든 부품이 배낭에 들어가 있다. 특수 안경처럼 생긴 헤드기어를 쓰면, 거리나 건물 이름 등과 같은 유용한 정보들이 증강현실 기술을 통해 액정화면에 겹쳐서 보여진다. 이 시스템을 이용한 기자들은 전쟁 발발 지역 등 위험한 지역에서 공격받은 건물이 어떤 건물인지 직접 조사하지 않고도 파악할 수 있었다.[9]

9 류현주(2002), "해외 특파원, 취재에서 편집 · 보도까지," KBS 해외방송정보 3월호, 71.

그림 8-6 컬럼비아 대학에서 개발한 'Mobile Journalist Workstation'

자료: 류현주(2002), "해외 특파원, 취재에서 편집 · 보도까지," KBS 해외방송정보 3월호, 71.

미래에는 증강현실 기술이 매우 다양한 방법으로 활용될 것이다. 예를 들어, 인테리어를 설계할 때 증강현실 기술을 통해 가구를 가상으로 배치해 보고, 가구 배치에 따른 인테리어 비용을 실시간으로 알아볼 수 있을 것이다.

그림 8-7 미래의 증강현실 기술 활용의 예 4

자료: Hiddencreative, "The Future of Augmented Reality," YouTube, December 1, 2010(http://www.youtube.com/watch?v=tnRJaHZH9lo).

증강현실 단말기의 한 예인 구글 글라스(Google Glass)는 일종의 스마트안경으로 증강현실 기술을 활용한 웨어러블 컴퓨터(wearable computer)이다. 2012년 6월 27일에 열린 '구글 신기술 발표회 2012'에서 처음 시연되었다.

구글 글라스는 스마트폰처럼 안드로이드 운영체제를 통해 작동되며, 사진 촬영이나 인터넷 검색, SNS, 문자 전송, 네비게이션 등의 기능을 보유하고 있다. 또한 구글 글라스는 주로 음성 명령을 통해 작동되므로, 양손이 자유로워진다는 장점을 가진다.[10]

| 그림 8-8 | 구글 글라스 사용 화면

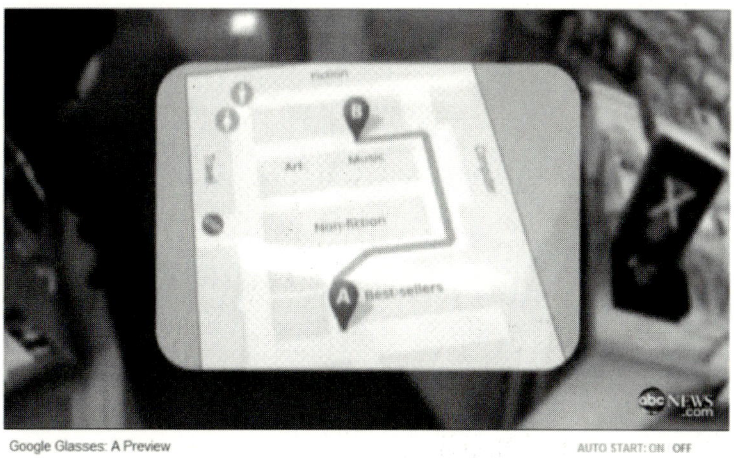

자료: Joanna Stern, "Google Glasses Designer Gives Us An Up Close Look," ABC news, June 28, 2012(http://abcnews.go.com/Technology/google-glass-close-designer-project/story?id=16666194).

증강현실의 반대라고 볼 수 있는 감소현실(Diminished Reality)은 증강현실과는 반대되는 개념으로, 현실세계에서 불필요한 정보를 가상으로 제거함으로써 사용자에게 편의를 제공하는 기술이다.[11]

예를 들어 [그림 8-9]는 책상 위의 안경을 가상으로 제거하는 감소현실 기술을 보여주고 있다.

10 조유진, "구글의 사이보그 '구글 글라스'의 모든 것," 아시아경제, 2013년 4월 21일(http://www.asiae.co.kr/news/view.htm?idxno=2013042106082424024).

11 이승훈 · 박한훈 · 서병국 · 박종일(2007), 프로젝션 기반의 감소현실 시스템, 컴퓨터그래픽스학회 논문지 13, 52-57.

그림 8-9 감소현실 기술 활용의 예

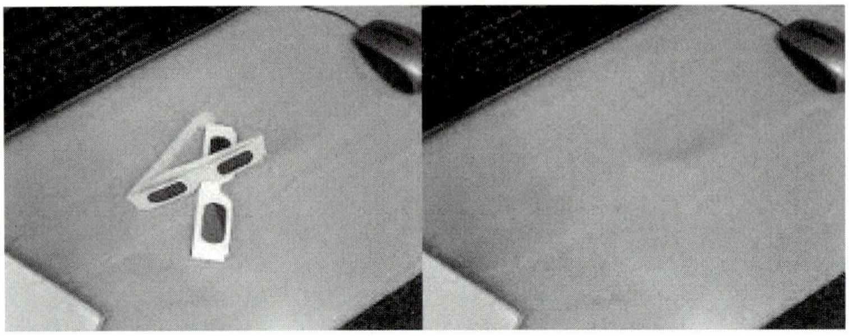

자료: Kurzweilai, "'Diminished reality' software removes objects from video in real time," October 14, 2010(http://www.kurzweilai.net/diminished-reality-software-removes-objects-from-video-in-real-time).

(3) 체화된 인터랙션

체화된 인터랙션(embodied interaction)이란 사람의 움직임을 기계가 감지하여 의사소통하는 것을 말한다. 체화된 인터랙션의 예로는 Wii(위)를 들 수 있다. Wii는 닌텐도가 개발한 가정용 게임기이다. Wii의 특징은 'Wii 리모컨'이라 부리는 리모컨 형태의 무선 컨트롤러를 통해 사람의 동작을 인식하여 게임이 진행된다는 것이다. 컨트롤러에는 광학 센서와 가속도계 등이 장착되어 있으며, 이를 통해 가리키고 있는 방향뿐만 아니라 기울기나 거리감, 속도 등을 인식한다.[12]

그림 8-10 X-9 Wii

12 위키백과, "Wii 리모컨," 2013년 3월 12일(http://ko.wikipedia.org/wiki/Wii_리모컨).

(4) 내추럴 사용자 인터페이스

내추럴 사용자 인터페이스(Natural User Interface)는 현실세계의 나와 가상세계의 사용자 인터페이스(UI)를 연동하여 시스템을 작동하는 기술로, 말 그대로 자연스러운 '사용자 인터페이스'이다. 사용자의 동작은 물론 음성과 눈짓 등 실제 인간 행동 그 자체를 조작에 이용하려는 기술을 모두 일컬어 내추럴 UI라고 한다.

예를 들어 손을 위로 올리면 재생 중인 영상의 소리가 커지고, 손을 옆으로 움직이면 TV 채널이 바뀌는 것이 내추럴 UI 기술이다. 내추럴 UI 기술을 활용하면 야구 게임을 할 때는 마치 타석에 들어선 야구선수처럼 진짜로 배트를 휘두르고, 권투 게임을 할 때도 실제 글러브를 낀 선수처럼 손을 뻗을 수 있다. 키보드의 화살표 버튼을 눌러 게임 속 캐릭터가 주먹을 날리게 하는 것보다 사용자가 직접 주먹을 뻗는 것이 더 자연스러운 조작 경험을 얻을 수 있다.[13]

(5) 웨어러블 컴퓨팅 기술

웨어러블 컴퓨팅 기술(wearable computing technology)은 옷에 무선 기기를 부착시키는 기술을 말한다. 즉, 웨어러블 컴퓨터(wearable computer)는 웨어러블 컴퓨팅 기술이 장착된 장비라고 할 수 있다. 옷이나 시계, 안경처럼 자유롭게 몸에 착용하고 다닐 수 있어야 하기 때문에 소형화 · 경량화 기술이 적용되며, 음성 인식, 동작 인식 등의 기술로 작동된다.

구글의 스마트안경인 구글 글라스, 애플과 삼성에서 개발하고 있는 스마트시계인 아이워치, 갤럭시워치 등을 웨어러블 컴퓨터라고 할 수 있다.

웨어러블 컴퓨터를 제작할 때 고려해야 할 점에는 장비의 배터리, 무게 및 크기, 기능성 등이 있다. 전력 보충 문제는 특히 세탁이 필요한 옷이나 신발 등에 웨어러블 컴퓨팅 기술을 접목할 때 중요하게 고려해야 한다. 세탁을 가능하게 하기 위해서는 방수를 위해 장비를 옷 안에 깊숙이 넣어야 하는데, 그렇게 되면 배터리의 교환이 어려워질 것이다. 이러한 문제를 해결하기 위해, 체온, 모션, 심장박동 등을 에너지원으

13 오원석, "내추럴UI," 네이버캐스트, 2013년 5월 30일(http://navercast.naver.com/contents.nhn?rid=122&contents_id=28416).

로 활용하는 연구가 활발하게 진행되고 있다.[14] 또한 웨어러블 컴퓨터는 IT 기기이기 이전에 의복이라는 점을 명심해야 한다. 웨어러블 컴퓨터를 착용해도 움직이는 데 불편함이 없도록 무게와 크기를 작게 제작해야 하며, 착용감, 통기성 등의 옷 고유의 기능성도 고려해야 하고, 당대의 유행을 고려하여 만들어야 한다.

웨어러블 컴퓨터의 일종인 스마트워치(smart watch)는 손목시계에 IT 기술을 접목한 웨어러블 컴퓨터이다. 스마트워치는 카메라, 인터넷 접속, GPS, 게임 등 기존 스마트폰의 기능들을 탑재하고 있다. 스마트워치는 스마트폰과의 연동 여부를 기준으로 크게 연동형 스마트워치와 단독형 스마트워치로 나뉜다.

연동형 스마트워치는 스마트폰과의 연동을 편해 동기화를 편리하게 할 수 있다는 장점이 있지만, 스마트폰과 블루투스로 연결을 해야 제대로 된 사용을 할 수 있다는 단점이 있다. 단독형 스마트워치는 스마트폰과 연동을 하지 않고 단독으로 사용될 수 있도록 무선 헤드 셋, 마이크로폰, 통화/데이터용 모뎀, SIM카드 슬롯 등의 자체 통신 기능을 가지고 있다. 하지만 단독형 스마트워치는 스마트폰과 동기화가 불가능하거나 까다롭다는 단점을 가진다.[15]

그림 8-11 웨어러블 컴퓨터 중 하나인 스마트워치

14 권오병 · 정기욱(2004), 유비쿼터스 시스템의 이해, 신론사.

15 위키백과, "스마트워치," 2014년 3월 5일(http://ko.wikipedia.org/wiki/스마트_워치).

(6) 소프트웨어 에이전트

21세기를 살아가고 있는 젊은 세대라면 모두들 한 번쯤은 인터넷에서 구매를 해본 적이 있을 것이다. 여러 쇼핑몰에 일일이 접속하여 물건을 검색해 볼 수도 있겠지만 대부분은 영향력 있는 검색 사이트에 접속하여 구매하려는 물건을 검색했을 것이다.

예를 들어 여행을 준비하기 위해 비행기표를 구매하려 한다면, 검색 사이트에 접속하여 비행기표를 검색하면 여러 항공사의 비행기표를 비교하여 한 화면에 보여줄 것이다. 자신이 좋아하는 가수의 새 앨범을 구매할 때에도 검색 엔진을 이용하면 여러 사이트에 접속할 필요 없이 해당 음반의 사이트별 가격을 확인할 수 있다. 이렇게 여러 항공사의 비행기표와 음반을 비교하여 한눈에 볼 수 있도록 해주는 일은 누가 하는 것일까? 이것이 바로 소프트웨어 에이전트(software agent)가 하는 일이다.

그림 8-12 소프트웨어 에이전트의 종류

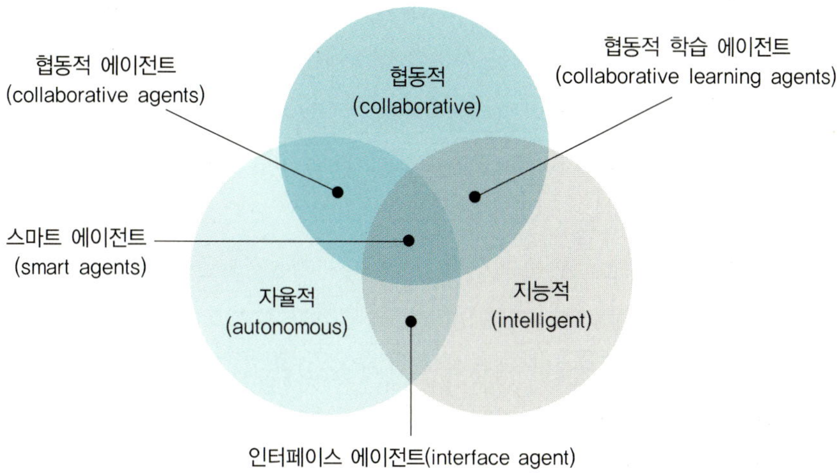

소프트웨어 에이전트란 사용자나 다른 프로그램을 대신하여 업무를 수행하는 소프트웨어를 일컫는다.[16] 인간이나 다른 프로그램의 일을 대신 수행하기 위해 소프트웨어 에이전트에는 몇 가지 조건이 필요하다.

16 Nwana, H. S.(1996), "Software Agents: An Overview," *Knowledge Engineering Review*, 11(3), Cambridge University Press, 205-244.

첫 번째로 소프트웨어 에이전트는 자율적(autonomous)이어야 한다. 소프트웨어 에이전트는 사용자가 특별한 명령을 하지 않더라도 에이전트 스스로 프로그래밍되어 있는 업무를 수행할 수 있어야 한다는 의미이다.

두 번째로 에이전트는 지능적(intelligent)이어야 한다. 이것은 지식과 지능을 가지고 있다는 의미로 에이전트가 사용자가 입력한 지식과 사실을 토대로 스스로 학습과 추론(learning and reasoning)이 가능해야 한다는 것을 의미한다.

세 번째로 소프트웨어 에이전트는 다른 에이전트와 협동적(collaborative)이어야 한다. 유비쿼터스는 언제 어디서나 접속할 수 있는 네트워크 환경을 요구하기 때문에 이러한 광범위한 네트워크에서는 다른 소프트웨어 에이전트와의 협동은 필수적이다.

마지막으로 소프트웨어 에이전트는 다른 소프트웨어 에이전트와 의사소통을 할 수 있어야 한다. 이를 M2M 커뮤니케이션(Machine to Machine communication)이라고 하는데 에이전트 프로그램은 다른 소프트웨어 에이전트와 협동적으로 업무를 수행하기 위해 서로 의사소통이 필요할 것이다. 이러한 언어를 에이전트 의사소통 언어(Agent Communication Language)라고 하는데 여기에는 미국 국방 연구처에서 개발한 DAML+OIL(DARPA Agent Markup Language - Ontology[17] Inference Layer)과 WOL(Web Ontology Language), KQML(Knowledge Query and Manipulation Language) 등이 있다.

소프트웨어 에이전트라는 개념은 1977년 Hewitt의 행동자모델(actor model)에서 출발했다. Hewitt의 행동자모델에서 행동자란 독립적이고 상호작용적이며 의사소통 능력을 가진 물체이다. 1987년 애플의 컴퓨터 CEO인 John Sculley는 그의 책 『Odyssey』에서 '지식네비게이터(Knowledge Navigator)'라는 개념을 소개했다. 이는 거대한 하이퍼텍스트 정보의 데이터베이스에 접속할 수 있고 정보검색을 도와주는 비서 같은 디바이스이다.

2006년 Stephen Haag는 그의 책 『Management Information Systems for the Information Age』에서 소프트웨어 에이전트의 네 가지 유형을 소개했다.[18] 구매자 에이전트(buyer agents), 사용자 에이전트(user agents), 감시 관찰 에이전트(monitoring-

17 온톨로지(Ontology): 사람들이 세상에 대하여 보고 듣고 느끼고 생각하는 것에 대하여 서로 간의 토론을 통하여 합의를 이룬 바를 개념적이고 컴퓨터에서 다룰 수 있는 형태로 표현한 모델로, 개념의 타입이나 사용상의 제약조건들을 명시적으로 정의한 기술이다.

18 Haag, S.(2006), *Management Information Systems for the Information Age*, 224-228.

and-surveillance agents), 데이터마이닝 에이전트(data-mining agents)가 바로 그것이다.

구매자 에이전트는 네트워크를 돌아다니며 상품과 서비스에 대한 정보를 검색하여 보여주는 에이전트이다. '쇼핑 봇(Shopping bots)'이라고도 불리는 이 에이전트는 앞서 언급했던 CD나 책, 전자 기기 등 많은 상품들에 대한 정보를 효율적으로 검색한다.

사용자 에이전트, 즉 개인적 에이전트(personal agents)는 사용자의 이익을 위해 행동하는 지능적인 에이전트이다. 개인 비서와 같은 이 에이전트는 사용자의 이메일을 체크하여 사용자에게 중요한 이메일이 도착했을 경우 알려주거나 사용자의 요구에 따라 뉴스를 취합하여 사용자에게 보고하고 웹 페이지를 스캔하여 중요하다고 여겨지는 정보가 있는 텍스트를 강조하여 보여주는 등의 업무를 담당한다.

감시 관찰 에이전트는 장비와 컴퓨터시스템에 대한 관찰과 보고를 수행하는 에이전트이다. 이 에이전트는 회사의 재고 수준을 자동적으로 유지하거나 경쟁자를 관찰한 결과를 회사에 전달하거나 내부 거래나 루머에 의해 조작된 주식을 관찰하는 등의 역할을 수행한다. 감시 관찰 에이전트의 예로 나사의 제트 추진력 연구소는 재고를 관찰하고 비용절감을 위한 장비 주문계획을 수행하는 에이전트를 소유하고 있다. 감시 관찰 에이전트 중에는 인간의 의사결정체계를 모방하는 에이전트들의 집합이 있다. 이 에이전트들은 자산의 상태를 감시하고 상위 소프트웨어 에이전트로부터 목표를 하달받는다.

데이터마이닝 에이전트는 정보기술을 이용해 수많은 정보원으로부터 정보를 수집하고 그 정보들의 트렌드나 패턴을 찾아내는 역할을 수행한다. '분류(classification)'는 정보에서 패턴을 찾아내고 다른 클래스로 분류하는 가장 일반적인 데이터마이닝 유형이다. 또한 데이터마이닝 에이전트는 주요한 트렌드나 지표의 변화나 새로운 정보의 등장 등을 감지하여 사용자에게 알려준다. Haag가 주장한 네 가지 유형의 에이전트 외에도 스팸 필터(spam filters), 서버 감시도구 등 네트워크 에이전트가 있다.

소프트웨어 에이전트는 복잡하고 반복적인 과업을 사용자를 대신하여 자동적으로 수행해 줌으로써 사용자에게 이익을 가져다줄 수도 있으나 이 기술은 여러 가지 조직적·문화적 영향력을 불러일으키기 때문에 소프트웨어 에이전트를 사용하기 전에 이러한 영향력에 대한 고려가 필요하다.[19]

19 Serenko, A. & Detlor, B.(2004), *Intelligent agents as innovations*(PDF), 18(4), 364-381.

소프트웨어 에이전트 도입의 조직적 영향에는 전자상업 부문의 변화, 운영상의 문제, 그리고 보안의 과부화 등이 있다. 소프트웨어 에이전트는 빠르게 네트워크를 검색하여 온라인에서 최적의 제안을 확인한 후 그 정보들을 통합하여 최종 사용자에게 제공한다 그러므로 사용자는 개인 사업자의 웹 사이트를 일일이 찾아다닐 필요가 없다. 하지만 이러한 소프트웨어 에이전트의 사용은 가격에 기반한 경쟁을 부추기고 불완전경쟁시장인 전자상업 부문을 단일화된 완전경쟁시장으로 뒤바꿔놓을 수 있다. 또한 에이전트의 도입은 기업들의 추가적인 정보 제공을 필요로 하여 네트워크의 과부하를 일으킬 수 있으며 무엇보다도 새로운 보안 문제를 야기할 수 있다.

소프트웨어 에이전트 도입의 문화적 영향에는 신뢰 문제, 기술 퇴화, 사생활 침해, 사회적 박탈감 등이 있다. 어떤 사용자는 자신의 업무를 소프트웨어 에이전트에게 전가시키는 것에 대해 불안함을 느낄지도 모른다. 또한 지능적 대리자에게 전적으로 의지하는 사용자는 정보 검색 능력이나 보고서를 작성하는 등의 중요한 기술을 잃어버릴 수도 있다. 또한 에이전트가 사용자의 편익을 위해 업무를 수행하려면 사용자의 개인적 취향이나 선호도 등을 이해하고 있어야 한다. 이는 예상치 못한 프라이버시 문제를 야기할 수 있다. 사용자가 의사소통 활동을 소프트웨어 에이전트에게 의지한다면 또한 다른 사람들과의 직접적인 사회적 작용을 할 기회를 잃어 사회적 박탈감을 느낄 수도 있다.

실제 소프트웨어 에이전트로는 비교구매 에이전트인 바겐파인더(Bargain Finder)가 최초의 형태이다. 비교구매 에이전트란 사용자를 대신하여 제품을 판매하는 여러 웹 사이트의 정보를 수집하고 분석해서 사용자에게 가장 적합한 제품을 찾아주는 시스템을 의미한다. 앞서 예로 들었던 비행기표와 음반을 찾아주는 에이전트도 비교구매 에이전트라 할 수 있다. 이러한 비교구매 에이전트 중 앤더슨 컨설팅에서 개발한 '바겐파인더'는 최초의 비교구매 에이전트이다.

이 비교구매 에이전트는 노래의 제목이나 가수를 타이핑하면 그 음반을 판매하고 있는 쇼핑몰들의 판매가격을 알려주는 서비스를 제공하였다. 그러나 바겐파인더의 서비스는 그리 성공적이지 못했다. 소비자에게 가장 저렴한 가격의 음반을 구매할 수 있도록 한다는 취지는 좋았으나 음반을 비교적 비싸게 판매하는 쇼핑몰에서 에이전트에게 정보 제공을 거부하였기 때문에 서비스는 중단되었다. 이것이 앞서 언급했던

| 그림 8-13 | 최초의 정보 에이전트: 바겐파인더

소프트웨어 에이전트 도입의 조직적 영향의 예라고 할 수 있다.

그렇다면 바겐파인더가 겪었던 문제점을 해결하기 위해서는 어떤 방법이 있을까. 먼저 가격 중심의 정보 제공에서 벗어나 다수의 비교 기준을 제공하면 된다. 예를 들어 제품의 품질, 개인 사업자 웹 사이트의 평판, 서비스 등이 그 기준이 될 수 있을 것이다.

또 다른 해결방안은 개인 쇼핑몰 사업자가 자신의 쇼핑몰 정보를 직접 제공하도록 유도하는 것이다. 바겐파인더는 초기 비교구매 에이전트였기 때문에 개인 사업자들이 정보 제공을 거부해도 사업자들에게 큰 손해가 없었지만 제3장 'e-비즈니스의 성공 요인'에서 말했듯이 오늘날 e-비즈니스에서 성공하려면 '딥웹(deep web)'이 되지 말아야 한다. 소비자들이 웹 사이트에 쉽게 접근할 수 있어야 개인 사업자들에게 이익이기 때문에 바겐파인더의 예에서처럼 정보 제공을 거부하다가는 딥웹이 되기 십상이다. 이러한 이유는 개인 사업자들이 자발적으로 소프트웨어 에이전트에게 정보를 제공하도록 유도할 것이다.

바겐파인더 이후 JANGO, Altamax, Mysimon 등이 일반화되었고, 최근에는 이들 비교구매 서비스가 기존의 검색엔진이나 유명 사이트와 연합하여 포털 서비스화하고 있다.

실제 소프트웨어 에이전트들이 활용된 예로는 유비쿼터스 번역기인 InfoScope가 있다. 2000년, IBM의 알마덴 연구소(Almaden Research Center)의 연구자 Ismail Haritaoglu는 도쿄의 기차역에서 일본어 한자(Kanji letter)로 적혀 있는 시간표를 이해하지 못해 여행을 하는 데 곤욕을 겪었다. 여기에 착안한 연구자 Ismail Haritaoglu는 실제 현실세계와 가상의 디지털세계를 연결하여 사용자가 원하는 언어로 자동 번역하는 유비쿼터스 번역기, 인포스코프(Infoscope)를 개발했다.[20]

그림 8-14 유비쿼터스번역기(Infoscope)

해외를 여행하는 여행자들에게 언어란 큰 장벽이다. 특히 영어나 일본어처럼 전혀 다른 언어는 여행자들에게 자신의 주변에 무엇이 있는지 알 수 없게 만든다. 직접 사전이나 전자사전을 이용하여 언어를 검색하는 방법도 있겠지만 생소한 언어를 번역기에 직접 입력하는 일도 쉬운 일은 아니다. 알마덴 연구소에서는 여행에 있어서 언어장벽 문제를 해결할 수 있는 시스템을 개발하였다. 인포스코프는 카메라를 입력 장치로 이용하여 현실세계의 이미지를 캡처하고 컴퓨터 광학 기술을 이용하여 이미지에서 현실세계의 정보를 추출한 후, 그 정보를 디지털 시계의 텍스트 정보로 변환한 후 사용자가 볼 수 있도록 유비쿼터스 기기에 정보를 띄워 주는 시스템이다. 이 시스

20 Ismail Haritaoglu(2001), InfoScope Link from Real World to Digit(PDF).

템의 자세한 정보 처리 절차는 간단하게 텍스트 인식, 문자 분리, 문자 인지, 언어 번역, 텍스트 증강의 5단계로 나뉜다.

그림 8-15 Infoscope의 작동 단계

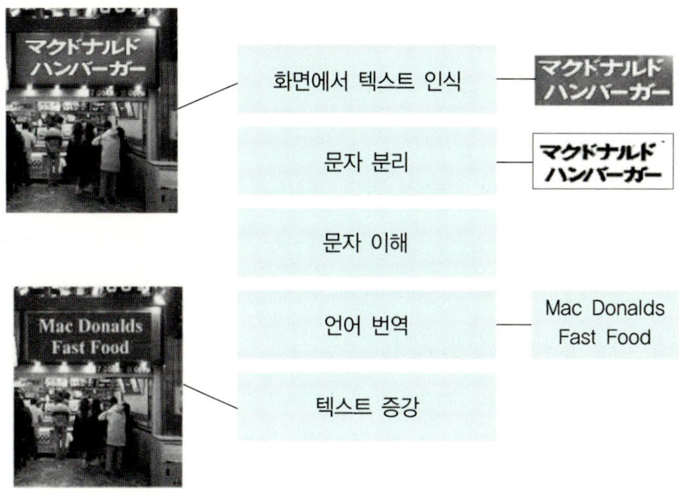

① **텍스트 발견**(scene text detection): 먼저 유비쿼터스 기기에 내장되어 있는 카메라가 현실 세계의 스냅숏(snapshot)을 찍어서 디지털세계로 전송한다.

② **문자 분리**(character segmentation): 인포스코프시스템은 컴퓨터 광학 기술을 이용해서 캡처된 이미지에서 텍스트와 문자를 추출(또는 분리)한다.

③ **문자 인지**(character recognition): 이미지에서 추출된 외국어로 쓰여진 문자나 단어를 인지한 다음 컴퓨터가 이해할 수 있는 ASCII 텍스트[21]로 변환한다.

④ **번역**(language translation): 외국어로 쓰여진 문자나 단어를 ASCII 텍스트로 변환한 다음 이 ASCII 텍스트를 사용자가 원하는 언어로 번역한다.

⑤ **텍스트 증강**(text augmentation): 번역된 텍스트를 유비쿼터스 기기상의 본래 외국어 텍스트가 쓰여진 위치에 덮어씌움으로써 사용자는 본래의 외국어가 위치한 곳과 동일한 자리에서 번역된 텍스트를 서비스받을 수 있다.

---

21 ASCII(American Standard Code for Information Interchange): 1968년 제정된 미국 문자 표준코드체계이다. 컴퓨터에서 영문자, 숫자, 그 외 기호를 표현하기 위한 표준 코드로서, 사실상 PC에서는 세계 표준코드이다.

다섯 단계 중 현실세계의 이미지 캡처와 텍스트 증강은 사용자의 유비쿼터스 기기에서 이루어지지만 나머지 텍스트 발견, 문자 분리, 문자 인지, 그리고 번역 등은 유비쿼터스 기기가 무선으로 서버로 전송해 서버가 처리 단계를 수행한 후 결과를 다시 유비쿼터스 기기로 전송하는 방식으로 작동한다. 인포스코프가 개발될 당시 개발자는 PDA[22]를 기반으로 시스템을 개발했기 때문에 무선 통신의 속도와 번역 수행의 처리에 있어서 한계가 있었으나 스마트폰이 발달된 지금은 더욱 질 높은 자동 번역 서비스를 제공할 수 있을 것이다.

자동 통·번역과 관련된 기술로 TTS[23] 기술이 있다. TTS란 Text to Speech의 약자로서 사용자가 입력한 텍스트를 언어에 따라 발음해 주는 문자음성 자동변환 기술이다. Oddcast라는 음성엔진 개발 업체에서 제공하는 이 서비스는 사용자가 입력한 문자를 사용자가 원하는 언어에 맞춰 발음해 준다.

사이트(http://www.oddcast.com/home/demos/tts/tts_example.php)에 접속하면 [그림 8-16]과 같은 화면이 뜬다. 사용자가 듣고자 하는 발음의 텍스트를 입력한 뒤 언어를 선택하고 음성과 음성의 효과를 선택하고 [Say It] 버튼을 클릭하면 사용자가 입력

▌그림 8-16▐ TTS 기술의 예

자료: http://www.oddcast.com 참조.

22 PDA(Personal Digital Assistants): 휴대용 컴퓨터의 일종으로, 집이나 사무실에 있는 컴퓨터로 작성한 문서 파일을 집어 넣으면 이동하면서도 계속 작업이 가능하고, 전자수첩과 마찬가지로 개인정보관리나 일정관리가 가능한 휴대용 개인정보단말기를 말한다

23 TTS(Text to Speech): 문자음성 자동변환 기술. 미리 녹음된 육성을 이용하는 현재의 음성 서비스와는 달리 문자를 바로 소리로 바꿔 전달하는 것으로, 삼성종합기술원이 세계 최초로 개발했다.

한 텍스트를 선택한 언어에 따라 발음해 준다. 이러한 에이전트 기술은 외국어의 발음을 확인할 때 유용하다. 또한 이 사이트는 약 30개국의 언어를 다양한 음성으로 들려준다. 남성의 음성이나 여성의 음성은 물론, 영어의 경우 영국의 발음이나 미국의 발음 등 음성을 선택하여 음성의 억양 차이 등도 확인할 수 있다. 그러나 이 기술의 한계는 사용자가 언어를 직접 선택해 주어야 한다는 것이다. 사용자가 발음을 알고 싶은 텍스트는 있으나 그 텍스트가 어느 언어인지 알 수 없을 경우엔 발음을 들을 수 없다. 언어에 맞지 않는 텍스트가 입력될 경우 발음을 하지 못하기 때문이다. 예를 들어 한자로 된 텍스트를 입력하고 발음 언어로 영어를 선택할 경우 [Say It] 버튼을 눌러도 발음 소리가 재생되지 않는다.

(7) 센서 기술

사라지는 기술을 지향하므로 사용자 입력 없이 사용자의 상황을 이해하여 그에 맞는 자율적인 서비스를 가능케 해야 하는 유비쿼터스 컴퓨팅에서 센서의 역할은 절대적이다. 센서(sensor)의 주요한 역할에는 세 가지가 있다. 첫 번째로, 센서는 앞서 언급한 상황인식 기술의 기초가 된다. 상황인식을 위해서는 상황에 대한 데이터를 수집해야 하는데 센서는 대상의 위치, 행동 등 데이터 입력 없이 사용자의 상황 정보를 자동으로 수집한다. 이는 과거 상황정보까지 사용자가 일일이 입력해야만 개인화 서비스를 할 수 있는 수준을 뛰어넘는 것이다. 상황정보의 수집이 자동화되는 것이 조용한 유비쿼터스 서비스 구현에 가장 중요한 요소임을 고려해 볼 때 센서는 유비쿼터스 서비스의 출발점이라고 볼 수 있다.

두 번째로 여러 가지 센서들의 협동은 보다 풍부한 정보의 확보를 가능하게 한다. 센서들에는 위치, 움직임, 생체정보 등 여러 가지 센서가 있는데 이러한 센서들이 제공하는 다양한 정보를 통해 새로운 정보를 추론할 수 있으며 사용자는 이를 통해 한 단계 진보된 유비쿼터스 서비스를 제공받을 수 있다. 예를 들어 사용자가 운전을 하고 있을 경우, 유비쿼터스 기기는 사용자의 위치를 알아낼 수 있는 위성항법장치와 사용자의 움직임을 알아낼 수 있는 가속도계의 협동으로 사용자에게 감시카메라를 조심하라는 경고를 제공한다.

마지막으로 센서는 아날로그 정보를 디지털화할 수 있다. 사용자의 행동이나 표정, 그 외의 자연 상태의 각종 시각적 · 청각적 정보는 아날로그 정보인데 유비쿼터스 컴퓨팅에서 사용될 정보를 디지털화하는 작업은 센서로부터 시작된다. 즉, 센서는 상황 정보의 창출, 공유, 전달의 효과성을 증진시키는 유비쿼터스 컴퓨팅의 핵심 구성요소이다. 센서에는 여러 가지가 존재한다. 우리가 살펴볼 센서들은 위치 센서, 움직임 센서, ID 센서, 압력 센서, 생체 신호 센서이다.

1) 위치 센서: GPS, 셀-ID, Active Badge

2005년 개봉한 마이클 베이 감독의 영화 아일랜드는 복제인간에 관한 영화이다.[24] 주인공 '링컨 6에코'는 아일랜드를 기다리며 지하공간에서 생활한다. 영화 속에서 주인공이 아침에 일어나면 자동으로 불이 켜지는 장면을 볼 수 있는데 이러한 기술은 위치 센서(location sensor)를 이용한 것이다. 위치 센서는 사용자의 위치정보를 수집하는 센서로 위성항법장치(GPS), 셀-ID(Cell-ID), 액티브 배지(Active Badge) 등이 있다.

가장 익숙한 위치 센서라고 볼 수 있는 위성항법장치는 미국 국방부에서 개발하였으며 인공위성을 이용해 위치정보를 수집하는 시스템이다. 공식 명칭은 NAVSTAR GPS로 3개 이상의 위성으로부터 정보를 수집하여 각각 다른 거리를 삼각방법에 따라서 사용자의 위치를 정확하게 계산할 수 있다. 나침반과 달리 위성항법시스템은 위도, 경도, 고도의 위치뿐만 아니라 속도정보와 시간정보까지 얻을 수 있다. 위성항법시스템은 위성 그룹, 지상관제 그룹, 사용자 그룹으로 구성되어 있다.

위성 그룹은 궤도를 도는 GPS 위성을 의미한다. 21개의 주위성과 3개의 예비 위성으로 총 24개의 위성이 지구 상공의 6개의 궤도에 4개씩 원자모형처럼 분포되어 있으며[25] 궤도상을 돌며 각종 위치정보를 수집하고 있다.

지상관제 그룹은 위성항법시스템 위성의 궤도를 추적하고 위성을 관리한다. 미국 콜로라도 주 콜로라도 스프링의 팔콘 공군기지에 위치한 한 개의 주관제소와 하와이, 어센션 섬 등 세계 각지에 분포하고 있는 5개의 관제소, 3개의 지상 제어국으로 구성

24 유영준(2011), 가상현실의 모체 센서기술 - 아일랜드(http://skccblog.tistory.com/311).
25 Dana, P. H.(1996), *GPS Orbital Planes*, August 8.

되어 있다. 우리나라의 경우 대전에 기준국과 송신국 등의 운영 상태를 통제하는 위성항법중앙사무소가 있다.

사용자 그룹은 GPS 위성에서 송신하는 정보를 받는 수신기이다. 수신기는 신호를 수신하는 안테나, 신호를 처리하는 소프트웨어, 그리고 이를 출력하는 출력장치로 이루어져 있다. 현재 일반 사용자에게 가장 활발하게 활용되고 있는 분야는 차량항법시스템이다. 도로 교통 상황이나 길 안내 등에 GPS를 활용하여 사용자가 목적지까지 빠르게 길 안내를 할 수 있도록 도와주며 기업의 물류시스템에 있어서도 화물차량의 위치를 파악하여 수송비용을 최소화할 수 있도록 도와주고 있다. 하지만 이러한 차량항법시스템을 넘어서 스마트폰 등 스마트 기기가 대중화되면서 위치 검색, 위치 서비스에 기반한 쇼핑정보 제공 등 다양한 분야에서도 GPS 기술을 활용하고 있다.

셀 ID(Cell-ID)는 휴대폰 사용자가 속한 기지국의 셀 ID를 통해 이용자의 위치를 파악하는 기술이다. 간단히 말해 사용자가 인터넷을 사용하기 위해 어느 액세스포인트(Access Point, AP)를 이용했는지를 통해 사용자의 위치를 추적하는 것이다. 액세스포인트란 와이파이(Wi-Fi)나 기타 무선 통신 수단을 이용해 무선 기기가 유선의 네트워크에 접속할 수 있도록 도와주는 기기이다.

WAP(Wireless Access Point)라고도 불리는 이 장치의 본래 기능은 앞서 말했듯이 무선 네트워크와 유선 네트워크를 연결해 주는 것이다. 그러나 최근 무선 통신 기술이 발전하고 스마트 기기가 보급화되면서 접근점을 이용한 사용자의 위치추적이 가능해지게 되었다.[26] 일반적으로 위치 추적 서비스는 GPS를 대중적으로 사용하고 있지만 실내에서는 사용할 수 없다는 단점이 있다. 셀 ID 방식은 사용자 주변의 여러 접근점의 신호의 강도에 따라 사용자의 위치를 파악한다. 이 기술은 구현이 간단하고 신속한 위치정보를 얻을 수 있지만 접근점의 설치 개수가 적으면 적을수록 정확한 위치 파악이 어렵다는 단점이 있다. 또한 셀 ID를 통한 위치 추적 서비스가 대중화되려면 통신사에서 접근점과 사용자에 대한 정보를 제공해 주어야 가능하기 때문에 아직까지는 GPS가 대중적인 위치 센서로 활용되고 있다.

액티브 배지 시스템(Active Badge System)은 사용자가 가지고 있는 액티브 배지와의 통신을 통해 사용자의 위치를 파악하는 시스템이다.[27] 주로 실내 위치 추적 서비

26 손상현 외(2013), 신뢰도 기반 Wi-Fi 핑거프린트 위치 추정 시스템, 한국통신학회논문지.

27 Want, R., *The Active Badge Location System*.

스에 사용되는 액티브 배지는 적외선을 사용한다. 액티브 배지가 약 10초에 한 번씩 적외선 신호를 방출하면 사용자 주변에 고정되어 있는 네트워크 센서가 이 주기적인 신호를 수신하여 액티브 배지의 고유한 ID를 확인한 후 사용자의 위치를 파악한다.

센서 중 한 종류인 움직임 센서(movement sensor) 즉, 관성 센서(inertial sensor)는 움직이는 물체의 관성력을 측정하여 물체의 가속도, 속도, 방향, 거리 등의 정보를 수집하는 기기로 가속도계(accelerometer)와 자이로스코프(gyroscope)로 분류된다. 요즘 거의 모든 스마트 기기에 탑재되어 흔히 들을 수 있는 자이로스코프는 각속도, 즉 회전 속도를 측정하는 기계이다. 자이로스코프의 주요한 기능은 각도의 변화를 측정한다는 것이다. 어떤 물체가 운동을 할 때 그 물체가 항상 직선 운동을 한다고 보장할 수 없다. 즉, 물체는 상하, 좌우로도 이동하기 때문에 가속도계로는 측정할 수 없는 각도를 측정하는 것이다.

자이로스코프를 활용하고 있는 스마트 기기는 닌텐도사에서 개발한 가정용 게임기 위(Wii)가 대표적이다. 위 리모컨이라고 불리는 컨트롤러에는 자이로스코프가 탑재되어 있어 사용자가 컨트롤러를 잡고 모션을 취하면 자이로스코프가 지표면에 대한 기울기와 회전속도를 계산하여 사용자의 움직임을 파악한다. 위 이외에도 요즘 대중화가 되어 있는 스마트폰에도 자이로스코프가 탑재되어 있다. 스마트폰에 탑재된 자이로스코프는 사용자가 지도 애플리케이션을 사용할 때 사용자가 움직이는 방향을 알려주고 이 외에도 여러 게임 애플리케이션에서도 활용되고 있다.

가속도계는 진동이나 물체 움직임의 물리적 가속도를 측정하는 기구이다. 진동이나 움직임의 변화로 인해 발생한 힘은 반작용을 발생시키는데 이때 반작용의 크기를 측정하여 가속도를 측정하는 것이다. 가속도계는 산업, 건축, 의학 등 다양한 분야에서 활용되고 있다. 산업의 경우 펌프나 터빈, 압축기 등 기계들의 진동을 측정하여 기계의 수명을 관리한다. 산업에서의 가속도계 활용은 기계의 수명을 증가시켜 생산비 감소와 더불어 기계의 비가동 시간 등을 단축시킨다. 건축에서는 가속도계가 사람의 활동, 바람, 기압, 지진 등에 의한 진동, 그리고 건물의 변화들을 측정하여 건물의 안정성, 생활 편의성 등을 평가할 수 있게 해준다. 최근 몇 년간 유행하고 있는 헬스 케어에서도 가속도계를 이용하여 사용자의 건강을 관리하는 데 도움을 준다.

나이키는 가속도계를 탑재한 손목시계인 '나이키 퓨얼'을 출시하여 사용자가 운동을 할 시 적절한 운동량을 결정할 수 있도록 도움을 준다. 이 밖에도 스마트 기기가 보편화되면서 스마트폰, 디지털 오디오 플레이어, PDA 등 개인용 전자 기기에 모션 입력장치로 활용되고 있다. 애플의 아이폰에 탑재된 가속도계 센서는 피트니스 애플리케이션에 활용되어 얼마나 걷거나 뛰었는지를 기록해 준다.[28]

포드나 토요타 등의 자동차 회사에서는 가속도계를 이용한 자동 충돌 알림(Automatic Collision Notification, ACN)시스템을 통해 차량 충돌 사고가 났을 경우 자동으로 도움을 요청한다. 이 밖에도 이미지 안정화, 전자 기기 보호 등 가속도계를 응용한 수많은 기기들이 존재한다.

또 하나의 센서 종류인 ID 센서(Identity sensors)에는 RFID, 바코드 등이 그 예이다. 한편, 최근 출시된 애플의 아이폰 5s에 탑재된 지문인식 센서가 화제가 되었다. 이 지문인식 센서는 아이폰의 잠금해제 기능에 활용될 뿐만 아니라 앱 스토어에서 애플리케이션을 구입하거나 기타 결제를 할 때 본인 확인에도 활용되었다. 이렇게 사용자의 고유한 특성을 나타내는 무언가를 활용하여 미리 데이터베이스에 등록된 사용자의 고유한 특성과 비교, 본인 여부를 확인하는 센서를 ID 센서라고 한다. 이러한 ID 센서는 사람뿐만 아니라 기기나 물체에도 활용할 수 있는데 우리 주변에서 흔하게 볼 수 있는 ID 센서로 바코드와 RFID가 있다.

바코드(barcode)는 컴퓨터가 읽을 수 있도록 굵기가 다른 흑백의 선들을 조합해 만든 코드이다. 1948년, 필라델피아의 드럭셀 기술대학(Drexel Institute of Technology in Philadelphia)의 대학원생이었던 버나드 실버(Bernard Silver)는 우연히 식품 체인점의 사장이 학장에게 계산대에서 제품의 정보를 자동적으로 읽을 수 있는 시스템에 대해 이야기하는 것을 들었다.[29] 실버는 자신이 들은 이야기를 그의 친구인 노먼 우드랜드(Norman Joseph Woodland)에게 이야기했고 그들은 여러 시스템을 실험해 보기 시작했다. 그들은 처음에 자외선 잉크를 활용한 시스템을 개발했으나 이 시스템은 잉크가 너무 쉽게 지워지고 결정적으로 가격이 비싸다는 단점이 있었다.[30] 여러 시행착오 끝에 우드랜드는 영화에서 활용하는 광학 사운드트랙 기술과 모스 부호를 결합한 시스템을 개발했다. 모스 부호에서 영감을 얻어서 단점(dots)과 장점(dash)을 확장

28 Apple Inc., "iPod nano: Fitness. Meet your new personal trainer," Retrieved August 4, 2012.
29 Fishman, C.(1 August 2001). "The Killer App - Bar None," American Way, Retrieved April 19, 2010.
30 Seideman, T., "Barcodes Sweep the World," Wonders of Modern Technology.

시킨 가느다란 선을 만들고 이 선들을 읽기 위해 사운드트랙 기술을 활용한 것이다. 바코드의 종류에는 선만으로 이루어진 1차원 바코드(linear barcode)와 비교적 많은 정보를 담을 수 있도록 고안된 2차원 바코드(matrix barcode)가 있다. 1차원 바코드는 제품의 포장지 뒷면에 새겨진 바코드를 생각하면 되고 2차원 바코드는 최근 활용되고 있는 격자무늬의 QR코드(Quick Response code)를 생각하면 쉬울 것이다.

그림 8-17 바코드 기술

자료: http://news.illinois.edu/news/11/1013packaging_ScottMorris.html

바코드의 원리는 간단하다. 스캐너에서 바코드를 향해 빛을 뿌리면 검은 선은 적은 양의 빛을, 흰색 선은 많은 양의 빛을 반사한다. 이렇게 반사된 빛을 전기적 신호로 변환하여 컴퓨터로 전송하고 컴퓨터로 전송된 신호는 디코딩(decoding)을 통해 문자와 숫자로 변환, 바코드에 새겨진 정보를 해석하는 것이다. 1차원 바코드의 장점으로는 저렴한 가격으로 상품의 종류를 확인하거나 점포의 매출정보, 도서관의 도서관리 등 여러 방면으로 활용이 가능하다는 점이다.[31] 또한 바코드는 종이 이외의 여러 재질에도 인쇄할 수 있으며 일부 바코드가 훼손되더라도 다른 부분의 코드를 읽어 완전한 정보를 불러올 수 있다. 하지만 1차원 바코드로는 제품이나 물건에 대한 충분히 자세한 정보를 담을 수 없다는 단점이 있는데 이러한 단점을 보완하기 위해 개발된 것이 QR 코드 등의 2차원 바코드이다.

1996년 7월, 서울의 시내버스에서 처음으로 버스카드가 공식적으로 사용되기 시작했다. 버스카드의 도입으로 기존의 토큰은 점차 사라지게 되었다. 처음에는 필립스사

31 Harmon & Adams(1989), *Reading Between The Lines*, Peterborough, New Hampshire, USA: Helmers Publishing, Inc, 13.

가 개발한 MIFARE시스템[32]을 사용하였으나 보안성이 취약하다는 단점을 보완하기 위해 현재 버스카드는 대부분 RFID를 사용하고 있다. 우리 주변에서 쉽게 볼 수 있는 버스카드부터 시작해서 기업의 유통시스템, 개인 출입 허가 장치 등 광범위하게 활용되는 RFID란 무엇인가?

RFID(Radio-Frequency Identification)는 주파수를 이용해 무선으로 데이터를 송신하는 시스템이다. 1945년 2차 대전 당시 소비에트 연방의 테레민(Léon Theremin)은 전파를 변조하는 첩보 기기를 개발했다. 테레민의 기기는 ID를 확인하기 위한 용도도 아니고 정보 저장 기능도 없지만 외부의 전파에 의해 작동한다는 점에서 RFID의 시초라고 할 수 있다. 최초의 현대적 RFID는 1973년 카둘로(Mario Cardullo)가 특허를 취득한 장비라고 할 수 있다. 그의 장비는 전파로 통신하고 메모리를 갖추고 있었기 때문이다.

RFID는 RFID 태그(tag)와 RFID 판독기(reader)로 구성되어 있다. 특정 물건에 대한 정보를 담고 그 물체에 부착되는 작은 장치를 태그(또는 라벨)라고 부른다. 태그는 내장된 동력장치의 유무에 따라 수동형 태그(passive tags)와 능동형 태그(active tags)로 구분할 수 있다. 능동형 태그는 태그 내부에 배터리를 내장하고 있어서 주기적으로 전파 신호를 발송한다. 하지만 능동형 태그는 내장형 배터리를 필요로 하기 때문에 비교적 비용이 많이 들어가고 크기 또한 커지는 단점이 있다. 이에 반해 수동형 태그는 배터리를 필요로 하지 않기 때문에 더 작고 저렴하다.[33] 또한 저장된 정보의 수정 가능 여부에 따라 태그를 읽기 전용 태그(read only tags)와 읽고 쓰기가 가능한 태그(read/write tags)로 나눌 수 있다.

RFID 태그는 반도체 칩과 안테나로 구성되어 있다. 반도체 칩은 태그가 붙어 있는 물체의 정보를 저장 · 처리하고 무선 주파수 신호를 만드는 역할을 하며 안테나는 신호를 수신하고 송신하는 역할을 한다. RFID 판독기는 RFID시스템의 중추라고 할 수 있다. 안테나를 통해 태그의 정보를 읽어 들이는 판독기는 암호화된 주파수 신호를 발송하여 태그를 활성화하고 태그로부터 발송된 물체의 신원 정보나 제품 시리얼 번호 등의 정보를 받아 컴퓨터로 전송 · 처리한다.[34]

---

32 MIFARE: 필립스에서 분리된 NXP Semiconductors사가 소유하고 있는 여러 칩들의 상표. 스마트 카드 등에 사용된다.

33 Want, R., *An Introduction to RFID Technology*, Published by the IEEE.

현대 실생활에서 RFID는 광범위하게 활용되고 있다. 우리 주변에서 가장 흔하게 볼 수 있는 RFID의 활용은 앞서 말했듯이 교통카드이다. 2003년에 도입되어 여행자들이 런던의 대중교통을 이용할 때 사용할 수 있는 오이스터 카드(Oyster card)에는 RFID가 내장되어 버스는 물론 지하철, 연락선의 입구를 지날 때 자동으로 요금을 계산해 준다.

동물의 개체 식별을 위한 RFID의 사용은 가장 오래된 RFID 기술 중 하나이다. 광견병의 창궐 이후 쓰이기 시작한 RFID는 동물 개체 식별에 중요한 요소가 되었다. 체내 삽입형 RFID 칩은 동물뿐만 아니라 사람의 식별에도 사용된다. 최초로 1998년 영국의 인공두뇌학[35] 교수, 케빈 워릭(Kevin Warwick)은 그의 실험의 일환으로 RFID를 그의 팔에 이식했다. 2004년 콘래드 체이스(Conrad Keven Chase)는 미국의 TV 시리즈 'CSI: Miami'에서 영감을 얻어 RFID 칩을 클럽의 VIP 손님의 확인, 계산 등에 활용하였다.

이 밖에도 병원, 도서관, 박물관, 학교 및 대학교 등 RFID시스템은 여러 분야에서 응용되고 있다. 그중에서도 기업이 RFID를 가장 활발하게 활용하고 있는 분야는 바로 물류 분야일 것이다. 여러 기업 중에서도 RFID 시스템을 활용한 가장 대표적인 기업은 바로 미국의 대형 할인점인 월마트(Wal-Mart)일 것이다. 2003년, 월마트는 상위 100개의 제품 공급자들에게 제품 케이스와 팰릿(pallet)에 RFID 태그를 부착할 것을 요구했다. 공급자들은 새로운 기술의 도입에 염려를 표했으나 월마트는 5%의 재고관리 비용 감소와 일시적인 매출 증가로 인한 품절 확률의 감소 등 주요한 이득을 예상했다.[36] 결과적으로 월마트의 RFID 도입은 성공적이었다. 아칸소 대학(University of Arkansas)의 연구에 따르면 월마트의 RFID시스템 도입은 재고 품절량을 26%나 감소시켰다.[37]

RFID시스템은 동시에 다수의 태그를 인식할 수 있고 주파수 신호를 읽고 처리하는 과정도 비교적 빨라 신속성 면에서 우수하다. 또한 태그는 바코드에 비해 더 많은 데

---

34 Ahsan, K.(2010), *RFID Applications: An Introductory and Exploratory Study*, IJCSI.

35 인공두뇌학(cybernetics): 사이버네틱스는 인간에 있어서 신경, 감각 등의 기능 및 기계에 있어서 제어와 통신이론과 기술을 통일적·종합적으로 취급하는 새로운 분야의 과학을 말한다.

36 Vowels, S. A.(2006), "A STRATEGIC CASE FOR RFID: AN EXAMINATION OF WAL-MART AND ITS SUPPLY CHAIN," Proceedings of the 2006 Southern Association for Information Systems Conference.

37 Walton, S. M.(2007), "Does RFID Reduce Out of Stocks? A Preliminary Analysis."

이터를 담을 수 있기 때문에 물체에 대한 더 상세한 정보를 포함할 수 있다. 또한 어느 정도 원거리에서도 태그의 인식이 가능하기 때문에 편의성도 우수하다. 모든 면에서 RFID가 바코드에 비해 우수해 보이지만 아직까지 RFID시스템이 널리 사용되지 못하는 가장 큰 이유는 RFID시스템의 초기 비용이 아직까지는 비싸기 때문이다. 바코드는 개당 5원으로 거의 가격이 들지 않는 반면 RFID 태그는 개당 150~200원이고 RFID 판독기도 개당 20~30만 원이다.

또한 RFID시스템은 국제적인 기준이 존재하지 않아서 국가별로 사용하는 주파수가 다르다. 바코드 같은 경우 전 세계적으로 소매점의 상품에 쓰이는 EAN-13 바코드[38] 같은 세계적인 표준이 존재하지만 RFID의 경우 미국에서 사용하는 UHF RFID의 주파수와 유럽에서 사용하는 RFID의 주파수가 다르다. 보안 및 개인의 사생활 침해 문제도 RFID의 또 다른 문제점이다. RFID 태그는 누가 반응 신호를 유구했는지에 상관 없이 주파수 신호에 따라 반응한다. 이는 공인되지 않은 접근이나 태그 데이터의 변형이라는 문제를 야기할 수 있다.[39] 제품에 부착되어 있는 태그는 개인의 위치정보를 추적할 수 있는 수단이 될 수도 있기 때문에 RFID의 보안 문제는 더욱 심각해질 수 있다.

2) 압력 센서: 스마트 카펫

압력이란 물체와 물체가 접촉할 때 단위 면적당 수직으로 가해지는 힘을 의미한다. 압력은 고체든 액체든 기체든, 물질의 상태에 상관 없이 우리 주변에서 계속 일어나지만 우리는 잘 느끼지 못한다. 이러한 압력을 감지하는 것이 압력 센서(pressure sensors)의 용도이다. 주로 압력 센서는 기체나 액체의 압력을 계측하는 데 사용된다.

예를 들어 아파트의 생활 급수에 사용되는 부스터 펌프의 경우 일정한 압력을 유지하기 위해 압력 센서를 활용한다. 최근의 스마트폰이나 태블릿 피시(tablet PC) 등은 대부분 정전식 터치스크린(capacitive overlay touch screen)[40]을 사용하지만 네비게이션이나 과거 PDA 등에는 압력 센서를 이용한 감압식 터치스크린(resistive overlay touch screen)[41]을 사용하였다.

---

38 EAN-13 바코드: GS1에서 인증한 국제상품 번호. 널리 쓰이는 바코드의 표준 중 하나이다.

39 RFID Security(2008), The Government of the Hong Kong Special Administrative Region, 7-10.

40 정전식 터치스크린: 정전용량 방식 터치스크린이라고도 부르며 인체에 흐르고 있는 정전기를 이용하여 터치를 입력한다. 멀티 터치와 효과적인 사용자 인터페이스의 연출이 가능하기 때문에 최근 스마트폰이나 태블릿 피시 등에 사용된다.

그림 8-18 맨체스터 대학의 압력센서와 스마트 카펫

자료: http://www.popsci.com/science/article/2012-09/smart-carpet-knows-if-youve-fallen-and-you-cant-get

압력 센서를 이용한 독특한 유비쿼터스 장비로 스마트 카펫(Smart Carpet)이라는 것이 있다. 영국의 맨체스터 대학(University of Manchester)의 한 연구팀은 사용자의 넘어짐이나 비틀거림, 그리고 사용자의 위치나 걸음거리까지 분석할 수 있는 스마트 카펫을 개발하였다. 이를 통해 카펫 내부에 들어 있는 센서가 카펫 위를 걷는 사용자의 걸음걸이를 컴퓨터로 전송, 데이터를 분석하여 무슨 상황이 일어났는지 분석한다. 카펫 위를 걷는 사람이 넘어져 몸 전체가 바닥에 놓인 경우와 일반적으로 걷는 경우는 완전히 다르기 때문에 스마트 카펫은 누군가가 비틀거리거나 넘어질 경우 병원 등에 즉시 도움을 요청하는 신호를 보낼 수 있다. 또한 사용자 특유의 걸음거리나 착용하고 있는 신발에 따라 사람을 구별하고 이러한 개체 식별은 보안시스템에도 응용될 수 있다.

3) 생체 신호 센서

최근 삼성에서 발매한 스마트폰, 갤럭시 S5에는 가시광선과 적외선을 이용하여 사용자의 분당 심장 박동수를 확인할 수 있는 심박 측정 센서가 탑재되어 있다. 심박

41 감압식 터치스크린: 저항막 방식 터치스크린이라고도 부르며 여러 개의 막을 간격이 있게 쌓아놓고 압력이 가해지면 터치를 입력하는 방식. 비교적 제조 비용이 저렴하나 멀티 터치를 구현하기 어렵다.

센서를 활용하여 스마트폰의 사용자는 개인의 심박수를 체크, 운동량을 체크하는 용도로 활용할 수 있을 것이다. 인체의 신호를 감지하는 센서(bio-signal sensors)는 우리 주변에서 보기 힘들었으나 갤럭시 S5에 탑재된 심박 측정 센서처럼 그 센서들이 점점 대중화되고 있다. 인간의 몸은 여러 가지 신호들을 발산하는 살아 있는 신호의 근원이다. 신경세포와 근육은 다양한 전기적 신호(electrical signals)를 통해 활동하며 혈류와 호흡은 호흡계와 혈액순환계의 정보를 담고 있는 생체역학적 신호(biomechanical signals)를 생성한다. 인체의 여러 기관들은 서로 연관되어 유기적으로 작동하기 때문에 생체 신호에 대한 분석, 그리고 그에 대한 지식은 필수적이다.

생체 신호 센서 시장은 기존 활용 분야가 사람을 대상으로 하는 의료 분야에 집중되어 있었으나 점차 그 범위가 확대되어 인체뿐만 아니라 환경, 식품 등 다양한 생물적 신호를 감지하는 생체 신호 센서가 개발되고 있는 추세이다. 환경 분야의 경우 다이옥신, 중금속 등 환경오염에 주범이 되는 물질들을 검출하여 오염의 최소화 및 안전한 주거환경 설립에 도움이 된다. 군사적 분야에서는 사린(sarin)이나 탄저균 등 대량 살상능력이 있는 생화학 무기를 감지하는 데 활용될 수 있다.

생체 신호 센서 산업이 성장하고 있는 이유로는, 첫째, 생체 신호 센서의 응용 분야가 확장되고 있기 때문이다. 앞서 언급했듯이 과거에는 생체 신호 센서가 인체를 대상으로 하는 의료 분야에 국한되었으나 그 범위가 확장되어 환경, 군사 등 다양한 분야에서 생체 신호 센서가 활용되고 있다. 두 번째로 건강에 대한 사람들의 관심이 커지면서 주기적인 인체 검사를 위한 의료 목적의 생체 신호 센서의 활용이 커지고 있다. 사람의 생명과 직결되는 문제인 만큼 신속한 진단이 필요한 의료 분야에서 생체 신호 센서의 중요성이 커지고 있다.

바이오 센서의 성장을 촉진하는 요인이 있는 반면 그 성장을 저해하는 요인도 존재한다. 주요한 저해요인으로는 높은 연구개발 비용이 있다. 평균적으로 생체 신호 센서의 개발은 약 2,700만 달러의 투자가 필요하다. 이러한 대규모 투자가 이루어졌음에도 불구하고 개발에 실패했을 경우 그 위험부담이 상당하기 때문에 이러한 큰 연구개발 비용의 해결이 중요하다. 연구소에서 개발한 바이오 센서 기술이 산업적 활용으로 전환되는 비율이 적은 것도 생체 신호 센서 산업의 성장을 저해하는 요인이다. 생체 신호는 주변 환경에 매우 민감하기 때문에 신뢰성이 높은 센서의 개발이 필요하다

그러나 실제 산업 현장은 연구소에 비해 주변 환경이 복잡하고 열악하기 때문에 연구소에서 효과적이었던 센서의 기능이 산업 현장에서는 제대로 기능을 발휘하지 못하는 경우가 생긴다.[42]

(8) 시공간 융합 기술

수백 년간 인간의 생활은 과학기술의 발달과 더불어 더욱 풍요로워지고 편리해졌다. 전화기의 발명은 상대방이 바로 옆에 있지 않아도 의사소통을 할 수 있도록 해주었으며 텔레비전의 발명은 지구 반대편에서 발생한 사건도 즉시 알 수 있게 해주었다. 공상 과학 소설가인 클라크(Arthur Charles Clarke)가 언급한 '지구촌'이라는 말처럼 과학의 발전은 인간들 간의 거리를 더더욱 가깝게 해주었다. 어찌 보면 대부분의 과학 기술의 발전은 시공간을 융합하는 것이라고도 볼 수 있다.

시공간 융합(time-space convergence)이란 교통 및 통신 기술이 발전하면서 인간이 시공간적으로 도달할 수 있는 범위가 확장되었음을 의미한다. 유사한 개념으로 시공간 확장(time-space distanciation), 시공간 압축(time-space compression) 등이 있다.[43] 전화기는 자신과 상대방이 있는 공간을, 텔레비전은 내 집의 거실과 TV 속 현장을 융합했다. 유비쿼터스 기기(U-Appliances)들의 발전으로 이러한 시공간 융합 현상은 더욱 가속화되고 있다. 여기서는 유비쿼터스 기기를 이용한 대표적인 시공간 융합의 사례를 소개하고자 한다.

대형 할인매장은 시간이 부족한 현대인들에게 신속한 쇼핑의 편의를 제공하면서 발전하였다. 하지만 쇼핑은 꼭 대형 할인매장에 가서 해야만 할까? 편하게 내 집에서 쇼핑을 할 수는 없을까? 이러한 생각에서 개발된 것이 바로 스마트 냉장고이다. 삼성전자와 대형 유통업체인 이마트(E-Mart)는 1년간 공동으로 스마트 냉장고를 개발하였다. 사용자가 네트워크에 접속된 스마트 냉장고의 LCD 디스플레이를 통해 필요한 식재료를 주문하면 원하는 시간에 주문한 상품을 이마트를 통해 배송받을 수 있다. 이마트의 매장과 부엌이라는 두 공간을 융합한 것이다.

42 한국기계연구원(2011), "BT, IT, NT 융합의 핵심, 바이오 센서 환경 감시용 제품 개발에 주목해야," 전자신문.

43 뉴스핌(2011), 스마트 냉장고, LG와 홈플러스 vs 삼성과 이마트(http://www.newspim.com/view.jsp?newsId=20111010000072)

스마트 냉장고가 성공하기 위해서는 냉장고의 사용자, 삼성전자, 그리고 이마트에게 모두 이득이 되어야 한다. 그렇다면 이 세 주체에게는 어떤 이득이 있을까? 스마트 냉장고를 사용하는 고객은 쇼핑을 하는 데 들어가는 시간, 비용 등이 감소하여 쇼핑의 편리함을 얻을 수 있을 것이다. 이마트의 경우 스마트 냉장고를 사용하는 고객이 많아질수록 경쟁 유통업체에 매출이 증가하는 효과를 누릴 수 있을 것이다. 그렇다면 삼성전자의 경우 어떤 이득이 있을까? 표면적으로 보면 삼성전자에게는 전혀 이득이 없는 것처럼 보인다. 그러나 스마트 냉장고는 삼성전자에게도 이득을 가져다준다. 삼성전자의 경우 고객 충성도(customer loyalty)를 높이는 효과를 누릴 수 있다. 스마트 냉장고를 이용하여 편리성을 맛본 고객은 냉장고를 다른 기업의 제품으로 바꿀 경우 발생할 수 있는 비용, 불편함 등 전환 비용(switching cost)를 고려하여 삼성전자의 스마트 냉장고를 계속 사용하려 할 수 있기 때문이다.

이렇듯 스마트 냉장고 같은 유비쿼터스 기기의 개발은 모든 주체에게 윈(win)이 되어야 성공할 것이다. 또한 네트워크에 연결된 스마트 냉장고 같은 유비쿼터스 기기는 하나의 플랫폼을 제공하여 제3의 기업에게 사업 기회를 제공할 수도 있다. 가령 에스원 같은 보안업체는 스마트 냉장고를 통하여 보안 서비스를 제공할 수 있을 것이다.

LG전자도 유통업체 홈플러스와 손잡고 사용자가 온라인으로 상품을 주문 및 결제할 수 있는 '웹 오더링 시스템(web ordering system)'을 개발해 스마트 냉장고에 적용하였다. 스마트 냉장고 이외에도 사용자에게 편의를 제공하기 위해 시공간 융합이라는 콘셉트로 개발된 많은 유비쿼터스 기기들이 있다. 최근 몇 년간 통신 서비스의 화두가 된 IPTV(Internet Protocol TV)는 인터넷으로 실시간 방송이나 VOD(Video on Demand)[44] 서비스를 받을 수 있다. 주로 셋톱박스(set-top box)[45]를 별도로 설치하여 기존 TV를 통해 IPTV 서비스를 이용할 수도 있지만 TV에 직접 적용되어 출시되는 제품도 있다.[46] IPTV를 통하여 영화를 본다면 IPTV는 거실과 극장이라는 공간을 융합한 유비쿼터스 기기라고 볼 수 있을 것이다.

44 VOD: 통신망 연결을 통하여 사용자가 필요로 하는 영상을 원하는 시간에 제공해 주는 맞춤영상정보 서비스이다.

45 셋톱박스: 일반적으로 주문형 비디오(VOD), 영상판 홈쇼핑, 네트워크게임 등 차세대 쌍방향 멀티미디어통신 서비스(이른바 대화형 텔레비전)를 이용하는 데 필요한 가정용 통신 단말기 기능을 갖춘, 텔레비전 세트 위에 놓고 이용하는 상자이다.

46 최호섭(2013), 용어로 보는 IT – IPTV, 블로터닷넷(http://www.bloter.net)

연습문제

1. 사용자 인터페이스의 위기란 무엇인지 정의하고 이 위기를 해결하기 위한 노력은 무엇인지 서술하시오.
2. '스마트'란 무엇일까? 스마트폰, 스마트자동차, 스마트빌딩, 스마트카드 등을 예로 들어 스마트의 요건이 무엇인지 제시해 보시오.
3. 증강현실이 잘 적용될 수 있는 사업 분야가 어디일지 제안해 보시오.
4. 웨어러블 컴퓨팅 기술의 적용 분야를 서술하고 현재 웨어러블 컴퓨터의 기술적 문제점을 나열해 보시오.
5. 일반 소프트웨어와 에이전트 소프트웨어의 차이점은 무엇인가?
6. 최초의 소프트웨어 에이전트였던 Bargain Finder가 상용화에 결국 실패한 이유는 무엇인가? 그리고 그러한 실패를 겪지 않고 성공하기 위해서는 어떤 조치를 취해야 할까?
7. TTS(Text to Sound) 기술이 적용될 수 있는 응용 분야를 제시하시오.
8. 바코드와 비교하여 RFID의 장점을 나열하라. 현실에서 바코드와 RFID의 응용 영역이 다른데 그 이유를 설명하시오.

찾 · 아 · 보 · 기

– 저자소개 –

권오병 교수는 현재 경희대학교 경영대학 MIS 전공 교수이면서 BK21 Plus 데이터사이언스 사업팀장이며, 차세대정보기술연구센터(CAITECH)의 센터장을 맡고 있다.
빅데이터, 소셜 미디어, 사물인터넷 분야를 주로 강의하고 있으며, 한국과학기술원에서 경영과학 박사학위를 받고, 미국 Carnegie Mellon University 전산학부 ISRI 방문 과학자로서 유비쿼터스 컴퓨팅 관련 프로젝트를 수행한 바 있다. 또한 미국 San Diego State University, MIS학과 겸임교수로 그린컴퓨팅 연구를 수행한 바 있으며, 한국IT서비스학회 이사, 한국경영교육학회 부회장, 한국지식경영학회 이사, 한국정보시스템학회 이사 등을 역임하였다. 지난 20년 동안 100여 건의 학술논문과 수십 건의 관련 특허를 보유하고 있으며, 경희펠로우 상을 수상했다.

e-비즈니스시스템

2015년 3월 5일 1판 1쇄 인쇄
2015년 3월 10일 1판 1쇄 발행

저　　자 | 권오병
발 행 인 | 이수영
발 행 처 | 도서출판 청람
서울시 마포구 독막로 288(대흥동, 세양상가 109호)
전　　화 | 02) 3272-2601~2
팩　　스 | 02) 3272-2603
홈페이지 | www.crbooks.co.kr
이 메 일 | crbooks@hanmail.net
등　　록 | 2000년 8월 26일 제6-0509호

ISBN 978-89-5972-453-6 93320　　[정가 25,000원]